KB057859

함석헌과
종교문화

함석헌과 종교문화

의식 없는 세계에 대한 저항

김대식 지음

모시는사람들

머리말

> 예수는 '남을 위한 인간', '사랑'에 완전히 사로잡힌 사람, 자기 존재의 '기반'과 완전히 통하며 하나가 된 사람이다. 그리고 이 '신의 존재'에 참여함으로써 생겨지는 '남을 위한 삶'이 곧 초월이 되는 것이다. 왜냐하면 '죽기까지 사랑하는' 사랑이라는 점에서 우리는 신, 즉 우리 존재의 궁극적 '깊이', 상대적인 것 안에 있는 절대적인 것을 만나기 때문이다.
>
> - John A. T. Robinson, 현영학 옮김, 『신에게 솔직히』 중에서

필자가 지금까지 종교와 생명(환경)을 학문의 화두로 삼고 있는 것은 삶의 실존과 맞닿아 있기 때문이다. 실존적 상황의 절박함 그리고 아비투스(habitus)가 서로 엇갈려 뒤흔드는 삶의 혼돈은 질서와 평정을 찾아야 한다는 강한 몸짓으로 이어진다. 공교롭게도 종교와 생명은 '이어짐'이라는 바탈을 공유한다. 종교는 신과 인간, 인간과 인간이 이어지기를 바라는 마음이라면, 생명은 인간을 포함한 모든 자연의 유기적 연대를 함축하는 말이라 할 수 있다. 이 책에서 말하고자 하는 내용들도 한마디로 '이어짐'이다. 인간의 행복은 물론이거니와 종교의 다양한 해석과 지향은 갈라짐, 떨어짐이 아니라 이어짐에 있다. 행복과 종교, 그리고 환경은 인간을 스스로 수단화하거나 인간의 주체를 중시한 나머지 모든 것을 도구화하기 때문에 그 본래성이 충족되지 않는다. 인간이 궁극적으로 추구하고자 하는 가치가 형이상학에 있지 않다면 우리는 서로 이어질 수가 없다. 그런데 그 속을 들여다보면 대부분이 저속한 물질에서 자신의 존재 가치를 찾고 있음을 알 수 있다.

함석헌을 재해석하고 오늘의 삶에서 새로운 정신과 실천의 고리를 만들어 보려고 하는 이유가 바로 여기에 있다. 시대를 선도하고 각성시킨 사상가들은 하나같이 초월적 이상을 염두에 두고 사람들을 계도해 왔기 때문에 사상의 이어짐은 또 하나의 세계를 일구는 충동으로 이어진다. 충동의 부정적 이미지에도 불구하고 그것이 사상의 탄생을 위한 원초적 감정이라고 이해하려는 것은 결코 필자의 욕망만은 아니다. 사상, 즉 새로운 생각과 새로운 삶, 새로운 세계를 가능하게 만드는 사유에 갈급해 하는 뭇 사람들의 바람 또한 그러할 것이다. 갈피를 못 잡고 우왕좌왕하는 사람들은 이 말 저 말에 매혹되어 잠깐의 위안을 삼아 보지만 그 언어를 자신의 언어로 씨름해 보지 않은 사람들에게는 하릴없이 따스한 햇볕 아래 내려앉은 슬픈 눈꽃송이와도 같다.

이를 빗대기라도 하듯 레마르크(Erich Maria Remarque)의 소설 『사랑할 때와 죽을 때』(*zeit zu leben und zeit zu sterben*)에는 이런 말이 등장한다. "인간이란 의문에 잠겨 있는 동안에는 다른 것에 주목할 수 없는 그런 존재이기 때문이다. 인간은 더 이상 기대할 것이 없어졌을 때에야 비로소 공포에서 벗어나 모든 것을 향해 새롭게 눈을 뜨는 것이다." 필자는 이 시대의 많은 사람들이 자신의 삶에 대해 의심을 하고 의문을 품는 존재 지향적 필연이 있어야 한다고 생각한다. 존재 지향적 우연이 중첩되는 필연적 사태가 많으면 좋겠지만 사람들은 우연의 사태를 그냥 간과하기 쉽기 때문이다. 그래서 삶의 사태에 대해서 눈을 뜨고 자신의 삶과 세계에 대해서 새로운 각성의 눈으로 응시할 줄 모르는 우매함으로 일관하고 만다. 세계는 인간 자신이 처한 사태에 대해서 올곧은 눈으로 바라보는 것을 원하지 않는다. 이때 진실은 왜곡되기 마련이다. 이러한 상황 속에서 이성은 제대로 작동될 수 있는 것일까? 한 가지 가능성은 "우리 안의 생명은 우리 자신보다 더 이성적"(레마르크)이라는 데에 있다. 생명은 움트며 온갖 죽음에 대해 저항하려는 내적 의지를 가지고 있다. 살아야 한다는 의지는 생명적 이성이자 저항의 의지이다. 이처럼 오늘날 우리에게 요청되는 것, 그것은 "나는 저항한다. 고로 존재한다."는 명제가 아닐까?

함석헌의 철학과 사상의 기저에 있는 흐름을 짚어 내자면 저항 정신이라 말할 수 있다. 저항해야 사람이고 인격이다. 체제에 순응하고 끌려가는 노예 상태에서 벗어나기 위해서는 저항해야 한다. '저항하기 때문에 내가 있다.'의 현존은 의식의 명료함이다. 결국 행복과 종교문화라는 것도 알고 보면 인간 의식의 총체적 고양과 맥을 같이 한다. 하지만 지금의 행복과 종교문화는 모두 물질이라는 가변적이고 유형적 조건들을 만족시키는 것으로 전락하고 말았다. 따라서 저항은 곧 물질문화에의 저항이요, 그것을 떠받치고 있는 자본의 문화, 죽음의 문화, 비인간적 문화에의 저항일 수밖에 없다.

늘 그래 왔듯이 종교문화의 알맹이는 세계가 추구하는 바와는 다른 것이었다. 그것은 순수한 정신과 초월의 삶을 통해 경도된 인간의 의식의 흐름을 새롭게 바꾸려고 하였다. 따라서 종교문화가 살펴야 할 삶의 자리는 성스러움의 자리인 동시에 그것이 드러나는 초월과 순수라는 삶의 좌표인 것이다. 인간이 종교(문화)를 삶을 성찰하는 텍스트로 삼은 이유가 바로 거기에 있다. 그뿐만 아니라 함석헌의 사상, 종교, 그리고 이웃종교들의 본질적 사유를 재탐색함으로써 앙가주망(engagement)을 새롭게 정립하고, 사람들이 보내는 신호(signaling)에 함석헌의 맘-짓(poiesis)과 몸-짓으로 어떻게 응답할 것인지를 알아보고자 하는 것이다.

이어짐은 한쪽이 다른 한쪽을 맞잡고 포용하지 않으면 안 된다. 그리하여 떨어지거나 갈라지지 않도록 서로를 책임져야 하는 몫, 즉 짊어져야 할 부담이 있다. 종교나 철학, 그리고 사상은 그렇게 인간의 시공간과 삶의 귀퉁이를 서로 붙잡고 한데 어우러지는 공동체가 되도록 해야 한다. 삶의 귀퉁

이마저 공유하지 못하고 책임의 영역으로 보존할 수 없다면 희망을 논할 수 없을 것이다. 희망이 사그라지는 곳에 종교가 작은 빛이 되어 줄 수 있을 때 삶의 숨을 고를 수 있지 않을까. 씨올의 숨을 제대로 고를 수 있도록 숨-터(topos/Öffnung)이자 쉼-터가 되자고 하는 것이 종교라면, 종교가 먼저 숨고르기를 잘 해야 할 것이다. 숨은 정신 혹은 영혼의 매개체와도 같다. 세계와 나를 이어주는 것이 숨이다. 숨을 통해 정신이 썩어 가는 것을 막을 수 있다. 지금 우리는 어떤 숨을 쉬고 있는가? 종교의 썩은-숨인가? 아니면 산-숨인가? 우리 모두는 함석헌의 정신을 이어 보고, 이웃종교와 철학을 엮어서 새로운 "영혼의 함석장이"가 되어야 할 시대적 사명을 안고 있는지 모른다.

한 권의 책이 탈고될 때까지 이 글에 녹아 있는 정신은 필자의 것만은 아니다. 필자의 스승 전헌호 신부님은 정신적 버팀목이자 학문적 잣대가 되어 주시는 분이기에 감사의 마음은 이루 말로 다 표현할 수 없다. 함석헌에 눈을 뜨게 해 주신 함석헌학회 부회장 김영호 선생님과 〈함석헌평화포럼〉의 공동대표이신 취래원 농부학자 황보윤식 선생님께도 감사를 드린다. 황보 선생님께서는 필자로 하여금 함석헌 전문가가 되기를 바라시며 글쓰기의 성실함을 다하도록 독려해 주시니 뭐라 감사의 말씀을 드려야 할지 모르겠다. 또한 필자의 철학적 사유에 자극을 주신 김광명 교수님과 오희천 교수님께 감사의 예를 올린다. 그 무엇보다도 글의 최종 점검자가 되어 준 아내 고운은 학문하는 필자의 부족함을 채워 주는 동반자가 되어 주니 고맙고 미안할 따름이다. 아들 김지원(金知源)의 응원도 한몫을 했다. 이름처럼 앞으로도 잘 자라주기를 바란다. 끝으로 출판계 전체의 불황에도 불구하고 필자의 원고를 흔쾌히 받아주시고 독별난 책으로 만들어 주신 모시는사람들의 여러 직원분들에게 감사의 말씀을 드린다.

2013년 2월 梅窓又見春消息/ 幾生修到梅花, 저자 말-열음

차례 함석헌과 종교문화

제1부

함석헌과 인간 존재의 선험적·보편적 프로네시스(phronesis) 해명

— 제1장 —

종교와 종교적 삶의 의미

"종교는 사람 살림의 밑둥이요 끝이므로 이것이 문제 중에도 가장 긴한 문제다. … 종교란 곧 변하지 않는 자를 찾는 일인데, 무상(無常)에 못 견디는 인생이 항상적(恒常的)인 것을 찾는 것이 곧 종교인데 … 모든 종교가 다 이 때껏 하나님 앞에서 자기의 절대미를 주장하려고 애걸해 보았다. 자기만은 영원의 여왕으로 두어 달라 했다. 하나님을 이 장막 속에 모시고 독점하려 했다. 그러나 하나님은 절대 허락하지 않았다. 모든 것이 다 그렇지만 종교까지도 부정되어야 종교다."[1]

1. 종교란 무엇인가?

종교(宗敎)는 동양 문화권에서 최고 혹은 으뜸(宗)이 되는 가르침(敎)이라고 말한다. 다시 말해서 종교란 높은 가르침이자, 최고의 가르침, 나아가 거룩한(마루) 가르침인 것이다. 이는 산스크리트어의 싯단타(siddh: 성취, 완성+anta: 극치, 최고-최고의 완성, 宗)라는 의미와도 서로 통한다. 그렇다면 서양 문화권에서는 어떤가? 영어의 religion은 라틴어의 relegere(다시 읽는다), 혹은 religare(다시 묶는다)라는 뜻을 가지고 있다. 이것은 고등종교의 특징인 경전이나 교리적 체계를 암시한다고 볼 수 있다. 먼저 relegere라는 어원은 종교가 믿음의 내용으로 삼는 카논(canon)을 과거에 씌어진 문자적이고 자구적인 의미의 고정된 언어로 보지 않는다는 말이다. 이미 오래 전에 기록된 문서는 현대인들이 알아들을 수 있는 언어나 의미 체계로 재해석해서 말해 주어야 한다. 그래서 신자들에게 경전은 항상 새로운 의미로 다가오도록 해야 한다는 것이다. 반면에 religare는 모든 종교 사회에서 다 통용되는 개념이 될 수 있는 것은 아니다. 유럽 중심적이고 그리스도교 중심적인 사유가 담겨 있기 때문이다. 요컨대 religare는 신이 인간을 창조한 본래의 목적에 반하여 인간이 신의 뜻을 거역하고 죄를 지었기 때문에 신과 인간의 관계가 단절되었다는 구약성서의 창조 사건으로부터 유래한다. 따라서 religare는 타락한 인간과 거룩한 신을 '다시 잇는다' 는 뜻을 내포한다. 그리스도교적인 창조신화나 타락신화가 없는 종교 세계에서는 받아들이기 어려운 해석일 수도 있다. 그러나 좀 더 외연을 확장시켜 보면 종교, 즉 religare란 신과 인간을 다시 회복시켜 주는 역할을 한다는 측면이 있는 동시에 인간과 인간의 관계를 맺어주는 기능을 한다고 볼 수 있다. 종교를 신앙한다는 것은 결국 인간이 인간답게 살아가는 것과 무관하지 않기 때문에 각 종교에서 말하는 신념대로 산다는 것은 서로 다른 인간이라 할지라도 인간과 인간이 서로 돕고 이해하면서 연대하는 삶을 목적으로 한다.

2. 종교를 산다는 것은 무엇인가?

그러면 종교를 갖고 있다 혹은 종교에서 말하는 신의 말씀대로 산다는 것은 무엇을 뜻하는가? 그것은 한마디로 깨달음대로 산다는 것이다. 원래 깨달음을 뜻하는 각(覺)은 깨우침, 완전한 인식(episteme, 억견이라는 뜻의 daxa가 아님), 눈이 떠짐을 말한다. 눈이 떠진다는 것은 각 종교에서 믿는 신 혹은 성현의 눈이 되는 것이다. 그리스도인은 예수의 눈으로, 불교인은 부처의 눈으로, 무슬림은 알라의 눈으로, 유교인은 공자의 눈으로…. 각(覺)은 원래 學(배울 학)과 見(볼견)으로 이루어진 한자어다. 이는 배워서 터득함, 깨달음, 밝게 알기 위해 배움 등을 가리킨다. 깨달음이란 무엇인가? 내가 가진 정보를 통해서 인식하는 종교, 세계, 인간, 사물에 대한 편견이나 선입견[無明]을 벗겨내는 것이다. 불교의 창시자를 부처라고 하는데, 부처(buddha)의 원래 이름은 고타마 싯다르타가 아니었는가. 그도 깨달은 사람이라는 것이다. 깨닫기 이전과 이후의 삶은 확연하게 다르기 마련이듯이, '붓다' 란 깨달아 다른 삶을 사는 존재다. 그러므로 우리는 저마다 다른 종교를 가지고 있다고 하더라도 모든 종교는 결국 자기와 세계, 그리고 삶의 이치를 깨달아서 다른 삶을 살아가고자 하는 것이다.

그것은 구체적으로, 탐욕이나 집착 없이 살아감이다. 그런데 우리가 보고·듣고·냄새 맡고·맛보고·만지고·생각하고 하는 "나", 자기를 사랑하고 자식을 교육하고 부부의 연을 맺어 살아가고 직장생활을 해서 돈과 명예를 얻기 위한 그 "나"(self)라는 존재가 있는가? 없다. 과거의 나, 현재의 나, 미래의 나, 나라는 존재는 계기적인 현상일 뿐이고 집착하고 있는 욕망 덩어리만 있을 뿐이지 나라는 실체는 없다. 이것을 고치는 것이 깨달음이다. 그래서 불교에서는 무상(無常, anicca/asassata)을 말한다. 인간에게 있어 보는 행위와 그 결과 나타나는 지각은 있지만, 보는 자로서의 자아는 없다[공/무아]. 이것을 득하면 자기를 발견하게 되는 것이다. 인간의 자기 이해, 즉 잘못된 것을 잘못된 것으로 인식하는 것, 바른 생각, 제 나름의 생각, 올바른 생각을 하는 것이 모두 깨달음이다.

따라서 종교는 다름의 현존이다. 종교는 다름을 사는 것이다. 온갖 인간의 망상과 허상을 깨부수고 부처의 눈으로 보면 부처로 보이고, 예수의 눈으로 보면 예수로 보이고, 하느님의 눈으로 보면 하느님으로 보이고, 알라의 눈으로 보면 알라로 보이는 것, 그것이 바로 종교인의 참된 삶의 모습이요 태도가 아니겠는가.

3. 다름을 어떻게 사는가?

그렇다면 종교인이 다름을 산다는 것은 무엇을 뜻하는가? 다르다는 것은 말 그대로 비교 대상과의 관계에서 우열, 좋고 나쁨, 의미와 무의미 등에 따라서 선택이나 선별이 되는 그 무엇을 담지하고 있음을 나타낸다. 종교인이 다르다는 것은 다른 삶의 선택지보다 그들이 사는 삶의 선택지가 보다 더 의미가 있고 좋다고 여기기 때문에 많은 사람들에게 삶의 모델이 되곤 한다. 다시 말해서 종교적인 다름의 삶이란 별종의 삶이나 비상식적인 삶을 가리키지 않는다. 나아가 사람들이 다르다고 말할 때 거기에는 반드시 의미가 있어야 한다. 그것은 추종하거나 선택·선망하도록 만드는 매력 같은 것이다. 고래로 종교는 인간의 생로병사에 깊이 관여해 왔다. 수수께끼같이 풀리지 않는 삶에 해답을 제시하고 종교적 의례를 통해서 의미를 부여하는 것은 종교만의 특징이라 할 수 있다.

또한 종교는 초월적 존재 혹은 믿음의 대상에 대한 고백의 언어와 몸짓언어를 발언한다(정진홍). 그런데 그와 같은 종교의 다름은 세계와 단절된 것처럼 보이는 경우가 많다. 종교 공동체의 행위, 즉 백팔배, 자비, 사랑, 발원, 로사리오기도, 관상기도, 불살생, 순명, 정결, 가난 등은 종교를 넘어서면 바깥세계와 소통이 되지 않는다. 종교 자체만의 언어적 행위이거나 종교끼리의 개념으로 그치고 마는 일이 허다하다. 따라서 세계도 종교의 다름의 현존을 알아차리고 그것을 체득할 수 있도록 실재화하고 현실화해야 한다. 다시 말해서 종교가 갖고 있는 다름의 형식과 내용에 대해 충분한 사회적 공감대가 형성되어야 한다는 것이다. 이는 사회속에서 종교적 언어와 행위가 이해되고 설득력을 가질뿐만 아니라 상식(common sense)으로 비추어질 수 있도록 해야 한다는 말이기도 하다.

종교언어(사랑, 인내, 가난 등)를 통해서 새로운 실재를 만나는 사회는 굳이 보편적인 개념으로 해석하지 않는다 하더라도 하느님의 감각, 예수의 감성, 부처의 감성 일반화 등이 되어 인간의 무늬를 새롭게 형성하는 사회가 될 수 있을 것이다. 왜냐하면 현대사회는 더 이상 성당, 사찰, 교회만이 종교가 경험되는 장소로 인식하지 않고 '삶의 현장' 전체를 초월적 존재를 만나는 곳으로 보기 때문이다. 또한 주목할 것은 거기에서 삶의 성찰이 발생하여 '나는 누구인가.', '나는 왜 존재 하는가.' 하는 존재론적 물음에 대한 해답을 얻고 의미를 터득하고 싶어 한다는 사실이다. 이것은 곧 철학은 물음을 던지고 종교는 해답을 찾는다는 단순한 명제와도 맞닿아 있다. 이와 같은 해답을 구하기 위해서 부처도 6년을 수행한 후 '가짜 나'에서 '진짜 나'를 발견하여 세상사로부터 자유로운 사람이 될 수 있었다. 종교는 가짜인 나를 자각하고 진짜인 나를 찾아가도록 안내해 주는 역할을 한다. 종교를 갖고 있는 각각의 공동체는 신, 혹은 참 자아를 발견함으로써 인생의 유형적인 복을 받기 위한 수단으로 전락하면 안 된다. 그 종교 공동체 구성원들이 추구하는 것은 결국 다름의 현존을 살아보려고 애를 쓰는 것이지, 돈을 많이 벌고 권력이나 명예를 얻고, 자녀가 잘 되며 사업이 번창하는 등의 현실 세계에서의 가시적 행복을 다 누리다가, 종국에 가서도 사후의 영원한 행복을 맛보며 살겠다는 것은 종교의 본래적 기능과 역할에서 크게 벗어나는 것이다. 주기적으로 교회나 성당에 가고, 사찰에 가는 것은 다름의 현존을 확인하고 그 다름의 현존을 살고 있는가를 성찰하고 다시 한 번 마음을 다잡기 위한 것이다. 따라서 다름의 현존을 드러낸다는 것이 고작 자신이 믿고 있는 신을 빙자해서 원하는 것을 획득했다는 결과를 가지고 평가하면 곤란하다. 종교가 정말 다름의 현존을 사는 것이라면 돈, 대학 합격, 축구 시합 우승, 입사 등을 위해서 기도하는 우리는 너무 초보가 아닌가.

구마(驅魔)를 한답시고 자신의 피붙이를 죽인 교회 직업인은 그것을 다름의 현존을 사는 것이라고 생각했을까? 백년하청(百年河淸)이라 했던가. 그 다름의 신념과 행위를 용인해 줄 수 있는 대중들은 어디에도 없을 것이다. 다름은 종교의 선구자를 따르는 것이지 흉내내기가 아님을 명심해야 한다. 함석헌은 말한다. "미래의 인간은 결과보다 노력의 과정 그것을 존중하고 법열보다는 참을 찾는다. 성공을 자랑하자는 심리가 빠지면 노력하는 그 자체가 곧 감사요, 기도다. 이 다음날 종교에는 천당 지옥은 없을 것이다. 무서워서 믿는 것도 아니요, 상을 위해 믿는 것도 아니다. 믿는 것이 본분이어서, 인생의 본면목이어서 믿을 뿐이다. 고로 믿음은 곧 그대로 생활인 것이다."[2]

4. 초월적 실재와의 만남

종교에서 초월적 실재를 지칭하는 낱말은 하나만 있는 것이 아니다. 신, 하나님, 하느님, 알라, 브라흐만, 부처(불성), 하늘(천), 상제, 한울님, 도(道) 등 초월적인 존재 내지는 절대자는 우리가 '없지 않고 있다' 라고 고백한다. 그것을 초월자 혹은 절대자·궁극적 존재라고도 말한다. 그런데 종교인은 종종 초월적 존재를 만났다고도 하고 체험했다고도 말하는데, 그 말에는 자신의 실증적인 결과나 모습을 가정한다. 예컨대 선함, 경건, 자비, 사랑 등 각기 종교가 추구하는 근본 바탈이 없으면 그것은 참이 아니다. 설령 내가 특정 종교를 갖고 있고 그 종교의 교리나 신앙 체계를 믿는다 하더라도 여전히 참이 아닌 나로 있는 것이다. 종교적인 용어로 '회심'(回心, metanoia)이 안 된 것이다. 마음 바꿈, 정신 바꿈, 태도 바꿈이 나의 사건으로 생활화되지 않은 것이다.

각 종교에는 신을 만난 것에 대한 고백과 표현들이 있다. "사랑한다.", "죄인이다.", "찬양한다.", "기도한다.", "자선을 베푼다." 등. 이러한 언어와 표현들은 다시 고도의 신학적 언어로 규정되어 "예수는 구원자이시다.", "하느님은 삼위일체이시다." 등의 도그마(dogma)가 생겨난다. 더 나아가서 종교는 경전 속의 신화(神話)를 전례와 삶으로 반복적으로 재현한다. 그리스도교의 경우 창세 이야기, 이집트 탈출 이야기, 동정녀 탄생 이야기, 예수의 수난과 죽음, 그리고 부활 이야기 등은 중요한 전례이자 삶으로서 표현된다.

종교는 윤리적 실천을 통해서 자신의 본래성을 드러낸다. 종교인 스스로 이웃 사랑, 불살생, 자비, 인 등을 실천하면서 자신의 종교적 윤리성을 승화시키려고 노력하는 것이다. 사람들은 그러한 종교의 윤리적 행위를 통해서 종교성의 참과 거짓을 구분하고자 한다. 그뿐만 아니라 종교는 동일한 믿음 체계를 갖고 있는 일정한 영역의 공동체를 형성한다. 그리스도교의 에클레시아 혹은 카할(교회당 혹은 성당), 불교의 승가(사찰), 이슬람의 움마(모스크) 등이 그것이다. 그 곳에서 신앙 체계를 교육하고 전수하면서 종교 고유의 전통을 유지 계승하는 것이다. 종교란 이렇게 초월적 실재를 경험한 인간의 내면적인 신앙의 언어, 윤리, 공동체로 체계화된 형태라고 할 수 있다. 그것이 역사 안에서 하나하나 생길 때마다 이름 붙이니 그리스도교, 불교, 도교, 천도교, 유교 등이 된 것이다. 형식은 다르나 모든 신앙은 사랑, 자비, 인 등을 표방하고 있는 하나의 믿음 공동체임을 알 수가 있다.

철학 개념 중에 '호명'(interpellation)이라는 것이 있다. 이는 A가 B를 아줌

마, 검둥이, 불교인, 그리스도교인이라고 지칭할 때 그것이 정말 '나' 인가 하는 근본적인 물음을 던져준다. 호명은 늘 변하는 것이므로 고정불변한 것이 아니다. 호명은 어쩌면 사회적으로 적합한 주체성이나 양식들을 제공하면서 그 에 맞게 우리를 고용하거나 우리로 하여금 수용하도록 강제하는 것이다. 그러나 이 호명은 확정된 것이 아니라 '차이'와 '지연'을 가지고 있는 시공간적 개념(데리다의 차연[差延], differance)이다. 종교와 종교의 차이는 시간의 흐름 속에서 끊임없이 유보되면서 그 개념의 규정과 변화를 반복, 생성한다. 그러므로 종교의 개념은 고정되어 있지 않고 열려있다. 내가 믿고 있는 종교가 절대라고 생각하지 말아야 할 이유가 여기에 있다.

5. 종교 간 대화를 위하여

이렇게 종교의 개념이 하나의 고정된 개념이 아니라 무한히 열려 있는 개념이며 확정된 것이 아니라는 것을 깨닫게 된다면, 현재의 종교 간의 갈등을 풀어가는 인식론적 토대를 마련한 셈이다. 그러나 그것만 가지고 되는 것은 아니다. 종교 간의 대화를 위해서는 먼저 자신의 도그마로 논쟁을 하면 안 된다.

> 생명력이 풍부하여서 가까이 오는 인격에 변화를 주는 힘은 사실은 설명을 초월한 것이므로 직접 인격적인 교섭이 중요하지 교리의 설명이 필요치 않기 때문이다. 교리는 교세가 이미 상당히 나가서 밖에서 역습해오는 사상과 싸우는 때에 내적으로 경험된 것을 체계적으로 정돈할 필요를 느끼는 데서부터 발달하게 된다. 공세적이기보다는 수세적인 시기의 산물이다.[3]

도그마란 각 종교의 신념 체계를 철학적 사변을 통하여 구축해놓은 논리와 개념인데, 이 도그마는 수많은 시간과 서로 다른 역사적 맥락 속에서 발전해 왔기 때문에 논쟁을 위한 공통분모를 마련하기가 어렵다. 그래서 자신의 교리를 수호하기 위해서 싸움을 하는 이른바 교리주의나 종교근본주의는 철저하게 자각하고 경계해야 한다. 이와 관련하여 도그마로 시작된 대화는 독단에 빠질 수 있다. 더군다나 자신의 종교가 가장 우월하다고 하는 편협한 사고와 독선으로 상대를 판단하기 때문에 일부의 종교 전통으로 타종교를 재단하여 인류의 경험을 총체적으로 수용하지 않으려고 한다. 이런 의미에서 함석헌의 비판은 매우 적확하다.

> 기성종교의 신앙에서 그릇된 선민사상과 충성주의의 관념을 버려야 한다. 그것은 자기중심주의의 변태밖에 되는 것 없다. 사실 이때껏 종교가 인심지도(人心指導)도 해왔지만 역사를 비참하게 한 것이 종교 아닌가? 모든 비참의 원인은 종파심에 있다. 좁고 교만한 종파심이 봉건 귀족을 압박자로 만들었고, 민족사상을 배타적으로 만들었고 독재자에게 구실을 주었다. 그랬기 때문에 주의(主義)라는 미명 아래 전쟁을 하지 않았나?[4]

따라서 각 종교의 경험된 기억들을 소중하게 생각해야 할 뿐만 아니라 개별 종교의 발언을 존중해야 한다. 타종교의 역사적 기억과 체험들, 그리고 그들의 언어를 귀중하게 여길 수 있어야 자신의 종교에 대해서도 자긍심을 가질 수 있다. 종교는 인류 전체의 정신적 흐름을 공유해왔기 때문에, 어느 특정한 종교만의 기억과 언어가 지배적인 것이 될 수 없다. 특히 종교의 정체성이 강하면 강할수록 그만큼 배타성이 강할 수밖에 없다는 것은 당연한 논리이지만, 그래서 더욱 자기 주장의 논리를 절대화하지 말아야 한다. 오히려 언제든지 타자에게 열어놓고 배척하지 말며 배울 수 있는 용기가 필요하다. 그리고 무엇보다도 중요한 것은 타종교, 타종교인에 대한 환대(hospitality)이다. 라틴어 hostis는 이웃(손님)과 적이라는 이중적인 의미를 갖고 있다. 우리는 이웃을 자신의 손님으로 대하든가 그렇지 않으면 적으로 대하든가 양자택일을 할 수밖에 없다. 이웃 종교에 대한 선택지가 많지 않은 것은 고사하고 한 종교의 선택이 극과 극을 오가기 때문이다. 마지막으로 종교 간 대화에서 중요한 것은 도그마나 환대를 통한 만남이 공통적인 사회의 관심사에서 출발해야 한다는 점이다. 그 지역의 현안문제를 놓고 서로 다른 종교들이 모여서 그것을 해결하기 위해 종교적인 지혜를 모은다면 종교 간의 대화는 자연스럽게 이루어질 것이다. 지역이나 지구촌 전체의 문제들이 산적해 있는 마당에 지역의 종교들이 티격태격하는 모습은 한심스럽게 보일 수 있다는 것을 알아야 한다.

— 제2장 —

함석헌과 종교의 행복

1. 함석헌이 본 종교의 행복, 종교는 행복한가?

> 암만 해도 저건 현실이 아니야. 환상을 보고 있는 거야. 영주는 그래서 어머니를 지척에 두고도 한 발자국도 앞으로 나가지 못했다. 그녀가 딛고 서 있는 곳은 현실이었으니까. 현실과 환상 사이는 아무리 지척이라도 아무리 서로 투명해도 절대로 넘을 수 없는 별개의 세계니까.[5]

연말연시가 되면 종교(특히 교회)는 이른바 '특별 (저녁)기도회' 혹은 '40일 특별 새벽기도회' 라는 플래카드를 걸고 기도 총력전에 나선다. 그럴 때마다 필자는 온갖 생각들이 교차한다. 기도를 하는데 '특별히' 하는 기도라는 것이 있는가? '특별기도회'가 있으면 '일반기도회' 가 있어야 하는가? 특별기도회의 목적은 무엇인가? 물론 연말연시를 맞이해서 신과의 소통을 보다 가까이 하면서 자신의 신앙을 다잡아 보자는 취지인 것은 분명하다. 그런데 거기에도 마치 20세기 초의 스탈린이나 레닌 집권 이후에 나타났던 노동자들의 경쟁을 부추기고 대중을 통제하던 '성과급'이나 그것을 이어받은 자본주의의 물량주의와도 같은 현상들을 볼 수가 있다. 하루도 빠지지 않고

기도회를 참석하면 그 기도회가 다 끝나고 난 후에 그 결과에 따라서 시상을 하는 것이다. 경쟁을 부추기는 것도, 그렇다고 모티프를 제공하는 것도 아닌, 도대체 누구를 위한, 누구를 향한 기도회이기에 그런 발상으로 기도회를 진행한단 말인가? 그렇게 하면 정말 신자들이, 아니 그보다 먼저 성직자들이 행복한가? 사실 자신들도 그 어느 때보다도 힘들고 신경이 쓰이는 기도회가 될 것이 빤한데 말이다.

필자가 여기서 말하고 싶은 것은 기도회 자체를 비판하기보다는 근본적으로 종교 자체가 행복한가를 묻는 것이다. 왜냐하면 종교 공동체의 지도자들이 행복하지 않으면 신자들도 행복할 수 없기 때문이다. 신자들을 독려하기 위해서 온갖 방법을 다 강구하고, 심지어 회의를 하면서 종교 본질을 위한 행정과 계획을 논하기보다 공동체를 유지하기 위한 능력을 발휘하지 못한 성직자를 나무라고 꾸짖는 방식은 예수가 원했던 삶이나 조직이 아닌 게 분명하다. 함석헌은 이러한 교회를 향해 "교회는 어떻게 변할 것인가?"를 물으면서 "자기소화 혹은 자기비판, 자기섭취를 함으로 할 것"[6]이라고 말했다. 종교가 타자, 즉 신자를 행복하게 해 주기 위해서 존재하는 것이라면 적어도 그 공동체를 이끌어 가는 지도자들이 먼저 자신의 종교를 통해서 참된 행복을 맛보아야 한다. 물론 지도자가 되기 전에 그 행복을 경험했기 때문에 많은 사람들에게 행복을 나눠주고 그것을 일러주기 위해서 성직자가 되었을 것이다. 하지만 어느 순간 신자를 자신의 명예, 권력, 돈, 지위 등을 가져다주는 존재로 인식하면서 종교가 추구하는 참되고 본질적인 행복은 저만치 멀어져 가고 자신의 밥그릇을 위해서 어떤 프로그램과 이벤트로 일관하는 허무하고 공허한 목회(사목)를 한다는 것은 참으로 불쌍한 일이다. 그것은 행복이 아니라 불행이다. 그런 불행한 목회자(사목자)가 신자들을 행복하게 해 줄 수 없는 것은 당연한 일이 아니겠는가. 따라서 함석헌이 말한 것처럼 종교는 먼저 "자기비판"이 있어야 한다. '지금 자신의 공동체의 움직임에 대해서 소화가 가능한가.', '자신의 능력으로 지도가 가능한가.', '신자들이 자신의 행복과 불행을 통제하고 있는 말씀의 섭취력은 어떤가.', '종교 공동체의 언어와 사유의 능력은 건전하고 합리적인가.', '나의 언어는 권위적이고 일방적이지 않은가.', '성직자인 나는 정말 신이 나에게 주신 행복의 본질대로 느끼고 살면서 신자들을 지도하고 있는가.' 등등을 따져가며 진중하게 자문해야 할 것이다. 그래야만 종교와 삶에서 행복의 근본이 되는 "의미"(meaning)를 찾을 수 있게 된다. "[…] 자기를 이성적인 존재로 자각하고 절대자께 도리적으로 접근하려 한다. 이제 나와 절대자와의 관계는 원시 시대처럼 힘의 문제, 기능의 문제가 아니다. 또 고대처럼 감정의 문제, 기분의 문제도 아니다. 지금은 원리의 문제요 의미의 문제다."[7]

종교는 공허한 삶과 세계에 의미를 제공해 주는 역할을 하며, 인간에게 세계의 의미와 삶의 의미를 풀어 밝혀 주는 기능을 한다. 그러니까 종교를 갖는다거나 예배와 기도를 한다거나 하는 일련의 종교적 행위는 "그것은 의미가 있어야 한다." 내지는 "의미를 발생시키겠다."는 인간의 의지가 담겨 있는 것이다. 종교의 세계가 의미의 세계로 다가오지 않을 때 종교는 종교로서의 기능과 역할을 상실하고 존재 가치가 사라지는 것이다. 현대 사회의 문제는 종교가 인간의 의미(meaning)의 세계가 아니라 수단(means)의 세계가 되어 가고 있다는 데에 있다. 종교를 통해 궁극적으로 얻을 수 있거나 도달할 수 있는 것은 일신의 안위나 물질적인 축복, 자녀 출산, 건강, 사업 성공, 고득점의 수능, 좋은 대학 입학, 취업 등 자신이 원하는 모든 것을 성취하는 것을 뜻하지 않는다. 이러한 것들을 추구하는 인간은 마치 니체(F. W. Nietzsche, 1844-1900)가 말하듯이, 위험한 산비탈에 서 있는 존재에 불과하다. "나의 의지는 인간에게 매달리고, 나는 쇠사슬로 나 자신을 인간에게 묶어 둔다. 나는 초인을 향해 위로 끌려 올라가기 때문이다. 나의 다른 의지가 나를 그쪽으로 끌어올리려 하기 때문이다."[8] 인간이라는 존재는 항상 현실과 초월, 신앙과 비신앙, 이성과 몰이성, 인격과 비인격의 갈림길에서 고민한다는 것을 니체가 대변해 주는 것 같다. 함석헌은 이들을 향해 이성을 가진 인격자로서 삶을 초월해야 한다고 말한다.

> 교양이란 결국 다른 것 아니요, 이치의 체득이다. 물론 의지와 감정의 도야도 있지만 그것은 다 이성의 지도를 통해서만 되는 것이다. 이성은 현상에서 추상함에 의하여 이치, 즉 원리적인 것, 일반적인 것, 통일적인 것에 도달한다. 그리하여 그것으로써 개개의 사물에 대한 자아의 구체적인 반응을 규율해 감으로써 자아의 인격을 보다 영원적으로, 보다 윤리적으로 만들어가는 것이 곧 교양이다. […] 이성이 인격의 중심이요, 첨단이다. 이 자각된 이성이 인간 안에서 빛이다. 그 전에 의지가 분명한 뜻도 모르고 추구하던 것을 이제 이성은 절대자와 환경과의 관계를 생각하여 그 뜻을 밝혀 주게 되었다. 감정이 개개 사물에 따라 단편적으로 호불호, 쾌불쾌를 주장하는 데 그치던 것을 이제는 시간적 · 공간적으로 전체적 · 통일적 자아를 다 보고 그 관점에서 통제 억제하여 전체의 조화를 가지도록 힘쓰게 되었다. 이것은 이성의 초월의 능력에서 오는 일이다. 이성은 곧 시간을 초월하고 공간을 초월하고 자아를 초월할 수가 있다. 이것이 이성의 이성된 소이요, 인간은 이로써 절대자의 절대성, 즉 무한 영원을 알 수 있다. 이것은 우주의 정신사상에 있어서 매우 중대한 일이다.[9]

함석헌이 말했다시피, 종교는 늘 인간의 이성을 통해서 자신에게 주어진 삶과 환경을 초월하라고 가르친다. 초월을 지향하는 종교는 이 세계의 가시적이고 가변적인 것에 몰두하면 불행해지고 초조해지며 낙심과 좌절을 겪게 된다고 가르친다. 그보다 현실을 넘어서 신에게로, 혹은 초월적인 세계를 향해서 맑은 정신을 가지고 살아야 한다고 말한다. 성서나 불경 어느 곳에서도 신을 열심히 믿으면 너희가 원하는 가없는 복을 주시겠다고 하지 않는다. 단지 신에게로 와라, 신을 의지하라, 의탁하라, 자아를 초월하라는 것이 먼저다. 그것은 무엇을 말하는가? 종교는 넘어-섬이라는 것이다. transcendence, 즉 초월은 현실을-넘어-선-세계를 추구하는 것을 말하는 것이다. 초월을 마치 현실을 무시·외면하고 오로지 현실감이 없는 존재로 살아가는 것으로 볼 수 있는데, 그보다는 인격적인 인간, 완전한 인간, 온전한 인간으로 넘어-가는 삶을 지향하는 것이라고 말하는 것이 맞을 것 같다. 다시 말해서 이성적인 종교인이라면 동시에 교양인이라고 볼 수 있는바, 그는 자신의 인격을 영원과 윤리적으로 만들어가는 데에 초점을 맞추면서 살아갈 것이다. 옛 글에 보면, "성품이 고요하면 정서가 편안하고, 마음이 움직이면 정신은 피곤하다. 참됨을 지켜야만 뜻이 온통 가득 차고, 외물을 따라가자 뜻이 함께 옮겨간다(性靜情逸, 心動神疲, 守眞志滿, 逐物意移)."는 말이 있다. 우리의 정신이 산란해지고 외적인 사물에 치우치면 내면의 고요함을 빼앗길 뿐만 아니라 그로 인해서 인간의 소중한 행복을 잃게 될 수도 있다는 말이겠다. 그래서 종교적 이성은 시공간과 자아를 초월해야 한다는 것이다. 결국 절대자와의 관계, 사물과의 관계, 환경이나 조건과의 관계를 전체적으로 조망하고 조화시킬 수 있는 인간이 신의 "형상"(Bildung)을 지닌 "교양"이 있는 존재이고, 인격의 "도야"를 가져올 수 있는 것이다. 그것이 종교가 바라는 진정한 행복이 아닐까? "삶을 초탈(超脫)할 수 있어야 행복할 수 있다." 모든 종교는 바로 그것을 말해 주고 있다. 지금 종교생활을 하고 있는 사람이라면 누구나 종교를 통해서 추구하는 것이 진정 무엇인가를 다시 한 번 성찰해야 할 것이다. 이성의 빛 안에서의 인격의 추구와 삶의 초월인지, 아니면 단지 몸의 욕망의 충족을 위한 가시적이고 가변적인 외물인지. 그것을 위해서 예배를 하고 기도회를 하는 것은 아닌지. 종교의 행복 번지수를 다시 찾아봐야 할 일이다.

2. 함석헌의 자본주의적 종교 비판과 무교(巫教)의 행복론

2011년 TV에서 방영된 사극 드라마 "해를 품은 달"의 재미가 쏠쏠했다. 필자는 마치 정치와 종교가 묘하게 뒤섞인 모습으로 전개되는 듯하여 관심 있게 지켜보았다. 그 사극 전면에 특정 종교가 등장하는데, 조선 시대 통치 이념인 유교에 맥도 못 추고 민중들 사이에서만 간간이 맥을 이어왔던 우리의 전통 신앙인 '무교'가 그것이다. 그런데 우리가 생각하고 있는 강신무(한강 이북)나 세습무(한강 이남) 혹은 무당(남자는 박수)이 단골들과 함께 한바탕 어우러져 굿판을 벌이는 장면은 등장하지 않는다. 다만 인간 부적 역할을 하는 주인공이 소생(resuscitation)하여 과거에 연분이 있었던 왕을 위로하고 상처를 싸매주는 모습이 매우 흥미롭다. 필자는 무교(학계에서는 샤머니즘, 무속, 무 등으로 혼용하기도 한다)에 대한 단면이기는 하나, 작가가 무교의 본모습을 잘 묘사해 주고 있다고 생각한다.

무교(巫教), 혹은 무속신앙은 바로 한자[巫]에서 나타나듯이 하늘과 땅 사이에서 신과 인간을 중재하고 인간들의 삶을 조화롭게 만들어주는 것이다. 대부분의 고등종교들은 죽은 이후의 내세에 대한 뿌리 깊은 신앙들을 전수하고, 내세에서 현세에서의 삶을 보상받거나 징벌을 받는다는 이분법적인 종말론이 대세다. 다시 말해서 종교는 인간이 살아 있는 동안 어떻게 살아갈 것인가보다는 어떻게 하면 죽고 난 후에 좋은 세상에 갈 것인가에 더 비중을 둔다는 말이다. 그런데 그와는 달리 무교는 죽은 이들의 원혼을 불러내어 그들의 한을 달래주는 것조차도 망자를 위한 굿이 아니라 지금 여기에서 살고 있는 사람들의 행복을 위해서 하는 것이다. 이에 대해서 유동식 교수는 "굿이란 행복을 비는 말이었다. 실제로 한국의 각종 굿의 주류를 이루는 것은 행복과 행운을 비는 재수굿(집안의 안녕을 기원), 안택굿(집안을 돌보아주는 신령에게 기원), 천신굿(나라와 백성의 평안을 기원) 등이다. 이런 축복제(祝福祭)들은 춘추

(春秋)로 제신령에게 식재초복(息災招福)을 축원하는 것이다."[10]라고 말한다. 그래서 무당을 현대적인 용어로 표현한다면 상담가 혹은 카운슬러라고 해도 무방할 것이다. 그들은 산자의 행복을 위해 마음을 읽어 주고 다독여 주는 사람들이기에 말이다.

무교만이 인간의 행복과 행운을 위해서 존재하는 것이 아니고, 모든 종교가 인간의 행복을 위해서 존재한다고 볼 수 있다. 그러나 오늘날 대부분의 종교는 종교 자체 혹은 '교회당'의 행복을 위해서 존재하고 있는 것처럼 보인다. 신자의 행복을 담보로 교회당은 부(富)로 인한 행복지수(?)가 높아지고 있다는 것이다. 물론 무교가 반드시 현세의 인간만의 행복을 위하는 종교라고 단정할 수 없을 것이다. 무교에서도 망자의 원혼을 잘 풀어주어서 저세상으로 보내 주는 신앙이 있기 때문이다. 다만 이럴 때조차 그것은 결국 현재 산자와 망자의 화해를 위해서 굿을 통해 한풀이를 하는 것임을 알아야 할 것이다. 다시 말해서 앞서 말한 것처럼 무교는 현재 살고 있는 사람의 행복에 보다 더 초점이 맞춰져 있다는 것이다. 하지만 교회는 여전히 현세의 축복을 이야기하면서 동시에 내세의 복, 영원한 삶을 더 중시한다는 것을 감안할 때 산자를 위한 종교라고 감히 말하기에는 어려울 듯하다. 굳이 밝힌다면 죽고 난 이후의 사람들을 위한 종교라고 하는 편이 맞을 것이다. 함석헌은 이렇게 내세를 강조하는 종교를 낡은 종교라고 비판한다. 그는 현시대의 종교가 낡은 종교가 되어 가는 현상을 조목조목 제시하는데, 그중에서 우리의 눈길을 끄는 것이 있다.

> 종교는 본래 현실에서 출발한다. 모든 위대한 종교가는 다 사회가 극도의 혼란에 빠져 인간이 고생을 하는 때에 그것을 해결해주려고 나선 이들이다. 산 종교는 결코 문제를 눌러 버리거나 미래로 밀어 버리거나 하지 않는다. … 특권 계급으로서의 종교가는 교세를 유지해 갈 필요에서 문제의 중

심을 점점 더 현실에서 옮겨 피안화함으로써 충돌을 면하려고 의식적으로 노력하게 된다. 그 때문에 문제는 저 세상에 가서야 풀린다는 것을 강조한다. 천당 지옥 소리만이 높은 것은 그 종교가 실인간에게 차차 매력을 잃는 증거다.[11]

종교가 인간의 현재의 행복을 위해서 노력하지 않으면 언젠가는 외면당하고 만다는 것을 지적하는 것이 아닌가. 물론 함석헌이 말하는 것은 물질적 행복이 아니라, 세계와 사회가 당면한 문제에 대한 현재적 관심과 그것을 해결하려는 종교의 모습이다. 자신의 건물을 짓기 위해서 신자들의 고혈을 짜내는 것을 아무렇지도 않게 생각하는 종교, 자신의 수중에 들어오는 돈이 신자들의 피땀어린 노동의 산물이라는 사실을 인식하지 못하는 종교 지도자는 그야말로 이 세상에서의 종교의 사회적 책임에 대해서 무지할 수밖에 없다. 아니 아예 안중에도 없을지도 모른다. 하느님의 나라는 이 땅에 이루어져야 한다는 것은 예수가 누누이 강조하였음에도 신자들에게는 내세만 강조하고 있으니 사회적 책임과 사회적 행복은 뒷전이 되는 게 어쩌면 당연한지 모른다. 그렇게 종교가 속해 있는 사회 공동체의 행복과는 별개로 수사학적 협박이나 위협 · 공포와 위기를 조장하여 현재적 행복을 저버리게 만드는 종교 지도자에게 과연 신학이나 종교에 대한 올바른 이해가 있다고 볼 수 있을까? 그래서 임어당 같은 사람은 인간의 영원한 삶을 담보로 해서 자행되는 종교의 행태를 보고서 종교의 가치를 의심한 것이다.

현대 미국 영어 중의 그릇된 표현은 사람들이 '종교를 얻는다'(get religion) 또는 '종교를 판다'(sell religion)고 말하는 것이라고 나는 생각한다. 많은 교회들이 종교를 손가방에 넣어가지고 팔려 한다고 나는 믿는다. 그 가방은 탄탄하고 간단해서 가지고 다니기에 더욱 편리한 것으로 되어 있다. 그래서 그것은 종교를 획득하는 가장 편안하고도 쉬운 방법이 되고 있는 것이다. 그러나 나는 이러한 종류의 종교적 가치를 의심한다. 나는 어려운 방법으로 종교를 획득하였다. 그리고 나는 그것이 유일한 방법이라고 생각한다. 거기에 필요한 타당성을 부여하기 위하여 다른 어떤 방법이 또 있다고 생각하지 않는다. 왜냐하면 종교란 전체적으로 말할 때 경이적인 하늘에 대한 개인적인 대결이며, 그와 하나님 사이의 문제이기 때문이다. 그것은 개인의 내면적인 성장에 관계되는 것이어서 어떤 사람에 의해서도 주어질 수가 없는 것이다.[12]

함석헌도 현대의 종교가 자본주의적 종교라고 비판한다.

현대 교회 중에 자본주의적인 생활 속에 있지 않는 교회는 없다. 자본주의 체제 아래에 살면서 덮어놓고 그것을 하나님의 뜻으로 되는 것으로 믿는다. 자기네 손에 들어오는 수입이 과연 사회정의에 합당한 과정을 밟아오는 것인가 아닌가는 생각하려 하지도 않고 그저 은혜라고만 한다. 그러나 성단 위에 놓이는 돈은 피가 묻은 돈들이다. 굉장한 교회당은 사실 엄정하게 맘몬이 세운 것이요, 맘몬의 힘으로 유지되어 가는 것이지 결코 하나님의 영으로 되는 것이 아니다. 그들이 만일 자본주의에 젖어 피 묻은 옷, 음행으로 더러워진 옷을 정말 십자가에 죽은 어린 양의 피에 깨끗이 씻는다면 당장에 모든 정치적 · 경제적인 세력과, 전투 관계에 들어가지 않을 수 없을 것이다.[13]

교회에 대한 관심사, 혹은 종교 일반에 대한 관심사가 줄어들고 있는 판국에 종교 건물을 신축·건축·증축한다는 것이 합리적인 사고와 신앙적 판단이라 할 수 있을까? 함석헌이 비판하듯이 그 건물은 맘몬이 세워 나가는 것이다. 앞선 종교의 창시자들은 하나같이 맘몬에 대해서 경계하는 말을 빠뜨리지 않았는데, 후대의 종교 지도자들은 정치나 자본과 매우 밀접하게 결탁되어 있다. 자본주의적 종교는 그 개념이 암시하고 있는 바와 같이 철저하게 이분법적이다. 부자와 빈자, 천국과 지옥, 내세와 현세, 천사와 악마, 남성과 여성, 백과 흑, 행복과 불행…. 자본주의적 종교는 말한다. "천국에 가고자 하는가? 지금 행복하려고 하지 말고 나중에 죽고 나서 행복하라. 지금은 맘몬의 종교를 섬길 때니 자본의 노예, 교리의 노예, 건물의 노예로 섬기면 내세는 보상을 받으리니." 이것들은 노예의 도덕, 노예의 종교를 말함이 아니던가.

한국의 그리스도교 안에 무속적 신앙이 내재해 있다는 것은 부인하기가 어렵다. 특히 유동식 교수가 주장하는 것처럼, 우리 한국사회는 유교적이면서 아폴론적인 존재·이성·합리·절제·질서를 중시하는 세계였다면, 무교는 반대로 디오니소스적인 생성·열정·도취·황홀경·자유 등을 갈구하는 세계[14]라는 것이 교회를 가 보면 극명하게 드러난다. 하지만 종국에는 이 둘이 따로 떨어져 있는 것이 아니라 통일되고 조화를 이루어야 한다는 것이 니체의 지론이기도 했다. 어느 한쪽으로 기울어지면 반드시 병리적 현상을 초래할 수 있기 때문이다. 한국 교회는 너무 디오니소스적인 신앙으로 일관하여 사람들의 행복이 마치 내세에 있는 것으로 확신하게 만들면서 이성을 마비시켜 버렸다. 그러나 정작 진정으로 디오니소스적인 것에 심취한다는 것은 내세의 술에 취해 있으라는 의미가 아니라 현재(지금)의 삶, 현재의 사랑, 현재의 생명, 현재의 자연, 현재의 몸, 현재의 행복을 만끽하라는 것이 아닐까.

3. 행복과 초월, 자기 자신이 된 적이 없는 사람들

인간은 하나 혹은 다양한 대상을-향해-있음(being-toward-something)으로 존재한다. 여기서 대상이란 어떤 것, 어떤 사물, 어떤 사건, 어떤 일 등 인간의 관심의 대상이 될 수 있는 모든 것 일반을 지칭한다. 인간은 관심의 대상이나 사건으로 인해서 이미 마음에 두고 있고, 이미 몸이 가 있으며, 이미 영혼이 빼앗긴 상태가 된다. 그로 인해서 인간 실존의 자리인 있음은 던져져 있음, 무방비 상태로 처해 있음이 된다. 관심 대상과 있음의 거리는 멀 수도 있고, 가까울 수도 있다. 단 '향함'(toward)이라는 지향성·방향성·목적성·추구함·갈망함·욕망함 등을 통한 감각, 지각, 그리고 지성의 작용이 어떠한 상황·조건·관계에 있느냐에 따라 달라진다.

따라서 삶의 지향과 방향성 등의 목적성은 '어떤 것'(something)에 대한 인식을 무엇으로 할 것이냐가 관건이 될 수 있다. 그것을 사물성·물질성·유한성·가변성으로 할 것이냐, 아니면 정신성·무한성·불변성으로 할 것이냐이다. 그렇게 될 때 인간이 처해 있음의 실존에 변화가 생기며 삶의 초월이 발생한다. 물론 '어떤 것'은 느닷없이 다가온다. 인간의 관심 대상은 그냥 생기는 것이 아니라 늘 앞에 나타난다. 눈 깜짝할 사이에, 다시 말해서 우리의 감각·지각·지성이 사태를 파악하기에 앞서 나타난다. 그것은 가끔 나타남이 아니라 매순간 예기치 못한 상황에서 등장한다. 그런 경우 그 어떤 것에 대한 인식과 판단을 종합하기가 매우 어렵다. 그래서 관심의 대상으로 '향함'은 끌려간다. 의식이 빼앗긴 채 끌려간다.

그러기 전에 인간은 관심의 대상에 대한 선이해, 선판단을 가지고 있어야 한다. 앞에서 말한 것처럼 정신성·무한성·불변성의 범주적 삶, 아프리오리한 삶의 철학을 확고하게 갖고 살아가는 것이 중요하다. 그렇지 않으면 인간의 처해 있음, 빠져 있음으로 헤어나오지 못하는 삶의 구렁텅이 속에 존재하고 말 것이다. 흐느적거리고, 흐리멍덩한 쾌락적인 삶은 이미 어떤 대상, 사물성에 이끌려 향해 있음의 실존이 되어 버린 것이다.

'어떤-것'(some-thing)에 대해 자각했다는 것은 동시에 향해-가고-있음(being-toward)을 의미한다. 사태에 대해서 인식·지각, 감각함으로써 이미 끌려-가고-있고, 이미 빠져-가고-있다는 것이다. 끌려-가고-있음과 빠져-가고-있음이라는 인간의 수동적 행위에 대한 언술과는 반대로 끌고-가고-있음, 곁에-가고-있음, 혹은 함께-가고-있음이라는 삶이 없는 것은 아니다. 주도적이고 주체적인 삶이 가능하기 위해서는 반드시 어떤 일, 사건, 사물에서 불변·무한·정신·초월이라는 생의 범주로의 이행이 선행되지 않으면 안 된다. 즉 관심 대상의 성찰과 더불어 그 자체로부터 자유를 획득해야만 한다는 말이다.

향해-감은 있음이라는 존재의 실존을 규정하고 확정하는 과정이다. 한국 사회의 주말이나 밤의 모습은 '어떤-것'으로 향해-가는 인간의 삶을 단적으로 보여주는 현상이다. "술은 신체적 균형, 예의범절, 감정과 판단력에 일시적으로 영향을 끼친다."[15] 주말이면 만취 사회가 되는 도시, 주폭으로 변하는 밤문화, 이성은 혼미해져서 비틀거리는 사회, 유흥가와 환락가로 넘쳐나는 대학가. 이 모든 것은 하루 술 소비량 맥주 952만 7397병, 소주 896만 5068병, 하루 술 먹는 사람이 598만 7061명이라는 통계가 '어떤-것'으로 향해-감의 상태를 잘 말해 준다. 자기 존재의 확인, 변화하는 사건 속에 자기 자신을 맡김, 제어할 수 없는 상황에 몰입, 통제할 수 없는 지경으로 만들어 감, 욕망을 수동적으로 재생산해 감.

이러한 것들이 우리 사회의 음주 문화를 대변하는 말이라는 것은 아니지만, 어떤 것, 대상성, 물질성을 향하는 존재, 향하고 있는 존재라는 것을 나타내는 주는 충분한 지표가 된다고 본다. 인간 존재는 이미 처해 있음의 상황에 직면에 있는 것이다. 인간 안에서 부르는 존재의 목소리로 향하기보다 인간 바깥의 변하는 사물, 대상, 조건에 자신의 존재를 맡기고 그리고 향하는 우리 사회는 더 이상 인간 고유의 존재로서 있음, 존재로 살아감을 포기하고 스스로 대상으로 전락하는 삶을 자초하고 있다. 헤르만 헤세(Hermann Hesse)는 말한다. "그 어떤 인간이든 간에 모두가, 자기 이상의 존재인 것이다. 어떤 사람도 완전히 그 자신이 된 선례는 없다. 그럼에도 불구하고, 누구나 자기가 되려고 애쓰는 것이다." 우리가 이 말을 신뢰한다면, '어떤-것'에 몸과 마음을 빼앗기고 향해-있기보다는 홀로-있음, 이야기-함, 배려(돌봄), 이성, 자기 성찰, 전체를 바라봄이라는 인간의 존재론적 삶을 지향해야 할 것이다.

— 제3장 —

아우구스티누스, 스피노자, 러셀의 행복론

1. 폭력의 이데올로기 앞에 무너져 가는 사회를 보면서 : 동정하는 사회가 행복할 수 있다!

인간의 사회적 공동체에서 지나친 합리성도 문제이지만 동정 없는 감성은 한낱 이기적이고 폭력적인 자아로 나타날 수 있다. 동정이란 내가 타자에 느끼는 감정, 즉 공통적인 감정이라 할 수 있는데, 우리는 지금 그러한 동정이나 연민조차도 이미 추락해 버린 이성에 동승시키면서 자위를 하고 있다. 윤리나 도덕을 말하면 교조적이고 지나치게 틀에 박힌 고리 타분한 선비라고 치부해 버리는 사회적 현상을 그저 멀리서 상황을 지켜봐야 하는 비겁한 이성은 자신의 어두운 그림자에 아파하고만 있다. 드러내 놓고 같이 아파하고 얼굴을 맞대고 고통의 자아를 달래 주고 감싸 주기보다는 견뎌 내기 힘든 현실을 외면하고 온갖 파괴적 대상에게 자신의 상처를 투사한다.

이래서야 사회 전체가 행복할 수 있을까? 나 자신의 사르크스(sarx)적 행복에 도취될 때 사회 전체의 행복은 오히려 경감된다는 사실을 인식한다면, 동정이나 연민을 단순히 윤리로 치부하고 말 사안이 아닌 듯싶다. 프랑스 철학자 알랭 바디우(A. Badiou)는, "윤리는 올바른 '존재 방식'의 추구, 또는 행위의 지혜를 뜻한다."고 말한다. 그런데 "명백히 보여지는 현실은 이기주의의 광란과 해방적 정치의 소멸, 또는 극단적 불안정성, '민족적' 폭력의 증가, 그리고 야만적인 경쟁의 보편성"[16]이다. 윤리는 인간의 존재 방식과 다르지 않다. 또 그것은 인간이 어떻게 행위할 것인가 하는 것을 말해 준다. 바디우의 좀 더 정확한 해석을 다시 한 번 인용하여 말한다면, "윤리란 악을 구분할 수 있는 선험적 능력이자 동시에 판단의 궁극적 원리, 특히 정치적 판단의 궁극적 원리로 간주된다. 이때 판단의 궁극의 원리란, 선험적으로 식별 가능한 악에 대항하여 명시적으로 개입하는 것이 선이라는 원리이다."[17] "악을 구분할 수 있는 선험적 능력", 우리는 지금 이러한 것을 잃어버리고 있는 것이다. 학교의 폭력이든, 사회적 폭력이든, 정치적 폭력이든, 이데올로기의 폭력이든, 신자유주의의 폭력이든 이기주의의 광란과 야만적인 경쟁의 보편성으로는 윤리를 회복하지 못한다. 다시 말해서, 앞에서 말한 바와 같이 사회 전체의 행복을 위한 인간 본연의 동정과 연민은 사치에 지나지 않을 것이다.

인간이 이 세계에-있음, 혹은 세계-내-존재라고 할 때 오히려 인간으로서의 윤리가 담보되지 않으면 영원한 퇴락과 추락을 반복적으로 경험할 수밖에 없는 시궁창과 다르지 않을 것이다. 쇼펜하우어와 함석헌은 인간의 심연에 그것을 초월할 수 있는 동정과 연민이 있다는 사실을 강조하고 있다. 쇼펜하우어는 인류가 자신과 똑같은 괴로움과 고통을 당하고 있다는 사실을 깨닫게 되면, 해탈의 한 방식으로서 자신을 초월함과 동시에 인류에 대한 보편적인 동정심, 동정의 느낌을 가지게 된다고 보았다. 함석헌은 "목숨을 받아 가지고 나온 이상 옳은 것과 그른 것 사이에 살게 마련입니다. 까닭을 알거나 모르거나 절대의 명령이 거기 있는 것을 부인할 수 있는 마음은 하나도 없을 것입니다. 그래서 양심이라고 합니다. 선의 뿌리를 내가 다 할 수 없고 악의 씨를 내가 능히 다 없애 버릴 수는 없으나 선을 선으로 알고 악을 악으로 아는 것은 설명할 필요 없이 스스로 환한 것입니다. 그것을 지켜 숨을 다하는 것이 사람의 일"[18]이라고 말한다.

'인간은 존재하는가?' 라는 다소 도발적인 물음에 대해서 멈칫거리며 답변이 궁색해지는 이유는 내 자신 안에서 스스로를 밝히고 있는 바로 그것, 혹은 윤리적 실체로서의 자아가 폭력적 타자에 의해서 무너지고 있다는 사실 때문일 것이다. 인간이 존재할 수 있는 그 존재적 기반은 윤리적 이성이 '밝은 것', '환한 것'으로 드러날 때 비로소 가능하다. 윤리적 이성은 타자에 대해서 같이 아파하고, 같이 고통스러워하고, 같이 즐거워하고, 같이 기뻐하는 공감적 자아, 동정적 자아의 지속적 계몽이다. 동정을 갖게 되는 동기는 타자의 고통과 슬픔이 존재하기 때문인데, 그렇기 때문에 그것이 행복과 상반된다고 생각할 수 있다. 그러나 그 낱말이 품고 있는 의미는 '함께' 혹은 '같이'라는 공동체성과 연대 의식, 인류라는 하나의 공통적 인식과 삶을 가정하기 때문에 행복과 무관하지 않은 것이다. 이것은 달리 말하면 내가 행복하기 위해서 타자의 불행까지도 함께 할 수 있는(포용할 수 있는) 성숙한 인간의 실존이 되어야 한다는 것이다. 불행은 사라져야 할 것이 아니라, 불행하다고 하는 그 의식을 넘어서려는 인간의 노력으로 인해서 사회 전체가 건강하고 행복할 수 있다는 매우 단순한 논리가 내포되어 있음을 기억해야 한다. 더불어 불행이 존재하는 것은 동정과 연민을 통해서 인간으로서의 나의 존재 방식과 정체성을 확인하기 위한 것이라는 점도 알아야 할 것이다.

2. 아우구스티누스와 함석헌의 행복론
: 시공간적인 욕망을 초월하십시오! 그리고 자신 속으로 돌아가십시오!

그리스도인의 존재 방식(Seinsweise) 혹은 실존은 무엇인가? 우리는 그 단초를 아우구스티누스(A. Augustinus)의 저서인 『참된 종교』(*De Vera Religione*)에서 발견할 수가 있다. 그는 첫 머리에서 글강 외듯 이렇게 말한다. "참종교에 선하고 행복한 삶의 길이 있으며, 그 참종교란 하나이신 하느님을 예배하고, 지극히 순수한 경외심으로 하느님을 자연 만물의 원천으로 인정하는 데에 있다."[19] 그리스도인이 그리스도인으로 존재한다는 것, 그리스도인이 그리스도인으로 실존한다는 것은 신을 예배하고 경외하며 그분을 만물의 일자로 인정하는 삶을 뜻한다. 그는 이것이야말로 인간의 행복한 삶과 직결된다고 본 것이다. 따라서 그리스도인의 행복은 신과 연관된 삶, 신을 향해 마음을 모으고 머리를 숙임, 신을 두려움과 떨림으로 인식함, 신을 창조주로 고백하는 삶에서 비롯된다.

그리스도인의 존재 방식을 좀 더 부연하자면 하나님을 향유함(frui Deo), 하나님을 기쁨과 즐거움으로 곁에 모시고 바라봄, 그분에게서 시선을 떼지 아니함으로 풀이할 수 있다. 당연히 그리스도인은 무엇으로 존재한다고 규정할 수 있다. 이 무엇으로 존재함에서 '무엇'은 상태와 기분, 조건이나 실존을 나타낸다. 아우구스티누스는 그 무엇을 밝히기 위해서 그리스도인으로 존재함과 행복을 등치시키듯이, 함석헌도 그리스도인의 무엇으로 존재함 혹은 존재 방식을 "하나님께 속함"으로 본다.

> 교회를 부정하는 자유신앙이야말로 교회를 살리는 참 생명이다. 하나님에게 완전히 속하기 위하여 어떤 인간적인 권위나 제도에도 구속을 아니 당하는 것이 신앙이다. [⋯] 현대가 과도기에 빠졌다 함은 교회가 늙어 버렸다는 말이다. [⋯] 종교가 모체로서의 자기완성을 다하고, 열린 교회가 되지 못하고 닫힌 교회가 되는 순간, 자기통일을 완성하는 동시에 역사를 통일해 갈 실력을 잃는다. 그것은 정신적 침체를 의미한다. [⋯] 교회가 늙는 것은 세속적 문화에 타협함으로써, 즉 바빌론의 술에 취함으로써 되는 것

이라 할 것이다.[20]

하느님께 속하기 위해서 그리스도인의 실존은 교회의 거부, 곧 권위와 제도에서 자유로운 상태가 되어야 한다. 이것은 교회를 없애야 한다는 것이 아니라 권위와 제도가 오히려 하느님을 잃게 만들고 정신적 침체 현상으로까지 이를 수 있음을 비판하는 것이다. 궁극적으로 함석헌은 하느님을 얽매는 모든 것들을 부정한다. 그것은 아우구스티누스의 개념으로 말하자면 철저하게 하느님만을 "향유"(frui Deo)하고자 함이다.

이는 현대의 교회가 하느님을 상품화하고 "이용"(uti)하는 사물성의 존재 인식에서 벗어나서 참종교의 자유로운 신앙 인식으로 전환하는 것이다. 그 신앙 행위는 닫힌 교회에서 열린 교회(현대 극장식 건축구조와 예배와는 전혀 다른 의미)로, 세속적 문화에 대한 저항과 탈피로 나아간다. 그리스도인의 신에 대한 향유는 그것이 곧 인간의 정신적 생명의 근본이기 때문이다.[21] 그렇다면 우리를 얽어매는 모든 시간적이고 공간적인 것들(이 모든 속성들은 유한적이고 가변적인 것들이다)을 초월하는 용기가 필요하다. 그러므로 그리스도인의 존재 방식 혹은 행복은 항상 ~로부터의 극복·해방·탈피를 의미하는데, 그 원천적인 힘은 바로 순수지성[22] 혹은 이성[23]에서 나온다. 아우구스티누스의 순수지성은 진리를 포착하는 능력이자 인간 심성의 심층부에 있는 것으로 불변하는 사물을 직관하는 능력이다.[24] 함석헌에게 이성은 "절대자의 절대성", 곧 "무한 영원"을 인식하는 능력이다. 그뿐만 아니라 이성은 위로부터 오는 영의 빛으로서 무반성적으로 도취된 신앙 감정을 제어하고 섣부르게 영으로 속단하는 신앙 행위를 식별한다.[25]

그와 같은 순수지성 혹은 이성은 세속의 야욕과 욕망을 멀리하는 그리스도인의 존재 방식을 더욱 확고하게 하면서 신의 향유에 걸맞지 않은 것들을 하지 못하도록 한다. 그와 동시에 신을 향유하기 위해서는 모든 인간의 세속성에 틈을 열어주는 여유 혹은 여가(otium; licere; schole)가 필연적일 수밖에 없다.[26] 현대사회에서 자칫 여유나 여가도 세속적이고 자본주의적인 범주에 갇혀 있는 이념적이거나 한갓 노동을 위한 노동자의 모순적인 휴식처럼 보일 수 있다. 그러나 그리스도인이 추구하는 행복의 목표가 신에게 있다고 할 때, 여유는 그리스도인의 존재 방식 혹은 삶의 방식을 규정하는 실존적 반성의 자율성으로 보아야 할 것이다. 함석헌은 이를 두고 이성의 시공간적 초월성을 강조했는데 초월성의 현실이 곧 행복이라는 것을 단적으로 깨닫게 해 준다.[27]

함석헌은 "종교로 인하여 한 문화가 일어날 수 있으나, 종교는 영원을 지향하는 정신적 생명운동이므로 그 문화에 취해서는 안 된다. [···] 문화는 어디까지나 지상적이요, 종교는 하늘을 지향하는 운동이다. 고로 서로 달라붙어서는 아니 된다. 문화는 신앙에 의하여 부단히 부정당해야 한다."[28]고 말했다. 그에 의하면 종교의 지향성은 하늘이다. 종교는 하늘을 지향하여 움직이고 또 움직이는 정신이다. 하늘의 초월성과 얼이 편만한 세계는 어느 누구의 소유일 수 없다. 그곳(그것의 상태/존재)은 만인에게 평등하며 그렇기 때문에 누구에게나 행복을 가져다주는 열린 세계이다. 그래서 "자기에게 이루어지기 바라는 선이 상대방에게도 이루어지고, 자기에게 일어나지 않기 바라는 악은 상대방에게도 일어나지 않기를 바라는 것이 사랑의 법칙이다."[29]는 말처럼 서로-행복할 수 있는 세계, 얼의 평등성을 만들어야 한다. 종교는 머물지 않는 정신이자, 하늘을 향한 얼의 긍정이라고 한다면, 온-얼을 긍정하여 밖에서 혹은 외물에서 행복을 찾지 말고 오직 내 안에서 찾아야 하리라. 아우구스티누스는 말한다.

> 밖으로 나가지 마라. 그대 자신 속으로 돌아가라. 인간 내면에 진리께서 거하신다. 그리고 그대의 본성이 가변적임을 발견하거든 그대 자신도 초월

하라(Noli foras ire, in te ipsum redi. In interiore homine habitat veritas. Et si tuam naturam mutabilem inveneris, transcende et te ipsum).[30]

행복을 자신의 밖이나 물질에서 찾는 오늘날 인간을 깨우치는 말이다. 이 말은 신앙인이든 비신앙인이든 관계없이 중요한 삶의 지표임이 틀림없다. 또한 행복은 자신만을 위한 행복이 아니라, 이웃을 위한 행복이어야 한다. 나에게 이루어지기를 원하는 선이 타자에게도 이루어지기를 바라고, 나에게 일어나지 않기를 바라는 악이 타자에게도 발생하지 않도록 바라는 것, 이것은 마치 동서고금의 황금률과 같은 것이 아니겠는가?

행복은 사유이기도 하고 기분이기도 하다. 행복한 순간 그것을 행복하다고 언표하면 설령 언표되기 이전에 행복의 표상이 사라졌다 하더라도 사유로서의 행복은 존재한다. 또한 행복한 순간 그 감정과 기분을 언표할 수 없을지라도 행복은 실재한다. 오직 세속의 야심과 눈의 정욕과 육체의 정욕을 멀리할 뿐만 아니라 사물에 얽매이지 않고 순수지성으로 깊은 내면으로 파고들어 존재 그 자체이신 그분(삶의 의미체/의미 단위)을 만나게 된다면 말이다. 그것이야말로 종교의 행복의 실재성만이 아닌 인간의 보편적인 행복이 아닐까?

3. 욕심을 제어하는 수행사회를 꿈꾸며
: 스피노자와 함석헌이 말하는 행복의 관성 법칙

뉴턴(Issac Newton, 1642-1727)의 운동법칙 중 제1법칙은 '관성의 법칙'이라고 하는데, 모든 물체는 외부에서 물리적인 힘이 가해지지 않을 경우 현재의 상태를 그대로 유지하려는 것을 말한다. 다시 말해서 정지해 있는 물체는 계속해서 정지해 있으려고 하고, 운동을 하는 물체는 등속 직선운동을 지속하려고 한다. 실례로 누구나 한번쯤은 운행 중이던 버스나 지하철이 갑자기 급정거를 할 때 진행하던 방향으로 몸이 넘어지려고 하는 경험을 해본 적이 있을 것이다. 또 반대로 정지해 있던 버스나 지하철이 출발을 할 때도 운행하고자 하는 방향과 반대 방향으로 몸이 기우는 것을 경험해 봤을 것이다. 전자는 운동 상태를 유지하려는 관성 때문에, 후자는 정지 상태를 유지하려는 관성 때문에 발생하는 현상이다. 관성법칙의 요지는 바로 물체가 현재의 상태를 유지하려고 한다는 데에 있다.

물리학에서 관성이라는 것이 있다면, 생물학에서는 항상성(Homeostasis)이라는 것이 있다. 외부환경과 생물체 내의 변화에 대응하면서 순간순간 생물체 내의 환경을 일정하게 유지하려는 현상이다. 얼음물을 마시거나, 혹은 뜨거운 물을 마시거나 할 때 우리 몸의 체온이 36.5℃를 일정하게 유지하는 것도 생명체가 지닌 항상성의 원리이다. 이 두 가지 개념의 공통점은 자신이 가지고 있는 상태를 그대로 지속하려는 성격을 띠고 있다는 점이다.

이와 같은 특성은 반드시 물리적 대상이나 생명 존재만 갖고 있는 것은 아니다. 인간이 행복하고자 하는 욕구, 즉 인간이 행복이라는 것을 좇는 모습에서도 찾을 수 있다. 행복은 불행에 저항하여 안정, 평온, 기쁨, 웃음 등의 긍정적 감정과 상황을 유지하려는 인간의 욕구임에 틀림이 없다. 행복의 관성은 불행의 관성을 벗어나려는 것이다. 문제는 행복의 관성법칙은 지나친 행복 추구라는 관성에 과속도를 더하려고 한다는 데에 있다. 불행이라고 하는 것도 인간의 삶에서 그 저항력이 만만치가 않다. 하지만 서양 근대철학자 스피노자(Benedictus de Spinoza, 1632-1677)에 의하면, 행복과 불행은 애착을 갖는 것이 무엇이냐에 따라 달라진다고 말한다. 인간은 일시적이고 가변적인 것을 사랑하고 집착할 때 불행해진다는 것이며, 반대로 영원하고 무한한 것을 추구할 때 강렬한 기쁨을 가져다준다는 것이다. 따라서 인간의 관능적

쾌락이나 재물을 너무 집착하지 말라는 것이다. 그런 의미에서 스피노자는 인간으로 하여금 정신적, 영적, 초월적 삶의 가치, 이상적 삶의 목표 등을 추구하는 것이 보다 더 행복할 수 있다는 것을 알게 해준다.

이러한 관조적 삶의 철학은 함석헌에게서도 나타난다. '욕심을 버려야 한다.', '욕심 없는 것이 씨ᄋᆞᆯ이다.', '욕심 없이 하늘의 참을 그대로 살려는 씨ᄋᆞᆯ이 되라.', '욕심이 없어야 본다.', '생각이 깊어야 한다.' 등은 모두 그의 행복철학과 관련된 말들이다. 그는 "탐심을 내지 않으니 어둠속에 금과 은의 기운이 드러난다(不貪夜識金銀氣)."는 옛말을 인용하면서 요행의 생각을 경계한다. 또한 자본주의를 흉내 내어 자기 이익을 위해 남의 것을 빼앗는 욕심도 비판한다. 행복에 대한 그의 단적인 생각은 행복이란 잡을 수 없다는 것이다.[31] 따라서 씨ᄋᆞᆯ의 근본 성격은 불욕심이다. 욕심을 채운 후 그 욕심으로 인해서 찾아오는 또 다른 근원적 불행과 행복하려는 욕심은 행복의 등속 운동을 방해한다. 욕심의 존재론적 화근은 자아의 인식론적 망각에서 비롯된다. 본래 그 자아 인식의 출발은 '나는 벌거벗은 씨ᄋᆞᆯ이다.'는 데서 싹트게 되어 있다. 벌거벗었다는 것은 결코 부정적인 의미가 아니라, 이제 '기본적인' 의식주를 넘어서서 그 이상의 것을 위해 더욱더 마음 쓰는 것을 그쳤다는 의미다. 이렇듯 하늘의 참을 실현하려는 씨ᄋᆞᆯ은 욕심이 없어야 한다.

이것은 스피노자와 맞닿아 있는 생각이다. 영원한 것, 영원한 정신을 갈구하는 사람은 일시적이고 가변적인 것을 뒤로 할 수 있어야 한다. 그러기 위해서 필연적으로 따라야 하는 것은 함석헌이 말한 "생각"이다. 생각을 깊게 해야 지금 내가 좀 더 하고자 하는 마음이 무엇인지를 살필 수 있다. 생각을 깊게 해야 불행으로 가려는 관성 혹은 너무 행복에만 집착하는 관성을 넘어설 수 있다. 그러한 사유의 결과 타자가 행복을 느낄 수 있도록 정당한 기회를 주는 삶을 통한 '사회적 항상성'이 유지된다. 내가 행복할 수 있는 기회를 타자를 위해서 자발적으로 포기할 때 타자는 불행의 관성에서 벗어나서 '나' 라는 외부적 환경의 힘으로 행복의 관성을 가질 수 있게 된다. 그래서 함석헌은 욕심이 없어야 볼 수 있다고 말했는지 모른다.

세계-내-존재는 의식주의 문제를 완전히 넘어설 수 없는 실존이다. 하지만 인간이라는 존재는 의식주의 문제가 극복되거나 과잉 만족되면 그를 통해서 또 다른 욕망을 맘에 둘 수밖에 없다. 기본적인 행복추구권은 반드시 보장되어야만 하지만, 그것이 운동 상태를 유지하려는 관성으로 변하게 된다면 제어하기 어려운 사태에까지 이를 수가 있다. 사회가 고루 행복질 수 있는 가능성이 무너져서 쏠림 현상이 일어나, 이른바 사회적 항상성이 파괴되는 것이다. 그러므로 이 사회가 욕심을 버리고 좀 더 초월적인 가치로 향할 수 있는 관성이 발달해야 할 것이다. 그래서 이 사회 전체에 행복이 사라지거나 치우치기보다는 재배치될 수 있어야 한다. 그것은 스피노자나 함석헌이 말한 것처럼 내가 평소에 갖는 애착과 욕심을 없애는 데서 시작된다고 본다. 욕심이나 애착이 지나치면 중독이 된다. 분명한 것은 중독은 심리적 질환이지 행복의 길은 아니라는 것이다. 행복을 위한 개별 존재의 애착이 사회적으로 파급되면 사회는 결국 행복해지는 것이 아니라 불행해진다. 그러므로 '욕심을 버리는 것이 행복의 시작이요 완성이다.' 라는 단순한 논리가 우리 삶에서 실현 가능한 모토가 되어야 할 것이다.

4. 함석헌과 러셀, 종교적 행복의 근본 자리를 묻다!

왜 사람들은 종교를 갖고 있으면서도 행복하지 않은 것일까? 이것은 종교를 갖고 있다는 자체로 반드시 행복해야 한다는 당위성을 전제로 하는 물음은 아니다. 다만 물음이 발생한 삶터의 상황(맥락)과 세계의 사태가 분명히 존재하기에 묻지 않을 수가 없는 것이다. 따라서 "왜" 라는 이유를 묻기 전에 "왜"가 처해 있는 근본 자리를 먼저 물어야 할 것이다. 물음을 갖는 그 근본 자리에 문제가 있기 때문에 왜라는 의문이 생긴다. "왜"는 인간의 현실과 이상, 혹은 사태의 원인과 결과가 맞대응하지 못할 때 묻는 인간 실존의 의문이다. 어쩌면 "왜"라고 묻는 것은 인간 고유성의 확인이자 세계-내-존재의 유한성이 갖는 필연적 물음이다. 오늘날 "왜"의 물음의 자리는 바로 "종교와 행복"이 서로 부유스레한 현실이다.

일반적으로 종교는 인간에게 행복한 삶을 가져다준다는 통념이 있다. 설령 그것이 정신적인 행복이든 아니면 자신의 종교를 잘 신봉한 덕분에 얻어진 물질적인 행복이든 그 행복을 바라는 마음은 저마다 크다 할 것이다. 나아가서 그 행복이 내세에 주어지는 궁극의 자리라고 할지라도 종교적 인간이 추구하는 마음은 모두 다 행복이라는 것을 부인하기 어려울 것이다.

그런데 왜 종교를 갖고 있는 사람들의 마음이 불편한가? 앞에서 말했다시피 종교가 종교로서 가져야 하는 근본적 지향성이 무너진다는 것, 다시 말해서 종교에 가졌던 기대치가 무너지는 것 때문이라고 볼 수 있다. 종교가 종교답지 못하거나 그렇지 않으면 물질적 보상을 가져다 주는 것과는 거리가 멀다고 느꼈기 때문이다. 무엇보다도 사람들이 환멸을 느끼고 자신의 종교를 통해서도 행복을 만끽할 수 없다고 하는 것은 종교의 본질이 퇴색되었다고 보는 것이 옳을 것이다. 함석헌은 그 근본적인 원인을 다음과 같이 꼬집고 있다.

> 근대의 교회 내분은 그 동기가 전연 세속적이고 물질적인 데 있다. 세력 싸움, 재산 싸움, 이런 것들이다. 이것은 교회가 정신적으로 자라기를 전연 그만두고 노쇠해 가는 증거다. 이리하여 우리는 다른 종교는 말할 것도 없고 그중 가장 젊다는 기독교에서도 그 기성 조직체로서의 교회는 생명력이 쇠퇴한 것으로 본다. 현 교회 이대로는 아마 당면한 세계 문제를 해결하

지 못할 것이다.[32]

이러한 종교에 대한 정확한 진단은 함석헌 선생의 생전 당시나 지금이나 별반 다르지 않다는 것을 알게 해 준다. 지금 종교는 전투 중이다. 정신이 쇠퇴해 가는 중이다. 조직체를 유지하기 위해서 안간힘을 쓰며 같은 종단의 종교는 말할 것도 없고 이웃 종단과의 갈등과 폭력이 난무하는 종교의 모습에서 정신의 상승은 기대하기 어렵다. 정신적인 쇠락의 길을 걷는 종교에게 당면한 세계 문제를 해결하는 무슨 능력을 바라겠는가? 따라서 종래의 신자들은 종교가 종교답지 못한 현상을 목도하면서 자신의 행복 지수가 반감되는 것 또한 피부로 절감하지 않을 수가 없었을 것이다. 정신적으로 쇠퇴하는 종교, 생명력을 다하는 종교는 갈수록 살아남기 위해서 전투적일 수밖에 없다. 거기에서 종교가 나눠줄 수 있는 근원적인 행복이 발생할 리가 만무하다. 19세기 말에 태어나 20세기 후반까지 살면서 평화운동을 전개했던 세기의 철학자 버트런드 러셀(Bertrand Russell, 1872-1970)은 인간의 행복의 조건에 대해서 이렇게 말했다.

> 오늘날의 세계에서는 대개 인생의 쇠퇴가 물질적인 재화에 대한 숭배를 조장하고, 물질적 재화에 대한 숭배는 다시 인생의 쇠퇴를 촉진하고, 인생의 쇠퇴 위에서 물질적 재화에 대한 숭배가 번창한다. 돈을 숭배하는 사람은 자신의 노력을 통해서 또는 자신의 직접적인 활동 속에서 행복을 얻으려는 생각을 하지 못한다. 그는 행복을 외부 세계에서 뽑아낸 즐거움을 수동적으로 향유하는 것이라고 본다. 예술가나 연인은 열정에 사로잡힌 순간에는 돈을 숭배하지 않는다. 그의 욕구는 특별한 것이고 자신이 창조할 수 있는 대상만을 지향하기 때문이다. 이와는 반대로 돈을 숭배하는 자들은 예술가 혹은 연인으로서 위대한 업적을 이룰 수가 없다. 배금주의는 사

> 람들이 성공이란 무엇인가에 대한 잘못된 이론에 근거해서 자신의 본성을 훼손하고 인간의 행복에 전혀 보탬이 되지 않는 일들을 극찬하게 만든다. 그것은 아무런 활력이 없는 획일적인 인격과 의도를 조장하고, 삶의 기쁨을 축소시키고, 공동체 전체를 피로감, 좌절감, 환멸감으로 몰아넣는 스트레스와 긴장감을 조장한다.[33]

러셀이 말한 것처럼 종교는 신자들에게 혹은 일반 대중들에게 사회적, 정신적 피로감을 주는 것은 아닐까? 아니면 좌절감이나 환멸감, 스트레스, 긴장감? 그렇다. 종교는 이미 배금주의에 젖어 있어서 정신적 가치를 상승시키는 동력을 상실하고 추락하고 있는 것이다. 돈·명예·권력·지위·신분 등을 숭배하는 종교로 퇴락되면서 종교의 본질 자체로서의 신의 모습은 전혀 보이지 않는다. 신은 종교의 정신과 영혼의 능력을 가동시켜 주는 에너지인데, 종교는 숭배의 대상을 달리하며 마치 가시적인 모든 인간의 가치를 숭배하고 소유하는 것이 행복이고 궁극적으로 신의 선물로서 주어진 복이라고 주장하는 것이다. 수단과 목적, 본질과 비본질, 주와 객이 전도된 상황에서 아직까지도 종교 공동체에 남아 있는 사람들은 여전히 신을 배반하지 못해서, 아니면 도의적인 책임과 그 공동체에 대한 혈연과도 같은 정 때문에 종교 지도자와 조직체가 부여해 주는 행복의 끄나풀을 기대하고 있는지도 모른다. 그러나 종교는 명심해야 한다. 물질적 숭배, 돈의 숭배는 종교 자신의 내적인 패배(버트런드 러셀)에서 기인한다는 사실을 말이다. 내적인 충만함과 내면적인 성실성에 입각한 종교는 물질의 숭배가 얼마나 큰 죄악인지를 잘 알고 있다. 그러기 때문에 건강하고 건전한 종교일수록 신자들에게 신과의 합일과 이웃을 위해서 자신의 행복을 나눠줄 것을 종용한다. 그것이야말로 마음이 가난해진 결과로서 주어지는 진정한 종교인의 행복이라고 말할 수 있을 것이다. 반면에 내적인 궁핍으로 허덕이는 종교는 자신의 물량적 성장이 공동체의 영성적 성장인 것처럼 착각하여 외부 세계를 더 의식하기 마련이다. 물론 종교가 오죽하면 그랬겠냐 하는 심정적 이해는 가지만 더 이상 종교의 내면적 패배로 인해서 신자들을 불행하게 만들어서는 안 된다.

그러면 어떻게 할 것인가? 함석헌은 새로운 종교의 출현을 갈망한다. 물론 새로운 종교라고 해서 종교 하나를 또 만들자는 것은 아니다. 그의 말대로 종교란 인간이 하는 것이 아니라 절대자가 하는 것이기 때문이다. 자칫하면 종교 제조자가 될 수도 있는 일이다. 행복 제조기처럼 말이다. 행복을 제조한다고 해서 행복해지는 것이 아니듯이 종교를 제조한다고 해서 종교가 되는 것은 아니다. 종교는 하느님의 것이기에 "종교는 의식적으로 되는 인위의 산물이 아니다." 새로운 종교는 "기성교회에서 내쫓김을 당하는 태아적인 정신이 현 문화사회에 도전을 함으로 말미암아 생겨나오는 것이다. 인조종교(人造宗教)는 반드시 망하고야 마는 것은 실지 역사가 보여주는 일이다."[34] 이 말은 기성종교의 행태와는 사뭇 다른 모습의 종교를 추구하는 반항적 정신이 있어야 한다는 뜻이겠다. 그것은 태아적인 정신, 다시 태어나는 정신이 있어야 인간의 불행을 자초하는 종래의 종교를 탈피하고 극복할 수 있다는 얘기다. 만들어 내려고 하지 말고 새롭게 태어나는 정신으로 종교가 탈바꿈되어야 한다. 새로운 정신, 맑은 정신을 가진 종교가 사람을 행복하게 할 수 있고, 행복의 지수, 신앙 행복 지수를 높일 수 있다. 국가 사회가 아무리 조작적 행복, 인위적인 행복을 만들어 내려고 한다 할지라도, 적어도 종교는 행복을 만들어 내려고 하지 말고 사람들에 의해서 태어나고 창조되도록 해야 한다. 그것은 반드시 종교인이라면 종교 공동체의 태아적인 정신으로 온갖 물질적 숭배와 맞서는 데에서 나올 것이요, 일반 대중들에게는 외부적 세계에 매몰되어서 자신의 인생이 쇠퇴하지 않도록 늘 깨어 있는 데서 시작될 것이다. 결국 우리가 행복하려면 종교는 종교의 근본 자리를, 사람은 자신의 근본 자리를 잃지 말아야 함을 유념해야 할 것이다.

— 제4장 —

미학적 인식론과 종교, 그리고 정치

1. 도덕적 감성의 미학자, 칸트와 함석헌

우리 사회가 여러 방면에서 아름다움, 즉 미에 관심을 갖게 된 것은-다소 논란의 여지가 있을 수는 있으나-아마도 포스트모던 사회로 접어들면서 일어난 현상이 아닌가 싶다. 정치적 안정과 경제적 성장을 이루면서 사람들은 미에 눈을 뜨기 시작했던 것 같다. 패션과 화장, 성형(역설적이게도 이것은 취업이라는 난문을 뚫기 위한 면접 수단으로도 작용한다), 몸매 관리, 채식 열풍 등은 우리의 몸을 어떻게 하면 아름답게 가꿀 것인가 하는 것과 관련되었던 것이다. 그러나 미(美, beauty)라는 것은 단순히 몸의 아름다움뿐만 아니라 마음과 정신의 아름다움을 포괄해야 한다. 이것은 함석헌의 말에서도 잘 드러난다. "아름답다는 것은 '앎답' 다, 남이 알아 줄 만큼 값이 있단 말이다. 어린이의 살림을 보면 그들의 목표는 실용에 있지 않고 전혀 아름다움에 있다."[35]

따라서 그의 주장에 의하면 아름다움은 순수함을 상실하고 퇴색된 실용에 있는 것이 아니라 순수미 그 자체에 있다는 것이다. 물론 고대 철학에서 나타나는 것처럼, 미란 인간의 삶에서 실질적인 요소가 결코 없었던 것은 아니다. 어원상으로 보면, 미는 라틴어의 벨룸(bellum), 그리스어의 토 칼론(to kalon)에서 온 말이다. 또한 예술을 뜻하는 아트(art)는 고대 라틴어 아르스(ars)와 그리스어의 테크네(techne)에서 기원한다. 이것은 기술 일반을 뜻하는 것으로서 목수업·외과수술·코미디·마술·건축·요리·정치·처세술·변론술에 이르기까지 그 의미가 다양하게 적용되었음을 알 수 있다. 그래서 철학자 콜링우드(R. G. Collingwood, 1889~1943)는 미와 예술 사이에는 아무런 관련이 없다고도 말했다.

그럼에도 미를 한마디로 정의하자면 쾌감을 주는 것이며 이것은 인간의 감성을 표현한다. 다시 말하면 미는 이성의 영역이 아니라, 감성의 영역이다. 이를 토대로 미학의 개조(開祖)인 바움가르텐(A. G. Baumgarten, 1714~1762)은 감성을 이성에 비해 저급한 인식 정도로 치부하고 말았다. 함석헌은 이렇게 진과 선, 그리고 미를 나누는 것을 반대하고 그것들이 서로 다르지 않다[36]고 주장한다. 더 나아가서 그는 미의 속알[德], 즉 도덕적 미학을 강조했다. "사람의 마음속에 도덕 정신, 그보다도 무한에 대한 종교적 애탐이 없다면 아름다움은 있을 수 없다. 들국이 아름답고 기러기가 아름다웠던 것은 우리 속에 깊이 깃들어 있는 도덕성 때문이다."[37]

필자는 함석헌의 이러한 생각에서 칸트(I. Kant, 1724-1804)와 매우 흡사한 미학적 맥락을 만나게 된다. 칸트는 『판단력비판』(*Kritik der Urteilskraft*)에서 "미적인 것은 윤리적으로[도덕적으로]-좋은[선한] 것의 상징" (das Schoene ist das Symbol des Sittlich-guten)(*KU.*, B258)이라고 말했다. 또한 역학적 숭고미에서도 번개·천둥·화산·폭포와 같은 자연의 위압 앞에서 인간이라는 존재는 정말 나약하고 보잘것없지만, 그보다 더 위대한 내적 자아의 도덕심으로 자연의 두려움에 굴복당하지 않는 감정이 우리 안에 생긴다고 말한다. 그러므로 숭고의 감정은 자연 대상으로 인해서 생기는 것이 아니라, 바로 윤리적 존재자인 우리가 그것을 극복할 수 있다는 감정으로 인해서 우리 안에서 생기는 미적 태도인 것이다(*KU.*, §28). 이와 마찬가지로 우리가 기러기가 아름답다고 말하는 것은 기러기가 아름다워서가 아니라 우리 안에 그 기러기를 아름답다고 말할 수 있는 도덕심이 전제되어 있기 때문이다. 곰곰이 생각해 보면 우리가 사물 혹은 대상을 아름답다고 인식하는 것은 우리의 감성적 인식이기는 하나, 그 대상을 미적으로 판단하는 것은 우리 마음이 그러한 태도를 갖고 있기 때문에 가능한 것이다.

우리 안에 도덕심이나 인격이 없다면, 대상을 그리 바라볼 수 없다는 것이 칸트나 함석헌의 지론인 셈이다. 이에 함석헌의 말을 좀 더 들어 보자. "사람의 인격의 아름다움도 그 사는 자연·사회·역사·정신적 체계를 배경으로 삼고서만 이루어질 수 있는 것이다. 곧 제 한 몸을 소유로만 알 것 아니라, 커다란 사회적 역사적 배경 속에 자기 자신을 놓는 사람인 담에야 위대한 아름다움을 나타낼 수 있다."[38]

아름다움은 당연히 내면의 아름다움에서 나온다. 외모만이 만능이 돼 버린 사회, 외모야말로 돈도·권력도·명예도·면죄부도 되는 외모지상주의 사회는 그만큼 내면적 깊이는 없으면서 그 외모로 타자 위에 군림하려는 묘한 마력이 있는 게 사실이다. 실제로 그렇기 때문에 아무런 반성 없이 그런 사람을 무비판적으로 모방하고 추종하려는 게 현실이다. 그래서 모두가 순수미가 아닌 실용미 혹은 인공미(인위적인 미)만으로, 내면의 미가 아니라 외형의 미만으로 자신을 포장하려고 한다. 그러한 생각과 실천에는 역사를·자연을·정신을·사회를 배경으로 자신을 무화(無化)시키려는 인격미는 찾아보기가 힘들다.

바야흐로 각 가정에서는 예비 대학생들이나 예비 취업인의 노고를 치하하고 입학(취업) 선물을 구실로 미를 위한 본격적인 소·대형 프로젝트를 계획하고 있을 것이다. 하지만 몸매나 얼굴을 고치기 전에 도덕성이나 인격의 아름다움을 위한 사회적 기획, 가정의 성숙한 미감적 태도를 고려해 보는 것은 어떨까? 대학생으로서, 사회인으로서 전체와 조화를 이루는 미, 전체를 생각하고 역사의 배경과 하나가 되려는 미, 또 다른 경쟁 시스템 속에서 자기 한 몸만 생각하는 각박한 심성을 기르지 말고 우주와 사회를 배려하는 어우러짐의 미를 구현하려고 노력해 보자. 그런 의미에서 "'잘' 생긴 혹은 예쁘게 생긴" 이 아닌 "올 '바로' 생긴" 모습이 중요하다는 것을 인식하고 예비 대학생으로서, 예비 사회인으로서의 도덕적 인격을 함양하는 것, 그것이 바로 함석헌이 말하듯이, 남이 알아줄 만큼 값을 더 높이는 길이 아닐까. 언젠가 칸딘스키(W. Kandinsky, 1866~1944)가 "예술의 목적은 새로운 정신의 표현"이라고 말을 했는데, 설령 나의 미적 취향이 예술 행위가 아니더라도, 나의 미적 행위가 새로운 정신을 산출하는 표현이나 삶의 이념이 묻어나지 않는 거라면 아름답게 변신하려는 나의 근본적인 속마음을 먼저 살펴야 하리라.

2. 칸트와 함석헌에 있어서 선험적 주관성의 무관심성 미학

> 온 우주를 배경으로 삼아야 정말 아름다운 살림이다. 배경으로 삼는다는 것은 결국 그 배경과 하나가 되는 일이다. 배경 속에 녹아 버림이다. 잊어버림이다. 자기를 다시 발견함이다.[39]
>
> 아름다움은 또 너희 마음에 있는 줄을 알아야 한다. 배경을 밖에 찾는 한은 너희는 헤매고 헤매다가 거친 들에 보기 싫은 구걸을 하는 수밖에 없을 것이다. 아름다움은 사실은 너희 안에 있는 아름다움이란 결국 너희 마음밖에 되는 것 없다.[40]

우리는 함석헌의 철학적 미학에서 칸트와 같은 무관심성(Interesselosigkeit)의 미학을 엿보게 된다. 칸트는 『판단력비판』에서, "조금이라도 이해관심이 섞인 미에 대한 판단은 매우 당파적이며 순수한 취미판단이 아니라는 것은 누구라도 인정하지 않으면 안 된다. 취미의 사안에 심판자 역할을 하려면 조금이라도 사상(事象)의 실존에 마음이 이끌려서는 안 되고, 이 점에 전적으로 무관심하지 않으면 안 된다." (*KU.*, B6)라고 말한다. 그에 의하면, 오직 이해관심(Interesse)은 도덕 감정과 결부된 쾌 또는 불쾌에만 해당된다(*KU.*, B168-169).

그러니까 아름다움은 도덕적 가치와는 무관하다. 아름다움은 도덕적·윤리적 가치 판단의 대상이 될 수 없다. 오히려 이러한 관심을 완전히 떠나고 대상 그 자체와의 만남을 시도한다면 더욱 자유로운 미적 만족이 생길 수가 있는 것이다. 미적 대상을 소유하거나 계산하려고 하기보다는 나의 이성적 사유를 중지하고 바라볼 때 순수한 미가 포착될 수 있다. 왜냐하면 자칫 미의 대상에 이해관심 혹은 사적 관심이 조금이라도 섞이게 된다면, 미에 대해서 내리는 판단에 편견이 생길 수가 있고 당파적이어서 순수한 미적 판단을 할 수 없기 때문이다(*KU.*, B6). 함석헌은 그것을 우주 속에서 자신과 대상이 일치되어 "잊어버림", "녹아버림"이라고 표현한다. 우주에 대한 일체의 관심을 중지하고 우주를 우주 그 자체로서 바라볼 때 비로소 우주가 우리의 눈앞에 보일 수 있는 것이다. 우주를 수단으로 여기거나, 우주를 측정 계산하거나, 우주를 산업화하려는 이해관심은 우주를 미 그 자체로 순전한 직관(혹은 반성)을 할 수가 없게 한다.

오히려 우주를 무관심적으로 직관할 때, 자기 자신을 볼 수 있다. 물론 이때 자기 자신을 본다는 것은 우주를 대상으로 주관 앞에 맞서게 하고, 주체인 자기 자신으로 다시 돌아온다는 반성의 의미(미적 판단력은 반성적 판단력이다)가 있다. 게다가 대상을 통해서 자기 자신을 보는 것이 아니라, 주체인 인간이 대상인 우주를 이성(오성)에 의해서 구성을 한다. 다시 말해서 인간의 이성 능력(직관 능력)으로 우주(대상)를 파악하고 인식하는 것이다. 당연한 것 같지만 칸트 이전에는 인간의 인식(직관)이 대상들의 성질에 따라야 한다고 생각했다. 그런 면에서 칸트를 '선험적 관념론자'라고 부른다.

함석헌도 아름다움은 밖에 있는 것이 아니라 인간의 마음에 있다고 말한다. 칸트가 '미적 대상의 실존에 의존하지 않고 오히려 미적 대상의 표상을 내 안에서 스스로 만든다.'(*KU.*, B6)고 말한 것도 그와 같은 맥락이다. 아름다움을 내 마음의 바깥에서 찾으려고 하기 때문에 사방으로 헤매고 미적 대상을 찾으러 다닌다(함석헌의 식으로 말하면 '구걸한다'). 그러나 미적 대상은 구걸한다고 해서, 또한 의식의 바깥에서 찾을 수 있는 것이 아니라, 마음을 들여다보면 아름다움이 그 안에 있다는 것이다. 인간의 이성(마음)이 대상을 규정하기 때문이다. 아름다움이라고 말할 수 있는 것이 내 안에 있기 때문에 내 의식 바깥에 있는 대상을 아름답다고 말할 수 있는 법이다. 아름다움이 바깥에서 우리 마음에 들어와서 아름답다고 느끼는 것이 아니다. 아름답다는 우리 마음 자체, 즉 정신이 정한 여러 조건들이 대상에게 맞춰 그 대상 안으로 집어넣어져 아름답다는 인식이 생기는 것이다. 인간의 정신이야말로 입법적이요 규제적이 되는 것이다.

탁월한 교육학자이자 철학자인 볼노브(Otto F. Bollow)의 말은 이러한 칸트와 함석헌의 논조를 잘 나타내 준다. "예술은 비로소 사람에게 보는 것을 가르쳐 준다. 우선 좁은 의미에서 '본다'는 말의 뜻을 시각적으로 세상을 이해한다고 생각해 보자. 만약에 우리들이 눈만 뜨면 언제나 자유롭고 순수하게 '물체'들의 본질을 꿰뚫어 볼 수 있다고 생각한다면 그것은 커다란 과오이다. 일상생활에서 우리들은 항상 실질적 욕구에 매여서만 '물체'의 세계를 안다. 우리는 이 욕구 때문에 '물체' 자체를 보는 것이 아니고 다만 우리들의 용도에 따른 이용 가치만을 본다. '물체' 자체의 순수한 의미를 깨닫기 위해서라면 우리는 우리의 이 욕구에서 해방되어야만 그 '물체'의 본질을 바로 볼 수 있다. 하지만, 이 자기 욕구로부터 스스로를 해방시킨다는 일은 일상생활에서는 거의 불가능하며 또한 가능하다 할지라도 아주 드물게 일어나는 현상이다. 이 해방을 가능케 하는 것은 예술의 과제이며, 특히 시(詩)가 해야 할 과제이다." 41

따라서 이 세계의 모든 사물 그 자체를 이익 혹은 이해관심으로만 바라보지 말고, 더 나아가서 우주와 자연 뿐만 아니라 한갓 대상이라도 인간의 욕구나 욕망을 만족시켜 주는 것으로 인식하지 말아야 할 일이다. 정치가·경제인(경제전문가)·기업인·군인뿐만 아니라, 교사와 학생, 심지어 부모와 자녀의 관계에서조차도 모든 사람들이 앞의 두 철학자들이 말한 심미적인 눈을 기른다면 나와 세계가 자유롭게 될 것이다. 각자가 아름다운 마음이 되어야 세계가 아름다워진다는 단순한 논리는 철학자들의 탁견만이 아니다. 다만 지극히 상식적인 것들을 먼저 깨우쳤을 뿐이다. 지금 한미 FTA, 월가 점령 시위, 서해안 일대의 중국 불법 조업, 지방자치단체의 혈세 낭비, 홍수로 얼룩진 태국 등 국내외 문제가 심각하다. 이럴수록 아름다운 마음, 즉 무관심의 관심(Interesse der Interesselosigkeit)이 필요하지 않을까?

3. 함석헌의 종교미학과 생태미학

아름다움의 심정은, 감응하는 것이요, 감화하는 것이다. 예수를 짝하여서 아름다워지지 않은 인격 없다. 그는 자연을 퍽 가까이하였다. 그는 놀라운 시인이었다. 자연은 큰 것이요 맑은 것이요 신비로운 것이다. 그는 자연 속에서 그 크고 깊고 맑고 그윽한 것을 벗하고 배우고 맛보며 살았다. 밤에 자기 혼을 기르기 위해 골짜기, 시냇가, 별 밑에서 명상하고 기도했다. 그러므로 그에게 크고 넓고 깊고 맑고 그윽함이 있다. 참됨이 있고 사랑스럼이 있다. 자연이란 곧 하늘 아버지의 살림 아닌가? 자연이 눈에 볼 수 있는 물질로서 하나님의 위대와 아름다움을 드러낸다면, 그 보이지 않는 정신

적인 것은 사람의 마음을 통하여 나타난다.[42]

함석헌에게 자연의 아름다움은 곧 하느님의 아름다움과 밀접한 연관이 있다. 자연을 보면 하느님의 아름다움을 보게 된다는 것이다. 신앙을 갖지 않은 사람이라도 어느 여름밤에 쏟아지는 별들을 보며 감탄하고, 가을 단풍잎과 은행잎을 바라보며 그 아름다움에 탄성을 지른다. 그러면서 우리는 그 아름다움의 신비로움 뒤에 더 큰 존재를 어렴풋이 상상해 보기도 한다.

우리는 그 자연의 아름다움에 푹 빠져 살았던 인물을 성서의 복음서 속에서 만날 수 있다. 다름 아닌 예수이다. 예수는 자연과 벗하며 자연을 노래할 줄 알았던 사람이다. "들에 핀 백합화를 보라"(마태 6,28-30). 그의 시구(詩句)에 지중해의 바람과 꽃향기가 느껴지지 않는가? 그러면 그가 그렇게 맑고 그윽한 영혼을 어떻게 소유할 수 있었던 것일까? 자연 안에서, 자연과 함께, 자연을 통해서 자신을 보고 세계를 보았기 때문이다. 그는 먼저 자연을 닮으려고 하였다. 자연 안에서 하느님의 신비와 아름다움을 체험한 그는 자연에서 참됨과 사랑을 깨달았을 것이다. 자연은 살고 있고 살면서 남을 살리기 때문에 그 안에 하느님의 살림이 있다는 것을 모를 리 없었을 것이다.

칸트는 『판단력비판』에서 예술미에 대한 자연미의 우위를 논하는데 그 이유를 다음과 같이 말한다. "자연의 미에 대한 직접적[무매개적]인 관심을 갖는 것은–한갓 그것을 판정하기 위해 취미를 갖는 것이 아니라–항상 선한 영혼의 표지[標識]라는 것과, 만약 이 관심이 습관적인 것이라면, 그것이 자연의 정관(靜觀)과 기꺼이 결합될 때, 그것은 도덕적 감정에 호의적인 마음의 정조(情調)를 가리킨다는 것이다"(*KU.*, B166). 또한 "예술미에 대해 자연미가 갖는 우월성은 자기의 윤리적 감정을 교화한 모든 사람의 순화되고 철저한 사유방식[성향]과 합치한다"(*KU.*, B168). "그러므로 자연의 미에 직접적[무매개적]으로 관심을 갖는 이는 적어도 선한 도덕적 마음씨의 소질이 있다고 추정할 이유가 있다"(*KU.*, B169). 함석헌이 예수에게서 아름다움을 닮은 도덕적 향기를 보았던 것은 그가 자연을 통하여 맑고 그윽함을 간직했기 때문이었다. 마찬가지로 칸트는 자연이야말로 선한 마음과 합치되는 것이고, 인간의 마음을 도덕적으로 순화시킨다고 보았다. 그러므로 두 사람의 입장은 별개가 아니라 자연의 아름다움을 통하여 도덕적으로, 그리고 인격적으로 승화된다는 점에서 공통점이 있다고 볼 수 있다.

우리가 자연을 대하는 것은 단지 일신의 건강을 위한 것도 아니요, 노후에 우리의 안락을 위한 대상이기 때문도 아니다. 자연은 그 자체로 우리의 인격을 순화시키고 아름다움을 통하여 어떤 존재 그 자체를 상정해 볼 수 있을 만한 존재자이다. 그래서 우리는 자연을 만난다. 아니 자연을 통해서 초월자를 만난다. 자연은 인간의 돈벌이 수단으로서 존재하는 것이 아니다. 4대 강 개발이라는 명목하에 강을 파헤치고 거기에다 인간들을 위한 인위적인 공원을 조성하며, 자전거 도로를 만들기 위해 존재하는 것이 아니다. 자연의 존재 이유는 우리의 인격과 도덕을 순화하는 그 아름다움 때문이다. 개발은 자연을 발가벗기는 것이고(develop), 그 수치스러움을 다시 시멘트로 가리는 것이니 참으로 아이러니한 일이다. 여기에서 사람과 자연은 분열이 생긴다. 사람들은 자연 속에 있으면서 자연을 보지 못한다. 물을 바라보지만 이미 물이 아니다. 산을 오르지만 정작 산을 만나지 못한다. 자연을 닮으려고 하나 자연을 마음에 담지 못한다. 마음 따로 자연 따로 이니 당연할 수밖에 없다.

자연은 너무 크기에 우리 마음으로 다 헤아릴 수 없다. 자연은 맑은 존재이기에 그보다 더 맑은 존재가 있을 수 없다. 예수가 괜히 자연 속에서 명상을 하고, 기도를 하며 자연의 기운을 듬뿍 받았겠는가. 자연은 말 그대로 스스로 그러한(自然) 마음을 갖도록 해 주기 때문이다. 스스로 그러한 마음이 신의 마음이고, 따라서 신의 마음은 자연의 흐름 속에서도 읽을 수 있다. 자연을 보면 신의 마음을 알 수가 있다는 것이다.

종교가 아름다울 수 있는 것은 자연과 벗할 때 가능한 일이다. 종교가 좀 더 인격적이며 그만한 존재 가치가 있다고 인정받을 수 있으려면, 자연과 벗 삼아 살았던 예수를 닮으면 될 일이다. 그러나 지금의 종교는 자신의 건물을 세우기 위해서 생명을 아프게 하는 데 한몫을 하고 있다는 사실을 기억해야 할 것이다. 우리가 하느님의 살림 밑천을 축낸다는 말이 아닌가. 건물을 세우는 일이 무조건 잘못되었다는 말이 아니다. 건축을 위해서는 자연은 안중에도 없는 그 무지함과 폭력적인 태도가 문제라는 말이다(그래서 시간이 걸리더라도 가급적 자연 속의 건물이 될 수 있는 길이 무엇인지를 고민해야 한다). 게다가 그것은 예수의 정신을 이어 가는 길이 아니며, 자연의 아름다움과는 전혀 관계가 없는, 시대에 맞지도 않는 고딕 양식의 교회가 아니던가. 이런 면에서 교회도 이제는 자연미를 닮은 생태미학적 디자인을 고려해야 할 시기가 온 것 같다. 더욱이 에너지 위기의 시대에 교회는 지금 종교미학에다 생태미학적 사유를 겸해야 할 필요성을 절감해야 한다. 따라서 생태미학과 종교미학, 그것은 교회의 형식미와 질료미를 균형 맞추는 사목(목회)의 중요한 척도가 되어야 할 것이다. 물론 그 밑바탕에는 예수와 짝하는 아름다운 인격이 선행되어야 할 것은 두말할 필요도 없다.

4. 낯선 타자를 만난 슬픈 타자 : 함석헌의 신학적 미학과 타자윤리

> 저 영원한 님의 가슴으로 뛰어드는 일이다. 마음을 아름답게 가져야지. 무한을 안은 마음이 아름다운 마음이지. 어떤 마음이 무한한 마음이냐? 참된 마음이지. 허영심이 적고 추한 마음. 네 마음속에서 허영심을 버려라. 영광의 님을 사랑하여 하늘가에 서라.[43]

지금 우리는 영원한 가슴을 상상하는 시대가 되어 가는 것은 아닐까? 영원은 무슨 초월적인 것 혹은 초월적 존재라기보다 유한 세계에 마음을 두지 않는, 그것을 넘어선 실재적 삶의 총체일 것이다. 그러나 영원을 품을 가슴도 그 밭이 되어야 하는데, 가슴도 무거운 숨을 몰아쉬고 있으니, 영원을 담기에는 턱없이 부족하다. 가슴은 몸-가슴이 아닌 마음-가슴, 무한 가슴이어야 인간일 텐데, 유한에 뿌리박고 살고 있으니 무한 가슴은 애성이가 난 상처만 보듬고 있기 때문에 그럴 것이다.

함석헌은 무한을 안은 가슴이 아름답다고 말한다. 인간 자신은 끝이 있는 줄 알면서 끝이-없음에 개방하는 용기는 진정 아름다운 것이리라. 그것이 순수하고 참된 마음이기 때문이다. 또한 끝이-없음 혹은 무한을 끌어안은 마음은 허영심과 추한 마음을 버릴 때 참마음이다. 그러나 헛꿈에, 텅빈-영화로움을 좇는-마음에 눈이 멀어 버린 우리 마음은 수리적 광기(數理的 狂氣)·경제적 광기·정치적 광기를 분출하는 미치광이가 되어 버린다. 이미 빈 마음, 밉살맞은 마음은 그마저 광기의 공간에 힘을 잃고 끝이-없음의 "끝"의 공간과 시간에서 승화-되기를 기대하지 못한다. 허영심 곧 빈 마음, 텅 비어 있는데도 영화로움을 좇는 마음, 그 마음과 추한 마음 곧 밉살맞은 마음은 유한한 세계와 자아에 대한 끊임없는 인식이 결여되어서 무한의 언저리에 삶을 위태롭게 걸쳐 놓은 우리 모습을 쳐다보게 한다. 우리 사회는 유한은 익숙하고 무한은 낯설다. 낯선 유한이 익숙한 무한을 밀어버린 것이다. 그래서 삶은 가볍고, 현실은 이방인처럼 말라 비틀어져 버린 나뭇잎처럼 나뒹굴고 있다.

그럼에도 함석헌은 "영광의 님을 사랑하여 하늘가에 서라."고 우리를 종용한다. 영광의 현현(shekhina), 그것은 엠마누엘 레비나스(E. Levinas)가 말하듯이, "신은 강림하는 게 아니라 마치 강림하는 것 같"[44]은 것이다. 그렇다. 영광의 님은 "마치" 강림하는 것 같다. 마치 그분이 내려오는 듯해야 곰비임

비 앞에 나타난다[現前]. 내려오면 영광의 님에 대한 긴장이 사라진다. 긴장이 사라진 쉐키나는 이미 쉐키나가 아니기에 영광의 현전은 무(néant)가 되고 만다. 그러나 영광의 님은 오시는 듯하고 또 오고 있는 존재이다. 바로 레비나스의 언어적 유희에서 감지하게 되는 신과 인간의 관계는 타자의 존재 방식에 있기 때문이다. "타자에 대한 책임에서 그의 얼굴 발견은 우리가 신의 음성을 듣는 방식이다."[45]

타자를 사랑하는 방식, 즉 나의 눈에 맺힌 타자의 얼굴 존재는 사랑이고 그 사랑을 받는 이나 사랑을 하는 이는 똑같이 서로의 행위를 통한 신의 동일한 사유이자 신의 목소리를 듣는다.[46] 그리하여 "하늘가"에 서라는 함석헌의 명령어의 해답은 쉐키나의 현존에서 밝혀진다. 신의 강림이 오고 있는 듯이 기다리는 사람은 타자의 사랑으로 내려옴이 곧 올라감이라는 사실을 알게 된다. 신의 내려옴이 하늘-가로 인간의 올라감이 되는 것이다.

이제 곧 가슴앓이로 고통을 겪어야 할 농부들[약자들]에게 어떤 명령이 위안이 될 것인가? 오히려 낯선 타자의 '그것'이 보호받아야 할 타자를 미친자(manikos), 이방인(xenos) 취급을 할 날을 어찌 묵인할 수 있을까? 우리 정부와 사회, 그리고 기업은 계약(xenia)으로 묶여 버린 이방인들에게 자신의 장소를 가질 수 있도록 절대적 환대를 베풀 책임이 있다는 것을 명심해야 할 것이다. 그러나 주인이 손님이 되고 손님이 주인이 되는 치환의 환대법은 있을 수 없으니 각자를 상대방의 인질(포로)로 만들기 때문이다.[47] 그래서 순수미를 추구하는 사람은 세계의 고통을 가슴에 안고 살아갈 수밖에 없는 것은 아닐까.

마음을 아름답게 갖는 것, 곧 신에 대한 미적 인식은 유한과 무한의 경계에 서서 타자의 현전을 맞이하고 환대하는 사랑임을 깨우쳐야 할 것이다. 설령 무한이 저 멀리 어두운 심연의 나락으로 떨어졌을지라도, 빈 마음과 맙살맞은 마음으로 무화된 우리들은 타자란 곧 신의 목소리이며 신의 사유라는 것을, 다시 저 의식의 끝자락에서 어렴풋이 나풀거리는 손짓을 느낄 수 있을 것이다.

5. 함석헌의 정치미학과 인간의 행복

우리 사회에 행복에 대한 담론이 본격적으로 등장한 것이 그리 오래되지 않은 것 같다. 한참 가난한 시절에는 백성의 행복이란 단지 의식주를 해결하는 데에 있었다. 그 근본적인 상황에서 크게 벗어난 것은 아니지만 이제 우리나라가 경제적으로 살 만한 환경이 되다 보니 진정한 행복이란 무엇인가를 묻기 시작하면서 그 행복에 대한 열망을 넘어서 오히려 도착적 욕망으로 변하는 듯하다. 물론 그 이면에는 물질적 행복이라는 것이 가장 크게 자리 잡고 있다는 것은 말할 나위도 없다. 그러나 그러한 삶을 살아가고 싶어 하는 사람들에게 쇼펜하우어(A. Schopenhauer)는 다음과 같이 일침을 놓는다. "재물이란 엄밀히 말하자면 과도하게 넘쳐나는 사치다. 부자라는 이유만으로 행복한 경우는 거의 없다. 오히려 진정한 의미의 교양이나 지식이 세상에 턱없이 부족하고, 또 지적인 작업에 걸맞은 흥미를 못 느껴 불행하다고 느끼는 부자들이 허다하다. 생활에 필요한 최소한도 이상의 재산이 결코 행복을 더해 주지 않는다. 재산이 많으면 오히려 행복에 방해가 된다. 재산을 지키는 데는 엄청난 불안이 뒤따르기 때문이다. 인간의 행복에 있어서, 아니 인간의 모든 삶에서의 핵심은 그 사람의 내면이라는 사실은 의심할 여지가 없다."[48]

고대 그리스 철학자 아리스토텔레스(Aristoteles)는 이미 이와 같은 생각을 했다. 그는 인간이 '정치적 동물'(zoon politikon)이라고 말하면서, 그 특성이 행복(eudaimonia)과 밀접한 관련이 있다는 것을 간파했다. '행복', 즉 '유다이 모니아' 라는 그리스어를 영어로 번역하면 'well-being' 정도가 될 텐데, 오늘날 '참살이', 혹은 '복지'라 할 수 있을까? 조금 어색한 면이 있다. 왜냐하면 아리스토텔레스가 말하는 행복이란 인간의 도덕적 목적에 가깝기 때문이다. 특히 그는 인간의 이성적 사유를 통한 진리를 파악하는 관조적 삶(contemplative life)을 참된 행복으로 보았다.

이것은 함석헌의 철학과도 맞닿아 있다. 생각하는 인간, 이성적인 숙고, 세계를 성찰할 수 있는 인간을 강조했던 그의 사상을 상기해 보면, 인간은 물질에 몰두할 때가 아니라, 이성적으로 생각할 때에 비로소 행복한 존재가 되는 것이 마땅하다. 인간은 모름지기 향락적인 삶이 아니라 이성적인 존재로서 사유하면서 살아가는 것이 가장 행복하다는 것을 깨우쳐야 한다. 바로 이러한 행복을 위해서 정치가 존재한다. 아리스토텔레스가 정치와 윤리를 분리하지 않은 것도 행복하기 위해서는 참된 정치의 구현이 무엇보다도 중요하다는 것을 말하는 것인지도 모른다. 우리가 잘 산다고 하는 것도 알고 보면 정치적 행위를 통해서 인간의 행복이 증진되는 것과 밀접한 상관관계가 있다. 따라서 씨ᄋᆞᆯ이 행복하다고 말하는 것은 씨ᄋᆞᆯ 자신에게 국가의 정치적 배려가 보편적인 정서로 느껴지기 때문일 것이다.

함석헌도 정치와 행복을 논한 바가 있다. 좀 길지만 그의 말을 찬찬히 음미해 보자. "사람은 처음부터 정치적입니다. 정치는 처음부터 잘못입니다. 하여야 할 참은 아니하고 평화와 행복과 영광을 제 힘으로 만들어보자는 것입니다. 씨ᄋᆞᆯ은 정치 아니하는 사람입니다. 그러므로 겸손이 그 근본 덕입니다. 겸손으로써 참을 지켜 이 땅 위에 새 차원의 세계, 곧 하늘나라를 임하도록 해 보잔 것이 그 사명입니다. 예수님의 말대로 한다면 "먼저 그 나라와 그 의를 구하는 것" 입니다. 그렇기 때문에 하나님의 마음을 대신해 내가 기뻐하는 것은 제사가 아니고 원통히 여기는 회개하는 심령이라고 했습니다."[49]

함석헌의 어록은 정치도, 행복도, 심지어 평화도 인위(人爲)가 아니라 무위(無爲)라는 것을 알게 해 준다. 그에 따르면 정치·행복·평화·영광은 인간 자신의 힘으로 '만들어' 낼 수 있는 것이 아니다. 그것들은 부드러운 어떤 아니-'함' 을 통해서 이루어지는 결과들이다. 더군다나 '만듦' 의 과정과 결과는 반드시 백성의 '마음에-듦' 이라는 필연성이 동반되지 않으면 어렵다는 것을 감안해야 한다.

그러므로 정치·행복·평화·영광의 인위는 백성의 흡족한 마음이 녹아 있어야 한다는 것인데, 자칫 그것들을 만들기 위해서 애쓰다 보면 올바르게 다스리는 행위여야 하는 정치가 결국 백성을 향한 거짓이 난무하는 행위가 되고 말 수도 있는 노릇이다. 정치는 백성을 위한 참[진리]의 구현이어야 한다. 그래야 그 참을 통해서 백성이 행복할 수가 있다. 그렇기 때문에 정치가이든 백성이든 인위가 아니라 무위로서 '겸손' 한 삶을 추구해야 한다. 다시 말해서 하늘과 땅의 자연스런 이치에 따른다고나 할까?

2천 년 전 『성서』에는 예수가 말했을 법한 '행복선언' 이 전해 온다. 「마태오의 복음서」에는 9개의 행복이 선언되고 있는데, 그중에 "행복하여라, 온유한 사람…" 이 있다. 그런데 이 온유란 원래 히브리적 개념이 아니라 그리스 철학에서 유래된 개념이다. 아리스토텔레스의 온유(praotes)란, 지나친 노여움을 의미하는 오르길로테스(orgilotes)와 지나친 태평무사를 의미하는 아오르게시아(aorgesia)의 중간을 의미한다. 그래서 모든 교만이 사라진 참된 겸손과 온유가 거의 같은 개념으로 사용된다. 온유의 관념 안에는 과잉된 소유가 아니라 그날그날의 필요만을 생각하는 것이 들어 있다. 그런 그들에게는 새로운 땅(ge)이 상으로 주어질 것이다. 아마도 그 땅은 신의 통치 영역이 두루 미치는 곳을 의미할 것이다. 신이 자신이 사랑하는 백성들과 함께 다스리는 나라라, 멋있지 않은가? 하느님의 나라(Herrschaft Gottes)는 바로 그러한 것이요, 세상의 정치 또한 그러한 것에 토대를 두어야 한다. 그렇다고 종교가 정치에 간섭을 하고 특정한 종교 이념이 반영된 신정정치(神政政治) 같은 것을 말하는 것이 아니다.

정치를 마음에 품은 사람들이든, 올바로 나라를 경영해 보겠다고 나서는 사람들에게 마음을 주고 뜻을 합하는 백성들이든 모두가 겸손해야 한다. 그것은 앞에서 말한 바와 같이 더불어 행복해지기 위한 조건을 만들어 가는 방편이 되기 때문이다. 겸손한 사람들은 권력이나 재물을 과잉되게 소유하려 들지 않을 것이요, 다른 이웃들의 행복한 삶을 위해서 필요한 만큼만 가지고 사유의 기쁨을 누리는 자들일 것이다. 그러기 위해서는 반드시 자신과 세계를 관조 혹은 명상하는 삶이 전제되어야만 할 것이다.

사족을 달자면, 북한의 김정일 국방위원장의 사망 후 조문 문제를 놓고 남남 갈등을 우려한 정치계의 입장들이 난무한 가운데, 언어적 표현조차도 조심스럽다. 그러나 절대·상대·존대·적대·환대 등의 엇갈린 감정들을 떠나서 무엇이 백성이 원하는 정치적 덕이며, 정치적 행복인지를 생각해 보면 대대로 이어 온 우리나라의 상례(喪禮)를 어떻게 적용할 것인지도 가늠이 될 법하다. 또한 정치 경제적으로 매우 힘든 상황에서 이제 갓 북한의 지도자로 승계한 김정은은 백성의 가장 기본적인 행복을 만족시키기 위해서 부단히 애를 써야 할 과제를 떠맡았다. 인간의 이성적인 사유 행위, 인간의 끊임없는 관조적 행위가 독일의 통일을 불러왔듯이 우리나라도, 그리고 북한도 그 미래를 향해 진일보하는 정치의 모습을 볼 수 있기를 희망한다.

— 제5장 —

함석헌의 정치·종교 사유

1. 종교는 혁명이다!

함석헌은 말한다. "혁명은 어쩔 수 없이 종교와 연결될 수밖에 없다. 혁명이 종교요, 종교가 혁명이다. 나라를 고치면 혁명이요, 나를 고치면 종교다. 종교는 아낙이요, 혁명은 바깥이다."[50] 오늘날 문제는 결국 '나'(주체)의 문제가 아니던가. 국가도·정치도·경제도·사회도·문화도·교육도 다 나의 문제로부터 시작한다. 세계를 탓하고 싶어도 세계 속에 내가 있고, 경제를 탓하고 싶어도 그 경제적 실상의 근본은 나의 생각과 행위로 비롯된 것이고, 교육의 현실을 탓하자니 그 원흉이 자식 욕심과 무한 경쟁으로 내몬 나에게서 시작되었다는 것을 깨닫게 되면 할 말이 없을 것이다. 그러므로 고쳐야 할 것은 체제나 제도, 더 나아가서 구조이기 전에 '나'이다. 나를 먼저 고쳐야만 한다. 하지만 나를 고친다는 것은 그리 쉬운 일이 아니다. 오죽하면 함석헌은 그것을 혁명이라고 말을 했겠는가.

혁명은 나 자신의 본래로 돌아가는 것이다. 본래의 나를 찾는 것이다. 다시 하늘의 명, 하늘의 소리에 귀를 기울이고 그것을 나의 바탈로 삼고 살아가는 것이다. 그래서 함석헌은 "민족 개조를 하려면 정치와 종교가 합작을 하지 않으면 안 된다. 자아 개조를 하려면 사람과 하나님이 합작을 하지 않으면 안 된다."[51]고 말했는지 모른다. 그렇다면 굳이 종교가 아니더라도 자기 자신을 고치려고 노력하는 자세는 '종교적인 것'(the religious) 혹은 종교적 행위라고 말해도 무난할 것이다. 본래적 자기로 돌아가기 위해서 마치 종교적 헌신처럼 정성을 다하는 태도가 있어야 한다. 자기 자신에게 정성을 쏟아 자기 개조를 하려고 하는 자세가 종교적 행위인 인간 내면의 수양이다. 하늘의 명을 따르고 그것을 지키면서 자기 자신의 체득화된 모습으로 드러난 신격화(deification)는 하늘에 정성을 다하여 자기 지향성을 보이는 인간의 수직적 초월이다. 이 두 가지가 종교에서 떼려야 뗄 수 없는 행위이듯이, 전체로서의 인간을 개조하는 것은 인간 자신의 일이거니와 동시에 종교가 해야 할 일이라는 것은 분명하다.

계속해서 함석헌은 "민족의 씨가 나요, 나의 뿌리가 하늘이다. 그러기 때문에 참 종교는 반드시 민족의 혁신을 가져오고, 참 혁명은 반드시 종교의 혁신에까지 이르러야 할 것이다. 혁명의 명은 곧 하늘의 말씀이다. 하늘 말씀이 곧 숨·목숨·생명이다. 말씀을 새롭게 한다 함은 숨을 고쳐 쉼, 새로 마심이다. 혁명이라면 사람 죽이고 불 놓고 정권을 빼앗아 쥐는 것으로만 알지만 그것은 아주 껍데기 끄트머리만 보는 소리고, 그 참 뜻을 말하면 혁명이란 숨을 새로 쉬는 일, 즉 종교적 체험을 다시 하는 일이다. 공자의 말대로 하면 명(命)한 것은 성(性), 곧 바탈이다."[52]라고 말하고 있다. 종교가 혁명을 하고, 인간 자신이 새롭게 되는 혁명을 한다는 것은 하늘의 말씀, 즉 하늘의 생명을 나의 기원으로 삼아야 한다는 말이다. 그래서 모든 인간은 하늘-숨을 쉬는 사람들이다. 본래 모든 인간에게는 하늘-숨이 자신의 본성으로서, 바탈로서 선천적으로 주어져 있는 것이다.

그것을 깨달아 발현하는 것이 혁명이다. 따라서 어떤 면에서는 정치와 종교는 하늘-숨을 매개로 자기를 개조하는 것을 공통으로 인간의 삶, 인간적인 삶을 새롭게 하는 것이라고 볼 수 있다. 그것이야 말로 영원히 끝나지 않을, 끝날 수 없는 인간의 과제로서의 생성철학적 작업, 생성신학적 작업일 것이다. 하늘-숨을 지금-여기에서 늘 새롭게 쉬도록 만드는 일은 그리 쉬운 일이 아니기 때문이다. 지금도 우리 사회는 하늘-숨이 아닌 자기-숨으로 살아간다고 착각을 하는 사람이 많이 있다. 그러나 매순간 우리 자신은 자기-숨이 아니라 하늘-숨을 들이쉬고 내쉬며 하늘을 향하고 있음을 기억해야 할 것이다.

자기 개조가 안 되는 사회라고 비판을 한다면, 분명히 정치와 종교가 바로 서 있지 못하기 때문이다. 정치와 종교는 모두 하늘-숨을 잘 들이쉬고 내쉬게 만드는 도구들이다. 자기 개조의 원리는 바로 거기에 있다. 하늘-숨을 잘 들이쉬고 내쉬는 인간을 만드는 것이 자기 개조의 목적이다. 따라서 사람들로 하여금 숨통을 트이게 만들어야 한다. 숨이 막히게 한다면 정치가 아니요, 종교가 아니다. 숨을 다른 말로 한다면 정신(spirit)이다. 사람들의 정신과 마음을 개조하고 정신을 맑게 하는 것은 인간의 근본적 문제라는 사실을 자각해야 한다. 숨이 막히면 사람이 죽는다. 정신이 혼탁해지면 이미 사람이 아니다. 지금 정치와 종교는 그것을 해결하지는 못해도 최소한 더는 인간의 바탈을 아프게 해서는 안 될 것이다. 자정 능력을 상실한 정치와 종교는 현재 인간의 거울임을 반드시 명심하고 자기 혁신, 자기 혁명에 매진해야 할 것이다.

2. 낡은 세계를 새롭게 하는 종교
: 자신 안에서 신의 아들을 낳아야 한다!

인간 존재가 사는 둘레 혹은 지경[세계]은 시간 속에서 늘 변한다. 그래서 세계는 낡음의 세계요 상대의 세계이다. 그 세계를 극복할 수 있는 존재는 없다. 오로지 세계를 초월한 자만이 그것을 새롭게 할 수 있다. 낡음을 넘어설 수가 있는 것이다. 초월자는 그것을 새롭게 하려고 한다. 상대에 대해서 자신의 절대를 주장하려는 것이다. 초월자는 새로운 것이 나도록 만드는 존재이다. 새로운 것은 그를 통해서만이 날 수가 있다. 낳게 하는 이는 "나는 나다(Ich bin der Ich bin)."라고 말할 수 있는 존재이다. 이른바 자존적 존재의 자기 언표성은 자기 선언을 넘어 곧 자기 주체성을 기반으로 한 낳음이라는 사건을 발생시킨다. 그 낳음과 새로움의 성격은 무엇인가? "새로움은 낳음이다. 상한 것, 고장난 것을 고치는 동시에 또 자기 속에서 자기를 벗고 자기 이상 것으로 새로 남이다. 새는 낳음이요, 낳음은 새로움이다. 새로움은 자람이다. 핌이다. 완성함이다. 생은 자기완성을 위하여 자기 부정을 하는 것이다. 죽지 않기 위해서 죽어서 아들을 낳는 것이다. 하나님이 영원, 무한한 생명이라면 하나님은 늘 새롭게 하는 이다. 그래서 생명을 약진이라 하고 불연속의 연속이라 한다."[53]

새로움은 자기 존재 속에서 낳음이다. 초월자 속에서 낳아야 새로울 수가 있다. 초월자가 아니라면 낳을 수가 없는 것이다. 초월자만이 자기 자신을 낮출 뿐만 아니라 자기 자신을 버리고 새로운 존재로서의 아들을 낳을 수가 있다. 여기에 자기 부정이 있다. 초월의 자기 부정을 통하여 새로운 존재의 탄생을 가져오는 사건이 있는 것이다. 그러나 인간도 초월을 지향해야 한다. 다시 말해서 인간도 초월을 통해서, 자기 자신을 통해서 새로운 탄생, 새로운 아들을 낳을 수 있어야 한다. 그것이 무한자와 유한자의 연속성과 불연속성이다. 낳음의 절대적 주체로서의 초월자는 동시에 무한자이지만, 인간의 낳음은 초월자에 대한 인식과 경험을 통하여 낳음으로써 유한자인 것이다. 따라서 낳음의 연속성은 곧 인류가 새로워질 가능성이 있다는 말이다.

무한히 낳을 수 없다면 인류는 새로워질 수가 없다. 낳아야 새로울 수가 있다. 그래서 유한자인 인간 안에서 계속 낳고 또 낳아야 한다. 이에 대해 함석헌은 "새롭지 못한 순간 죽음이 보이고, 죽음이 보이면 불안이다."[54]고 말한다. 낳음으로써 새로운 존재의 삶과 역사를 창조하지 못한다면 이미 죽은 것이다. 낳음의 연속은 논리적인 것이 아니라 실존적인 차원이다. 그래서 낳지 못한다면 새로울 것도 없으니 실존은 죽음의 한계 상황을 내다볼 수밖에 없다. 그렇게 될 때 즉각적으로 부닥치는 것은 인간의 실존적인 불안인 것은 어쩌면 당연하다 할 것이다. 하지만 여기서 우리는 한계에 직면한 인간의 새로운 가능성을 엿보게 된다. 그것은 절대와 상대를 다 살리는 일이다. 절대는 단지 절대 그 자체에서만 존재하는 것이 아니라 상대 안에서도 존재한다. 상대를 통하여 절대가 드러남으로써 초월자를 알게 된다. 인간이 마주 보고 있는 사물, 인간이 마주 서 있는 세계에 절대가 드러난다. 거기에 초월자의 영원이 살아 숨 쉰다.[55] 초월자는 상대에서 낳아야 살 수가 있다. 낳음은 생명이고 생명은 낳아야 하기 때문이다. 자신의 존재가 상대에서 낳을 수 있다면 절대는 영원하다. 상대는 초월자의 씨앗을 갖고 있으니 더불어 영원할 것이다.

그런 의미에서 마이스터 에크하르트(M. Eckhart)의 말을 빌리면, 우리 안에서 신의 탄생이 이루어지도록 해야 한다. 신의 거처인 우리 안에서 절대가 드러나야 한다는 말이다. 우리 안에서 신이 드러날 수 없으면 죽은 것이나 다름이 없다. 앞에서 말했다시피 죽음의 실존으로 살아가는 인간은 불안에 휩싸이게 된다. 우리 안에 신이 없기 때문이다. 신학자 발터 카스퍼(W. Kasper)는 "인간의 완전한 실현으로 제공하는 신비"가 곧 "하느님"[56]이라고 했는데, 우리는 같은 맥락으로 이해할 수 있을 것이다. 인간의 불완전성을 완전성으로 바꾸게 하는 존재는 초월자이다. 초월자는 인간 안에서 자신을 통하여 완전한 인간으로 실현한다.

지금 종교는 낡아간다. 이에 따라 사람들은 역사 속에서 새로운 낳음을 기대한다. 낳음을 통하여 삶의 새로움을 바라고 있는 것이다. 함석헌이 말한 것처럼, 새로움이란 피고 성장하고 완성하는 것이라면, 종교는 새로운 신의 탄생, 새로운 하느님의 아들을 낳음이 없이는 불가능하다는 것을 알아야 한다. 유한한 인간 안에서 신의 아들의 낳음을 보고자 한다는 것은 지나친 비약은 아닐 것이다. 종교가 새로워질 수 있는 길은 바로 종교 안에서 신의 아들의 낳음이라는 것을 다시 한 번 상기해야 할 것이다.

3. 종교는 사회의식과 역사 정신을 혁명하라!

종교경험과 종교 의례는 각 종교의 정체성을 나타내는 특수한 지표가 된다. 그것은 무엇을 경험했는가의 묘사와 그에 따른 경험의 형식 차원의 행위들이 함께 이루어지면서 종교경험 자체의 독특함을 드러낸다. 더 나아가서 그것과 더불어 초월자 경험은 윤리적 숙고와 행위를 통한 종교적 삶의 구체적 실현을 요구한다. 이에 대해 함석헌은 『대학』에서 말하고자 하는 공부의 목적을 다음과 같이 풀이하고 있다. "1. 밝은 속알[德] 밝힘에 있으며(明明德), 2. 씨올[民] 사랑함(새롭게 함)에 있으며(親民), 3. 다시 더없는 잘함[至善]에 머무름에 있다(止於至善)." 그러면서 "하나님 섬김은 실지로는 이웃 사랑에 있다. 하나님은 이웃에 와 계시다."[57]고 말한다. 그는 종교적 삶을 하나의 이웃 사랑이라는 윤리적 행위로 규정을 하는 것이다. 초월적 경험, 곧 구체적인 실존은 이웃에게서 나타나야 한다는 것이 그의 지론이다. 그것은 도덕과 종교가 한데 만난다는 입장으로 확대되며 "도덕 없이 종교 없고, 종교 없이 도덕 없다."는 말에서도 거듭 확인할 수가 있다.

따라서 종교와 도덕은 떼려야 뗄 수 없는 밀접한 상관관계를 가지고 있다고 볼 수 있다. 다시 말해서 종교는 도덕이라는 사유와 행위를 통해서 종교적 경험의 현실성과 당위성을 확증하는 것이다. 이것은 다음과 같은 종교서술을 보아도 긍정할 수가 있다.

> 수행(修行)이라고 하는 항용 일컬어지는 광범위한 종교적 삶은 실은 종교경험의 행태적 표상을 지칭하는 것이다. 그리고 그 수행은 윤리적 실천으로 기술된다. 결국 종교경험의 행태적 표상은 제의와 윤리적 실천을 그 두 축으로 지닌다. 보편적 불성(佛性)을 열망하여 이루어지는 자비의 실천은 종교경험에서 비롯하는 불가피한 의무의 실천이며, 사랑을 실천하는 것은 신을 즐겁게 하기 위한 또 다른 의무의 구체화인 것이다. 그러나 그것이 어떻게 이루어지든 종교경험의 현실적 행태는 윤리라고 하는 일상적 행위를 통해 비로소 완성된다고 하는 것은 흥미로운 일이다. 그것은 무엇보다도 종교경험이 비록 초월이나 신성 혹은 궁극성이나 절대성이라는 비현실적 사실과의 만남에서 비롯하는 것이라 할지라도 그 경험의 현실성 자체가 일상 안에서 전개되고 일상성을 그 기반으로 지니고 이루어지는 것임을 증언하고 있기 때문이다.[58]

요아킴 바흐(J. Bach)도 루돌프 오토(R. Otto)의 주장을 인용하여 "하느님은 거룩하신 분이며 우리에게 의무를 지우는 도덕률의 시원(始原) 그 자체인 것이다."라고 쓰고 있다.[59] 종교적 삶이란 수행, 곧 단순히 개인 혹은 집단의 종교경험이 일상과는 낯선 행위나 언표로서만 이루어지는 것이 아니라 일상적인 삶에서 윤리적 실천과 맞닿아 있어야 한다는 것을 진술하는 것이다. 종교는 종교경험의 산물이지만 그것을 몸짓으로 어떻게 이야기할 것이냐 하는 문제와도 관계가 있다. 종교경험은 종교적 체험을 한 개인과 집단에게 의무와도 같은 실천을 하도록 만든다. 위에서 말한 것처럼, 윤리적 실천을 통해서 종교경험의 추상성 혹은 비언표성이 비로소 현실성을 담보하게 된다. 그러면 그 일상성은 구체적으로 무엇을 말하는 것인가? 인간의 역사와 사회이다. 오늘날 과학이나 경제의 진보는 인간의 정신문화를 훨씬 앞질러 나아가고 있는 것이 사실이다. 이러한 상황을 함석헌은 이렇게 비판한다. "오늘날 세계의 고민은… 정치·경제·과학 등등 현실의 실리(實利)적인 면은 벌써 긴 다리가 됐는데[長足進步], 정신문화라는 다리는 아직 무지개 타고 내려오는 선녀 만나 살기를 꿈꾸던 시대의 그 어린이 다리를 면하지 못한 데서 나오는 절름발이의 고민이지 별 것 없다. 혁명이라니 다른 것 아니요, 깨지 못하는 감정의 잠을 깨우기 위해 주는 하나의 기합이다. 고집쟁이는 때려야 한다. 제발 그 자리엔 가지 말고 깨닫기를!"[60]

정신문화를 일깨우고 깨우치는 과업을 수행하는 일이 종교가 해야 할 일이다. 종교는 모름지기 역사 정신과 사회의식을 바로 잡는 일, 자고 있는 것을 깨우는 일을 해야 한다. 그런데 종교가 여전히 도그마로 싸우고 있다. 도그마를 지키기에 급급하다. 그저 체제를 유지하기 위해서 안간힘을 쓸 뿐이다. "종교 단체 속에 복잡하게 얽히어 있는 감정적인 전통 때문이다."[61] 도그마가 아무리 세련되었다고 하나, 전통이 아무리 길고 오래되었다고는 하나 그것들이 기능하는 자리, 즉 역사와 사회에서 그 역할을 제대로 하지 못한다면 아무런 쓸모가 없다. 함석헌은 그것을 비판하고 있는 것이다. 지금 우리 눈앞에 보이는 문제는 역사 정신과 사회의식을 새롭게 일으키는 데 있다. 그것을 위해서는 먼저 나를 새롭게 해야 하고, 다음으로 씨올을 새롭게 하는 것이고, 마지막으로 종교를 새롭게 해야 하는 것이다.[62]

새로운 사명을 가진 종교가 무엇보다도 먼저 개인의 의식을 승화시켜서 역사의 진보를 가지고 와야 함에도 불구하고 종교 간에 서로 도그마 전쟁을 한다거나 전통과 전통이 대립되는 상황으로 치달아 우열을 가리는 싸움으로 번진다면 낡은 종교일 수밖에 없다. 혁명의 가능성은 사라지고 만다. 거기에는 희망이 없다. 인류 역사에 관심을 갖고 사회의식을 성숙시키는 데 일조하려는 종교의 노력이 요구되는 이때에 종교 본연의 모습을 성찰해 볼 필요가 있다. 또한 종교는 비일상적인 종교경험을 윤리와 도덕적 실천으로 일상화시켜서 인간 자신의 삶을 완성의 궤도에 올려놓을 수 있도록 수행을 게을리하지 말아야 한다. 조계사 스님들이 호텔방에 앉아서 13시간 동안 도박을 했다는 것을 수행으로 볼 사람은 아무도 없다. 지금 처해 있는 국가의 현실, 씨울의 정신문화, 그리고 이 사회의 윤리와 도덕 상황을 부처의 안목으로 보았다면 그런 일이 생길 수가 있었을까. 모든 종교는 자성을 하고 인류의 시대정신과 사회의식, 그리고 인간의 도덕 이성을 되살펴야 할 일이다.

4. 종교는 뜻을 찾자는 (생명)운동이다!

"인간이 하나님의 뜻을 아는 오직 하나의 길은 그 지으신 것을 들여다보고 그것을 사랑함에 있다."[63] 함석헌의 말이다. 같은 맥락에서 "모든 것의 근본은 뜻이다. 뜻 없으면 아무것도 없다. 뜻이 한 뿌리에 달려 있는 때 안개도 참이요 호랑이도 착한 것이요 티끌도 아름다운 것이지만, 뜻 하나 잃으면 꽃도 고울 것이 없고, 성인도 잘났달 것이 없고, 바위도 굳달 것이 없다. 뜻이 주인이요 뜻이 전능이다. 뜻이 하나님이다. 종교는, 그 뜻을 찾자는 운동이다."[64] 뜻이 어디에 있는가? 세계에 있고 씨울에 있다. 그런데도 왜 종교는 그 뜻을 멀리서 찾으려고 하는가? 함석헌이 말하고 있듯이 초월자가 지으신 세계, 즉 지으신 것, 지으신 존재자에 뜻이 깃들어 있는데 말이다. 지으신 것에는 지으신 존재의 뜻과 의지, 그리고 사랑이 있으니 지으신 존재자를 사랑하면 뜻을 알게 된다. 뜻을 알게 되면 사랑하는 것이 아니라 사랑하면 그 뜻을 알게 된다.

"종교는, 그 뜻을 찾자는 운동이다." 뜻-찾음은 꿰뚫어 봄, 뚫어지도록 바라봄에서 이루어진다. 세계와 인간의 속 알맹이에서 꿈틀거리는 뜻을 보는 것이다. 그러므로 뜻을 찾음은 뜻-봄, 즉 하느님의 뜻을, 한울님의 뜻을, 알라의 뜻을, 부처의 뜻을 봄이다. 모든 것에는 본래 그 뜻을 품고 있게 마련이다. 세계와 인간에서(뜻 자체를 품고 있는 존재자를 사랑하고) 그 뜻을 보게 되면 그 뜻 자체인 존재를 알게 되고, 뜻 자체를 품고 있는 존재자를 사랑하지 않을 수가 없는 것이다. 그런데 이 '뜻' 이란 어쩌면 누멘[numinous]과도 상응할 수도 있다. "종교체험은 독자적 '평가범주' (Bewertungskategorie)를 이루고 있는데, 이것을 라틴어에서 신성(神性) 내지 신적 힘이라는 뜻을 지닌 '누멘' (numen)이라는 용어를 빌려서 특수 용어를 만들어 '누멘적인 것' 이라고 묘사하였다. 종교적 영역은 '성스러운 것' 의 영역인 것이다."[65] 그런데 이 누멘적인 것의 종교적 체험은 음악·말·색깔·돌·나무·금속들이라는 보편적인 매개물을 통해서 가장 깊은 체험을 표현하기도 한다.[66]

마찬가지로 함석헌도 "나무는 땅이 하늘 향해 올리는 기도요 찬송이다. 땅의 숲이 보이지 않는 물과 땅의 힘을 더하여 나타나듯이 우리 머리 위에 저 푸른 하늘은 보이지 않는 참하늘의 표시다. 상징이다. 다시 말하면 가장 크고 가장 높고 맑고 영원 무궁한 것을 나타내어, 우리로 하여금 거룩을 느끼게 하는 것이 저 하늘이다. 무엇이 있어서 느끼게 하는 것이 아니라 마음이 스스로 자기 속에 있는 높음·깊음·맑음·거룩함·끝없음을 그 허공에서 느끼는 것이다."[67]라고 말하면서 자연의 보편적인 성스러움을 표현한다. 따라서 존재하는 모든 것들은 성스러운 힘을 내포한다. 그 안에는 신성(神性), 혹은 불성(佛性)이 있는 것이다. 앞에서 말한 것처럼, '뜻' 이 있는 것이다. 이 뜻은 존재자를 더욱 깊이 사랑하면 할수록, 자비를 베풀면 베풀수록 더 확실하게 내 앞에 드러난다. 존재자를 통하여 직관적으로 포착된 뜻을 모르면 볼 수 없기 때문에, 즉 신성이나 불성을 인식할 수 없기 때문에 사랑과 자비로 접근하는 태도가 우선이어야만 한다.

"사람은 자연의 아들이란 말이 있다. 우리는 햇빛 아래 공기를 마시고 바람을 쏘이며, 동식물을 먹고, 물을 마시고, 그것들로 옷을 만들고, 집을 짓고 산다. 그러나 우리가 자연물을 이용만 하고 그것을 기를 줄을 몰랐다면 자연을 참 알지는 못했을 것이다. 그리고 자연을 모른다면 하나님도 모를 것이다. 자연이 우리 생활의 자료도 되지만 우리 정신교육의 교과서도 된다."[68] 그럼에도 불구하고 우리는 뜻을 몰랐다는 말이다. 뜻은 반드시 지어진 존재자를 통하여 알게 된다. 뜻을 직관적으로 깨달을 수 있는 것은 바로 물질성, 혹은 사물성에서 시작된다는 것을 암시한다. 그래서 뜻–봄은 꿰뚫어 봄이라 말한 것이다. 물질성·사물성을 직관적으로 꿰뚫어 봄으로써 만나게 되는 것은 궁극적 실체인 하나님, 혹은 부처이다.

그리스도교·불교·동학 등의 종교에서는 모든 존재들이 홀로 있는 것이 아니다. 모든 존재들이 유기적으로 있으면서 신성을 품고 있다. 그래서 함석헌은 "한 개 한 개의 생명은 다 우주적 큰 생명이 나타난 것이다. 다 하나님의 말씀이다. 그것은 우리 몸의 한 부분이다. 작게 보니 너와 나지, 크게 보면 너와 나가 없다. 다 하나다. 만물은 이용해 먹기 위한 것만이 아니다. 대접하고 생각하여 깨달아야 하는 하나님의 사자(使者)요 편지다. 그러므로 돌보고 보호해야 한다는 정신으로 대하여야 한다."[69]라고 말한 것이다. 이제라도 종교가 참 '뜻'을 알아야 한다. 더불어 뜻 그 자체를 알려고 먼저 만물을 사랑하고 자비를 베푸는 평화주의적 사유와 실천에 앞장을 서야 할 것이다.

종교가 뜻을 찾는다고 하는데, 그 뜻이 무엇인가를 추상적으로만 해석하는 경향이 있고, 설령 알았다고는 하나 피상적으로 알게 됨으로써 그 실천 또한 미약하기 짝이 없다. 뜻은 가까운 이웃, 가까운 만물에게 있다는 사실을 알고 사랑해 보라, 자비심을 가져 보라, 불상생을 실천해 보라. 그러면 그 뜻 자체를 참으로 알게 될 것이다. 그 뜻 자체는 사랑이며 자비라는 사실을 말이다. 혹자는 먼저 뜻을 찾아야 사랑할 수 있지 않느냐, 먼저 그 뜻 자체를 체험해야 사랑할 수 있지 않느냐라고 말할 것이다. 그러나 앞에서도 말했다시피 그 뜻은 호칭할 수 없는 누멘적인 것이다. 그러니 부를 수 없고 인식할 수 없는 그 존재, 그 뜻 자체를 알고서 세계와 인간을 사랑하고 자비를 행한다고 할 수 없지 않는가. 그러므로 보편적인 종교체험의 매개체인 가장 가까운 존재자를 꿰뚫어 봄이 없이 뜻-봄, 뜻-깨달음이 있을 수 없다는 것을 기억해야 한다. 세계로서의 자연 만물을 통하지 않고, 지은 바 이성적 존재인, 동료요 이웃으로서의 존재인 인간을 통하지 않고 그 뜻 자체를 알 길이 없다. 그러므로 무조건 사랑해야 한다. 무조건 자비를 베풀어야 한다. 무조건 선업을 쌓아야 한다. 그렇게 할 때 그 무조건 만물을 품었던 초월자, 혹은 초월자의 뜻이 확연히 드러나게 될 것이다.

이웃이니까, 세계로서의 자연이니까 사랑과 자비를 베푼 것이 아니라, 사랑과 자비로 대하니까 이웃이 되고 우리에게 생명으로서의 자연이 된 것이다. 전자는 조건이요, 후자는 무조건이다. 뜻을 찾음은 무조건을 통해서 밖에 길이 없는 것이다.

5. 성서의 언어, 새로운 세계로 옮겨-감이 필요하다!

베르그손(H. Bergson, 1859-1941)은 "언어는 지성을 해방시키는 데 상당히 기여했다. 말은 사실상 한 사물에서 다른 사물로 가기 위해 본질적으로 이동 가능하고 자유롭다. 따라서 그것은 지각된 사물에서 지각된 다른 사물로 확장될 수 있을 뿐만 아니라 또한 지각된 사물에서 이 사물의 기억으로, 정확한 기억에서 희미한 이미지로, 희미하지만 아직은 표상 가능한 이미지에서 그것을 표상하는 행위의 표상, 즉 관념으로 확장될 수 있다. 지성은 말 자체가 하나의 사물이라는 것을 이용하여 그것에 의해 인도되어 자신의 고유한 작업의 내부로 침투한다."[70]고 말했다.

성서의 언어도 이와 마찬가지로 하나의 사물에서 다른 사물로, 하나의 사건에서 다른 사건으로 옮겨-감이 가능하다. 이미 수천 년 전에 써진 경전이지만 오늘날 성서 언어는 다른 대상을 지시함으로써 새로운 의미로 옮겨-가도록 안내한다. 다시 말해서 성서의 언어나 개념을 재해석한다면 신자들의 의식과 관념은 무한하게 확장될 수 있을 것이다. 그럼에도 성서 해석자 혹은 성직자들은 성서의 언어가 인간의 풍요로운 삶의 확장을 가져올 수 있도록 새로운 지시 대상을 가리킴으로써 그곳으로 옮겨-가도록 하고 있지 못하다. 성서의 언어나 개념을 고정시켜 놓고 옮겨-감의 새로운 가능성을 열어놓지 못하고 차단하는 셈이다.

함석헌도 이에 대해서 길게 말하고 있는데, 그것을 옮겨 보면 다음과 같다. "성경은 변치 않는 영원 절대의 것이 변하는 일시적 상대인 속에 나타나 있는 것이다. 글은 굳어졌는데 뜻은 자랐기 때문이다. 이것이 성경에 끊임없는 새 해석, 고쳐 씹음이 필요한 까닭이다. 성경은 덮어놓고 읽을 글이 아니요 열어 놓고 읽을 글이다. 덮어 둘 것, 은밀하게 둘 것, 신비대로 둘 것은 하나밖에 없다. 하나님. 그 밖의 것은 다 열어젖혀야 한다. 연구해야 한다. 성경은 연구해야 하는 책이다. 연구하지 않고 믿으면 미신이다. 하나님은 연구의 대상은 될 수 없고, 그 밖의 것은 연구해서 밝혀야 할 것이다. 성경은 먹어 없앨 양식이다. 밥은 없어지고 생명이 길어야 한다. 산 맛 보다 산 맛나기 때문에 커져야 하는 것이다. 성경은 양식이라기보다 산 씨ᄋᆞᆯ이다. 씨ᄋᆞᆯ이기 때문에 그 첨 형상이 없어지도록 키워내야 한다."[71]

앞에서 베르그손이 말한 것처럼, 언어는 지성을 해방시키는 데 기여를 하였다. 그와 같이 성서의 언어도 씨ᄋᆞᆯ을 해방시키는 언어가 되어야 하는데, 그 첫 번째 조건이 성실한 연구이다. 맛이 우러나도록 연구하고 또 연구하는 것, 그것이 성직자 혹은 설교자(강론자)가 해야 할 의무이다. 그래야 비로소 성서는 하나의 씨올이 되어 백성을 자라게 할 것이고, 존재의 지평이 넓어질 수가 있을 것이다. 성서의 언어는 새로운 세계로 옮겨-감이다. 언어가 그 능력을 가지고 있다. 인간의 이성을 통해서 연구되어진 성서의 언어, 곧 성서는 인간의 의식과 영혼을 지배하면서 새로운 세계를 열어갈 가능성을 만들어 내는 것이다. 성서의 언어가 새로운 세계를 열어젖히지 못하고 새로운 세계로 옮겨-가지 못한다면 그 언어는 죽은 언어가 되는 것이다. 따라서 성서의 언어가 지금 여기에서 생생하게 살아 있으려면 새로운 세계로 가기 위한 다리가 되어야 한다.

그래서 씨올은 그 언어를 통해서 영혼의 양식, 정신의 밥이 되어 참된 진리와 생명의 길로 나아갈 수 있도록 도와주어야 한다. 요즈음 언어문화를 보면 언어는 많고 기발하며 다양한 조어들이 등장하지만 번잡스럽고 잡다하여 사람을 변화시키는 새로운 언어들은 거의 없다. 새로운 언어의 해석자와 생산자들은 신비로운 것을 망측하게 하고, 오히려 무한히 열어젖혀서 의미를 생산해 내야 하는 언어는 닫히고 고착되어 있으니 종교나 사회는 변하지 않는 것이다. 언어가 무엇을 지시하고 있으며, 그 지시를 통해서 옮겨-감의 가능성이 열려 있는지 없는지가 앞으로 우리 사회가 성숙한 공동체, 희망이 있는 공동체, 맑은 정신을 가진 공동체로 나아갈 수 있을지를 결정하는 중요한 척도가 될 것이다. 선거철에는 후보자들의 언어가 새로운 국가와 사회를 꿈꾸는 언어인지, 새로운 세계로 옮겨-가게 하는 가능성의 언어인지를 잘 살펴야 할 것이다. 더 나아가서 종교 공동체의 경전 언어들은 자신의 공동체를 쇄신할 뿐만 아니라 지나치게 고답적이지 않고서도 그 언어에 진실한 마음이 담기도록 해야 할 것이다. 동시에 그것은 선거철에 종교를 빌미 삼아 종교 경전의 언어를 사용하면서 정계에 발을 들여놓겠다는 후보를 검증하는 잣대가 될 수도 있을 것이다.

— 제6장 —

함석헌을 유혹한 인문학적 사회, 그 이상(理想)의 트라우마

나더러 진찰을 하란다면, 이 나라는 사회의 정신적 기반이 썩었습니다. 어떤 크고 훌륭한 건축이라도 터 위에 섭니다. 터가 만일 꺼진다면 위에 있는 건축은 그대로 있을 수가 없습니다. 우리 사회 전반이 문제투성이란 것은 이 때문입니다.[72]

1. 아니-있는 곳(u-topos),[73] 없이-있는 세계, 그 미지(美地)를 향한 함석헌의 바탈 소리

흔히 이상세계(理想世界)란 존재하지 않는다고 말한다. 상식으로 통하지만, '유토피아'(utopia)란 '어느 곳에도 없다.'(ou-topos)는 뜻이 아니겠는가? 그런데 원래 유토피아란 '좋다'라는 뜻을 가진 그리스어 접두사 'eu'와 '장소', '자리'를 의미하는 'topos'의 합성어와도 밀접한 연관성이 있다. 이 말은 역설적으로 유토피아 즉 인간이 꿈꾸는 좋은 세계란 그 어디에도 없다는 이중적 의미로 정착된 것이다. 그렇다면 짐짓 미리 포기해 버린 없지만-좋은–세계를 상상하는 것만으로도 가능한 세계를 만들어 갈 수 있을 것이다. 그러기 위해서는 먼저 혼탁하고 어두운 한국 사회의 현실 속에서, 요즈음 우리가 꿈꾸는 이상적인 세계의 모습은 무엇인지 물어야 할 것이다 이 이상적인 세계를 지금 여기서 진단해 보고자 한다면, 세 가지의 토포스가 필요한 것 같다. 첫째는 세계 속의 한국이라는 특수한 국가의 토포스, 둘째는 한국이 처한 사회적 현실이라는 독특한 시간을 포함한 토포스, 마지막으로는 지금 우리의 현실을 바라보게 만드는 함석헌의 사상적 토포스가 그것이다. 이 논문에서 무엇보다도 역점을 두는 것은 함석헌의 사상적 자리이다.

유토피아는 본래 '역외성'(extraterritoriality)이라는 성격을 지니고 있다. 즉 아니–있는 곳 혹은 없이–있는 세계는 우리 자신과 현상을 응시하게 하고 당연하게 생각했던 그곳이 어디에도 없다는 사실 때문에 낯설게 느껴지는 장소이다. 그렇기 때문에 오히려 아니–있는 곳은 인간의 상상력을 자극하며 그 상상력은 사회·권력·정부·가족·종교 등에 이르기까지 광범위한 분야에서 어떤 대안적 삶의 방식을 추구하는 원동력이 된다.[74] 하지만 리쾨르(Paul Ricoeur)는 인간의 유토피아적 상상력이 정신분열적 태도를 나타내는 것이며, 그 병리적 태도는 바로 도피에 있다는 말을 하였다.[75] 이와 같은 맥락에서 에른스트 블로흐(E. Bloch)는 "유토피아란 '사적인 정서' 상태의 심층부에서가 아니라, (역사와는 독립적으로) 마치 책상 서랍에 갇힌 듯한 '아포리아' 에서 가능성을 찾으려는 욕구에서 비롯된 것"[76]이라고 주장하였다.

그러나 함석헌이 꿈꾸었던 한국 사회의 이상과 현실을 다루면서, 과연 그와 같은 도피적 성격이 있었는가를 구체적 시공간과 추상적 시공간을 동시에 살펴봄으로써 규명해야만 할 것이다. 물론 이 둘의 시공간은 상호 중첩되면서 씨줄과 날줄로 엮어진 사상적 역사와 반성적 지향점을 던져 줄 것이다. 그것을 통해서 우리는 함석헌이 대안적 상상력, 혹은 상상력을 통한 대안적 삶을 어떻게 추구하고 말했는가를 앎으로써 향후 사회가 나아가야 할 방향을 그려볼 수 있다고 생각한다.

아니-있는 세계[유토피아]는 지금 여기에 나타나야 하는 것[현재]이다!

함석헌의 이상은, 리쾨르가 비판하듯이, 병리적 도피가 아니라 현재적 삶에 있다. 유토피아는 "생명의 불도가니가 속에 들어와 현재란 것으로 된 때만이다." "현재, 현재, 현재란 것은 일찰나 전에도 없었고, 일찰나 후에도 없고, 붙잡을 수도 없고, 볼 수도 없고, 다만 살아 있는 현재이다."[77] 더 나아가서 그의 이상 혹은 이상적 인간은 자아를 응시하고 자기를 깊이 아는 인간이다. 바깥의 세계로부터 자기로 향하고 껍데기를 벗고 벗겨서 순수 자아에 미치는 것이다.[78] 그리하여 종교도·가족도·경제도·정치도 유토피아적 상상력에 이끌려 인간의 순수 자아에 다다르는 현재적 삶의 참 생명적 존재임을 깨닫는 것이 되어야 한다. 아니-있는 곳은 존재하지 않아서 없음이 아니라 지금 나의 순수 자아의 현존재를 망각하고, 아직-있지-않은-세계[未來]를 환상으로 보고 있는 것이다. 그 미래의 곡두를 보거나 환상에 사로잡혀 앞서-이루지 못한 리비도(libido)가 병리가 되고, 트라우마(trauma)가 되는 것이다. 트라우마는 가장 안전했던 나의 과거 즉 퇴행적 삶의 토포스로 회귀하고 싶어 하는 본능을 부추긴다. 그래서 이곳, 지금 아니-있는 곳은 마침내 트라우마의 세계가 되어 보상받고 싶어 하는 인간의 욕구와 욕망의 분출로 의식은 경직되고 조작당하고 만다. 이로 인해 아니-있는 곳은 다시 어디에도 없는 장소 즉 유령의 도시, 물 없는 강, 백성 없는 군주라는 아이러니가 연출된다(소비주의의 환영은 다시 금욕주의라는 환영으로, 가족이라는 환상은 또 다른 합법적인 모든 종류의 성적 공동체 혹은 수도원주의를 꿈꾼다).[79]

그러나 함석헌에게 이상 즉 아니-있는 곳은 "영원한 현재", "무한한 현재"라는 측면에서 과거와 미래의 리비도적 욕망에서 탈피하는 엄밀한

(strenge) 자기 성찰과 순수 자아적 삶의 자리를 말한다. 그의 아니-있는 곳은 미래에 도래해야 할 장소가 아니라는 것, 그리고 어떤 공간적 장소가 아니라 바로 인간이라는 심연에서 드러나는 '치열한 자기 응시'라는 점이 우리가 추구하며 살아가야 할 인간 정신의 장소라는 것을 암시해 준다. 거기에는 리쾨르가 말하는 정신분열증이나 도피적 병리가 있을 수 없다. 현재라는 시간 안에서 자기 응시는 주체와 대상, 혹은 현재 안에서 아직 오지 않은 세계와의 분열이 아니라, 지금 여기서 자기로 돌아오는 주체적 정신만이 통일되어 있기 때문이다.

2. 삶의 현실과 이상 : 이상을 잃어버린 현실, 이상을 외면하는 현실

칸트(I. Kant)가 『순수이성비판』(*Kritik der reinen Vernunft*)에서 일관되게 말하고자 했던 것은 이성의 한계와 가능성이다. 그가 이성의 확장을 금하고 이성의 한계 안에서 형이상학을 논하려고 했던 것은 신적 이성의 맹신을 막고자 한 것이다(*KrV.*, B25-B26). 그런데 지금 한국 사회뿐만 아니라 세계 곳곳에서 일어나는 현상을 보면 이성의 도구적 사용을 넘어서 이성을 신격화하는 데까지 이르고 있다. 여기서 우리는 한국의 현실을 돌아보면서, 칸트는 분명히 신·영혼불멸, 자유를 이성 이념으로 보고 "가능한 한계를 넘어선 선험적 용어의 형이상학적 적용을 불신"[80]하였다는 점을 상기해야만 한다. 그뿐만 아니라 오늘날의 정치·경제·종교·과학의 현실 안에 칸트가 이야기하는 도덕적 실천이나 신앙의 여지를 마련하기 위한 이성(*KrV.*, BXXX)은 존재하지 않는 점도 분명히 문제로 삼아야 할 것이다.

칸트는 도덕적 인간을 자신의 철학적 이상의 목표로 삼기 위해서 인간의 이성(이론이성, 오성: Verstand)의 한계를 설정하고 종래의 형이상학적 이념의 인식을 포기할 수 있었다. 그런데 우리 사회는 지금 그러한 도덕적 인간의 이상을 꿈꿀 수 있는 현실이 못된다. 정치적 현실에서는 사색당쟁과 전쟁의 싸움터, 갈등의 장소가 되어 버림으로써 인간 사회의 이상 구현이 아닌 보다 더 본능적인 리비도만을 발산하는 병리적 현상을 목도할 수 있을 뿐이다. 정치를 경험하는 씨올은 자신의 이성을 건전한 소통과 이해, 그리고 도덕적 이성으로 발전시킬 여지도 없이, 이상마저 빼앗긴 채 불안과 보복 및 보상적 정치 행위만이 존재 이유가 된다.

> 저 산과 산 사이에 자리 잡고 있는 폴리스(polis), 즉 정치 세계는 인간적 삶의 기본 구조로서 상호 공존의 협동을 통해 인간 삶의 질을 고양시키는 터전이었다. 그러나 이제 현대의 폴리스는 그 현실에 있어 서로 죽고 사는 경쟁의 싸움터가 되어가고 있다. '정치'란 표현은 더 이상 우리의 본질적 삶의 양식을 가리키는 것이 아니라, 경쟁의 싸움터에서 적자 생존하기 위한 기능, 처세의 기술이 되었다.[81]

> 시장성이 모든 가치의 척도요, 부박한 여론의 관심이나 인기가 의미와 중요도의 측량 단위이며, 인간의 만남은 서로 홀로 있음만을 확인해 줄 뿐이다. 이곳에서 실용성은 도덕성으로 변신하였고, 도덕은 실용주의적 처세술이나 생존의 기술로 전락했고, 윤리학은 살아남은 자의 윤리학으로만 살아남을 수 있으며, 종교는 지극히 현세적인 기복주의의 하수인이 되어 버렸다.[82]

남경희가 지적한 맹목적 정치 및 자본 이성을 뛰어넘기 위해 우리 앞에 던져진 노동과 경제 이성에 정치철학자 한나 아렌트(H. Arendt) 역시 동일한 비판 의식을 지녔다. 그녀는 인간의 삶의 실존적 조건으로 개인과 가족의 생명을 유지하고 종족 보존을 위한 노동(labour), 세계성, 혹은 인류의 보편적인 가치를 실현하고 문명적인 삶을 산출하는 활동(work), 인간 상호 간의 의사소통을 위한 행위(action)를 들고 있다. 그런데 우리 사회는 지금 개인과 사회에 대한 불안과 위기에 직면하여 개인 및 가족의 여가를 위한 과다 소비, 자녀의 사교육비 마련 및 미래의 노후 대책 마련 등을 위하여 소모적 노동으로 삶을 탕진한다. 그 노동의 목적에는 세계나 인류애를 위한 보편적 가치, 도덕 경제나 분배 정의의 실현은 있을 수가 없다. 결국 인간의 활동과 노동은 사회 공동체의 성숙한 의사소통을 지향하고 그 의사소통을 통해서 이루어지는 사회·경제적 행위라고 말할 수 있는데, 여전히 개인의 실존적 경제 가치에만 몰두해 있는 우리 사회의 리비도적 노동 현상은 매우 유감스러운 일이 아닐 수 없다.

종교의 이상은 양심적 사회, 도덕적 인간을 만드는 것이다!

그렇다면 종교적 이성의 현실은 안녕한가? 종교는 인간의 수많은 삶의 파편들을 행복과 자유, 그리고 해방으로 인도하는 사회, 역사적 전통을 통해 인간에게 이상을 제시한다. 헤겔(G. W. F. Hegel)이 말한 것처럼, "종교의 목표란 신이 정신의 총체성으로 의식되는 것"이며 "신은 곧 정신이며 영이다."[83] 한국 사회는 여러 신들이 함께 놀이하는 매우 다원적인 종교시장이 있다. 그런 반면에 우리 사회는 종교로 절대 정신과 종교인의 정신을 통해서 신이 의식되는 경우는 흔한 일이 아니다. 다시 말해서 종교 혹은 종단은 인간에게 삶의 이상을 꿈꾸며 현실을 쇄신하는 자양분을 줄 수 있어야 하는데 오히려 개인과 사회의 갈등의 온상지가 되는 것이다. 마치 종교의 영원한 이상을 버린 듯이 말이다.

헤겔이 "종교는 개인의 참된 의무와 성실을 요구하고 무한하고 절대적인 의무를 야기한다."[84]고 말한 것은 이상이 아니라 현실을 이야기한 것이다. 즉 그는 종교의 이상을 논하고자 한 것이 아니라 현실적 종교의 모습을 규정한 것이다. 그뿐만 아니라 헤센(J. Hessen)도 "종교는 도덕을 실천하고자 하는 동기를 촉진시키고 강화시킨다."[85]고 말하면서 "종교는 도덕에 대해 힘의 증가를 의미할 뿐만 아니라 또한 가치 내용의 증가를 의미한다."[86]고 말했다. 그렇다면 각 종교가 표방하고 있는 신자로서의 도덕적 의무와 성실은 사회적 현실 속에서 무한하다고 볼 수 있는가? 그 무한한 표상을 시민들은 알아차리고 있는가? 혹여 각 종교에서 기대하고 있는 종교인의 도덕적 의무와 성실, 양심은 포기한 이상이 되어버린 것은 아닌가? 엘리아데(M. Eliade)는 "종교학이 추구하는 것은 결국에는 문화의 창조와 인간의 변형에 있다."[87]고 말한 적이 있다. 이 말의 의미는 곧 종교란 문화의 창조에 기여해야 한다는 것이고 종교 체험은 문화적 사상이 된다는 말로 이해할 수가 있다. 사람들은 종교로부터 새로운 문화 즉 어떤 사회적 무늬가 되어가는 것[文化]과 함께 성스러움, 그리고 선을 보고자 원한다.[88] 종교는 새로운 문화를 창출하는 창조자가 될 수는 없어도 적어도 사회적 무늬를 만들어 가는 성스러움과 선의 기준이 되어 주어야 한다. 그러나 이제는 종교의 의무·성실·신뢰·문화·성스러움·선함 등의 구현은 차치하더라도 종교가 오히려 사회적 무늬를 형성하는 데에 해악을 가져온 것은 두말할 필요도 없다.

엘리아데가 말하는 종교의 이상은 다른 것이 아니다. 낙원 즉 태초의 완전하고 순전한 세계가 인간 존재의 목적이자 목표요, 피난처라면, 그 아니-있는 세계(u-topia)인 창조의 첫 번째 날로 되돌아감이자 우주적 재생을 말하는 것이다.[89] 이것은 헤센의 철학적 시각으로 보면 양심의 실천, 도덕적 의무의 이행을 통한 신에게로의 소급을 말한다고 볼 수 있다.[90] 그러므로 양심적 사회, 도덕적 의무를 행하는 인간이 보편화되는 세계는 종교의 이상이자 이 사회가 꿈꾸는 이상적 사회가 아니겠는가.

암울한 정치 경제 현실에서 지식인은 정신적 저항을 해야 한다!

과거 함석헌이 지적했던 자본주의와 국가 사이의 관계에 대한 식견은 기업이 국가를 압도하는 신자유주의의 경제 구조와 모순을 정확하게 내다본 것 같다. "현대 국가는 예외 없이 기업 국가이다. 기업의 목적은 다만 둘이다. 하나는 사치이고, 하나는 전쟁이다. 사치와 오락을 배격하여 간소한 생활 아니하고는 전쟁 없어질 수 없고, 전쟁이 있는 한 어떤 부류를 위해 노동력을 착취하는 일은 없어지지 않을 것이다."[91] 금세기 최고의 철학자이자 네오 마르크스주의자인 하버마스(J. Habermas)의 입장은 함석헌의 이와 같은 견해를 잘 뒷받침해 준다.

> 사회체제들 간의 경쟁은 전 지구적 자본주의의 승리로 결판이 났고, 이 전 지구의 자본주의의 포괄적 그물망은 더 이상 어떠한 출구도 열어 두고 있지 않다. 자본주의를 안으로부터 정치적으로 그리고 법적으로 순치(馴致)시키는 일은 여전히, 아니 그 어느 때보다도 더 절박한 현안이지만 이 일은, 자본주의 경제가 더 이상 국제적 체제 안에 포섭되어 있는 것이 아니라 거꾸로 국민국가들을 자신의 명령하에 복속시킨 이후로는, 더 이상 한 국민국가의 틀 안에서는 가능하지 않게 되었다.[92]

마찬가지로 인간과 정치 경제적 현실에 대해서 베르쟈에프(N. Berdyaev)의 목소리는 오늘날의 경제체제와 인간 현실에서도 유효하다. "노예 상태에 대한 승리는 정신적 해방이다. 사회적 해방과 정신적 해방이 서로 제휴해서 나가지 않으면 안 된다."[93] 그가 노예 상태로부터의 해방, 사회로부터의 해방은 곧 인간 정신의 해방이라고 말한 것도 부르주아가 인간의 삶을 좀먹는다는 강한 비판에서 출발한 것이다. "부르주아는 이 세상에 깊이 뿌리를 박고 스스로 서 있는 이 세상에 만족하고 있다. 부르주아는 세계의 허영과 허무함에 무감각하며, 이 세상의 좋은 것도 무의미하다는 것을 잘 느끼지 못한다."[94] 인간은 인간의 삶의 유한성이 물질적 삶의 유한성이라는 사실을 인식한다면 물질과 경제적 능력을 숭배하거나 물질을 벗어난 인간의 자기 초월을 두려워할 필요가 없을 것이다.[95]

부르주아나 그와 짝하고 있는 정치 이성의 현실은 그것을 초월하려고 하는 인간의 이성을 억압한다. 이러한 반이상적(反理想的) 억압의 현실 속에서 지식인은 무엇을 해야 하는가? 사르트르(Jean-Paul Sartre)에 따르면, 지식인의 책무는 행동이다. 그 행동은 단순한 행동이 아니라 현재적 행동, 즉 지금 존재하지 않으나 그것이 존재하도록 만들기 위해서 현재 존재하는 것을 끊임없이 부정하는 행동을 일컫는다.[96] 지식인은 현재의 이상을 위해서 자신에게조차도 있을 내면의 이데올로기와 외부 지배자의 이데올로기와 싸워야 하는 사람이다. 그렇기 때문에 지식인은 이상이 도래하지 않은 현재와 이상 사이의 모순 속에서 사는 사람이며, 그 모순을 앞당기기 위해서 분투하는 사람이다. 정치·경제·종교·사회·문화 등 모든 영역에서 인간의 참 이상을 희석시키는 환상과 거짓을 퇴치하기 위해서 자신의 학문적인 방법론을 동원하는 자, 그가 바로 지식인인 것이다.[97] 이는 블로흐가 말하는 사회 유토피아의 전망을 가진 사람들이 공유하는 이른바 "권력이나 일상화되어 버린 저열한 인간 삶"에 대해서 비폭력적인 정신적 저항 혹은 현실을 부정하는 것과 일맥상통하는 것이며, 동시에 이 세계를 천국으로 만들려고 하는 열망을 잊지 않는 사람이다.[98]

정치와 종교는 씨올의 바탈을 찾게 해주는 것이다!

그러나 함석헌이 볼 때 정치란 현실 인간의 바탈 속에 있는 더럽고 추한 것들, 또한 관계 속에서 벌어지는 여러 가지 그릇된 것들을 바로 잡아 나가는 것이며, 인간의 정신적 무늬를 잘 드러나게 하는 것이다. 종교는 인간의 육체와 정신 두 영역에서 절정에 서는 것인데, 그 종교의 이상은 높은 데를, 거룩한 곳을, 곧음을 지향하는 것이다. 그런 의미에서 정치와 종교는 모두 민족을 개조해야 하는 사명을 가지고 있고 씨올의 바탈을 찾아주어야 할 뿐만 아니라 숨을 새로 쉬도록[혁명]하는 과제를 안고 있다. 따라서 함석헌에게 정신과 생각, 그리고 종교의 본질은 모두 근원적인 '반성'(reflectere)에 있다. 자신의 근본을 돌아보는 것이다. 종교가 외면당하고 정치는 사리(私利)에 휘둘리는 현상은 자신의 근본으로 돌아가지 못해서 일어나는 결과이다.[99] 그러면 어떻게 할 것인가? 함석헌은 비인간적 삶을 거부하는 생명의 현실이 이상 세계의 기초임을 분명히 한다.

> 생명의 길은 끊임없는 반항의 길이다. 생명은 스스로 하는 것이다. 생명 있기 전에 무엇이 있었던 것은 아니요, 생명이 다 산 다음에 또 무엇이 있을 것 아니다. 적어도 우리는 그 속에 있기 때문에 그 이외를 생각할 수 없다. 생명이 처음이며 끝이요, 생명이 목적이며 수단이다. 다른 무엇이 또 있어서 생명의 가는 길을 규정할 수 있는 것 아니고, 생명 그 자체가 규정이요 범주다. 그렇기 때문에, 생명은 스스로 하는 것이기 때문에, 되어진 것이 아니라 영원히 되려는 것이기 때문에, 끊임없이 자기 부정을 하지 않을 수 없다.[100]

함석헌은 여기에서 아니-있는 세계의 생명적 현실을 위해서 '아니오'라고 말할 수 있는, 부정을 말할 수 있는 생명의 반항, 즉 영원한 항의를 말하고 있다. 더 나아가서 그는 아니-있는 세계를 '있음'으로 당겨 현재화하는 추동력의 근원을 믿는 일, 사유와 현실, 그리고 인간 본질의 근원인 정신과 생명이 이상 사회의 희망임을 다시 한 번 역설하고 있는 것이다.

3. 현실과 이상의 변증법 : 함석헌이 꿈꾼 인문학적 사회, "생각과 정신-가짐"

에른스트 블로흐는 "만약에 꿈과 삶 사이에 아무런 연관성이 없다면, 꿈은 다만 추상적인 유토피아요, 삶은 오로지 변화 없는 천박함일 뿐이리라. 꿈과 삶 사이의 관련성은 주어진 현실을 전적으로 전복시킬 수 있는 현실적 가능성에 의해서 그 범위가 정해진다."[101]고 말했다. 우리 사회가 처한 여러 현실의 국면들을 볼 때 바로 꿈과 삶 사이, 혹은 유토피아와 현실 사이의 거리를 좁히지 못하고 있다. 그로 인해서 씨올은 과거로 퇴행하고 있고, 아직-있지-않은-세계(미래)에 대한 막연한 불안과 위기 때문에 과도한 노동으로 자신(의 인생)을 의지처가 없는 곳에다 무지몽매하게 의탁하고 있다.

인간은 이상이 없을 때 동시에 희망이 없는 삶으로 치달을 수밖에 없다. 희망은 이상이 있을 때에만 불변적인 삶의 푯대가 되어 줄 수 있기 때문이다. 그런데 유토피아가 말 그대로 어디에도 없음으로 고착화되어 버린다면, 이제는 더 이상 아니-있는 세계를 추구할 수 있는 여지가 사라지게 되는 것이다. 있는 세계(이상)를 이 세계 속에서 찾으려 하지 않고 오히려 상처로 얼룩져버린 지나-간-세계(과거)와 아직-있지-않은 세계(미래)로 삶을 투사하여, 인간 존재의 이익이 이상으로 미화되는 모순이 발생하는 것이다.[102]

설령 그렇다 하더라도 중요한 것은 이상을 찾아가려는 '과정'이다. 과정은 그 이상을 품고 있으며 언제든 그것을 드러내려고 하기 때문이다. "유토피아의 근거이자 상관 개념은 바로 과정이다. 과정은 가장 내재적인 내용을 아직 겉으로 드러내지 않았지만, 항상 그것을 드러내려고 하고 있다. 유토피아의 배후에 자아와 우리라는 힘이 도사리고 있지 않다면, 희망이란 그 자체가 무미건조한 것이다."[103] 이에 함석헌도 이렇게 말한다. "참 전체의 운동은 스스로 하는 운동이므로 시간적으로 계속해 나가는, 다시 말하면 자라는, 또 다시 말하면 자신(自新)하는 운동이어야 한다."[104] 따라서 현재 아니-있는 세계가 존재하도록 하기 위해서, 나타나-있을-자리[현재]를 주기 위해서는 다시 아직-있지-않음의-세계[미래]로 발-옮김의 용기가 있어야 한다. 다시 말해서 꿈을 향해 미래[있을 세계 혹은 있어야 할 세계]로 나의 의식을 추동시키도록 해야 한다는 말이다. 아니-있는 곳은 현재에서 이루어야 하는 것이지만, 그것은 앞당겨진 현재라는 측면에서 볼 때, 유토피아는 항상 미래적 시간성을 무시할 수 없는 것이기도 하다.[105]

함석헌은 현실에서 이상으로 가기 위한 힘을 '생각'에서 찾는다. "내가 생각을 하는 것이 아니라, 생각이 나를 낳는다. 붙잡는다. 죽이고 또 살려낸다. 생각은 부활이다. 불사조다."[106] 그의 이상이 종교적 이상이든, 정치적 이상이든 간에, 이상 실현의 단순한 법칙은 '생각'에 있다. 자신의 생각과 마음을 하늘에 맞추고 우리가 처한 현실을 묻고 생각하는 것, 그리고 옛 생각에만 머물지 말고 새로운 생각으로 살아가는 것, 남의 생각이 아닌 내 생각으로 살아가는 것을 유토피아적 전망으로 보고 있는 것이다.[107] 그러므로 마음이란 시간적 지평으로서 자기 생각·사람 생각·자연 생각·이웃 생각·세계 생각 등의 통일인데, 결국 이 자기 마음의 생각이 인문학[108]적 사회의 기초가 되며 현재적 이상의 모순을 극복할 수 있는 방편이 된다.

씨올의 이상은 씨올의 정신 무늬를 형성시켜 주는 것이다!

인문학적 이상은 씨올의 이성이 성숙하도록 그림을 그려 주는 것[文; 紋]이다. 함석헌이 생각한 이상은 씨올의 주체성과 그 주체적인 행동이었다. 그것은 생각에서 나온다. 그는 인문이라는 것을 "사람의 자기 정신 지음"이라고 생각했다. 따라서 인간의 무늬는 그 속에 담고 있는 인간 바탈이 바깥으로 외화된 것이다. 인간의 속뜻이 바깥으로 드러난 것이라는 말이다.[109] 그런 뜻에서 보면, 그가 "생각하는 백성이라야 산다."고 말한 것은 생각하는 이성적 존재자가 자신을 살릴 뿐만 아니라 세계를 살릴 수 있다는 말로 이해할 수 있다. 그것의 근본은 오늘날 우리 사회가 경시하는 인문학적 사고에서 출발한다. 일각에서는 인문학이 기업이나 경제와 결합하여 그 효과를 극대화하는 듯이 호도하지만, 이것은 인문학이 갖는 본래성, 즉 인간의 꼴갖추기와는 전혀 다른 맥락에서 이루어지는 낯선 행보가 아닐 수 없다.

> 기업과 인문학의 만남의 양태들이 보여주듯 오늘날 인문학에 대한 수요는, 사회의 인문화와 인간화를 향한 몸짓이 아니라 시장의 논리에 포식되는 방식으로 충족되고, 인문학은 기업 홍보 전략의 일환으로 소비된다. 인문적 소양이 경재의 논리에 포섭되어 기업성장이나 자본축적을 위한 도구로 활용되는 현실에서 우리는 이러한 본말 전도를 분명하게 확인하게 된다.[110]

> 상업인문학은 요즈음 경영인문학, 경제인문학, CEO인문학으로까지 발전하고 있으나 거기에서 말하는 인문학은 인문적 관심과 호기심을 높인다는 차원이지, 경제와 경영에 대한 인문적 · 인간적 접근을 시도한다는 의미는 아니다. 그때의 인문학은 경제 · 경영 · 기업 · 시장을 위해 소비되는 존재에 불과하다.[111]

이러한 상업인문학과는 달리 함석헌이 꿈꾸었던 인문학적 사회란 정신, 이성, 생각으로 펼쳐지는 아니-있는 곳이다. 없지만 존재하기를 바라는 것,

없지만 그 꿈을 그려서 만들어 가는 것을 그치지 않는 것이다. 인간이란 불완전하며, 인간의 불완전성은 결국 사회의 미성숙을 고스란히 드러내고 마는 것이니, 그 사회의 미성숙 상태를 그대로 두지 않는 것, 그리고 완성될 미래의 성숙된 인간의 모습을 꼼꼼하며 세밀하게 비판적으로 그려 가는 것[人文]이 필요하다.

종교는 '없음'이 아니라 '있음'의 이상세계를 말해 주어야 한다!

이와 같은 사회를 위해서 종교 영역의 신앙이란 반인격적 문화를 부정하는 태도를 요구한다. 이성적 사회는 끊임없는 부정이기에 인문은 완전한 인격과 그 인격의 무늬가 형성될 때까지 부정하고 또 부정한다. 우리 사회의 종교에 대한 시민들의 부정적 태도는 종교 자체가 인격의 무늬가 형성되어 있지 않기 때문에 발생한다. 따라서 중세적, 근대적 종교의 모습에서 벗어나 새로운 종교의 도래는 인격의 종교로서, "영과 육의 갈라짐, 안과 밖의 막힘이 없"[112]는 것이어야 한다. 또한 "미래의 종교는 인격의 종교, 논리의 종교이기 때문에 맘이 종교요, 맘의 종교이기 때문에 깨달음의 종교다. 능력이나 교리를 인정하는 것이 문제가 아니다. 깨달아서 맘이 변화하는 것이다. 변화하지 않는 것은 신앙이 아니다. 그렇기 때문에 미래의 종교는 노력의 종교일 것이다." 새 시대의 새로운 종교는 예수가 남긴 여러 가지 그림 중에 하나를 그리는 것이다.[113] 이런 의미에서 종교도 거시적 안목에서 보면 인간의 바탈 그림을 그리는 또 하나의 인생 그림인 셈이다.

그 종교의 밑그림은 곧 인문학적 사회를 위한 그림일 터인데, 함석헌에 따르면, 그 사회의 기반은 사랑의 현재성이다. 물론 그것은 그리스도교적 의미에서 사랑이라고 말할 수 있지만, 사랑은 저 피안의 세계를 염두에 둔 도덕적 행위나 그 세계를 거머쥐기 위한 나의 눈가림과 심리적 보상 차원의 위안이 아니다. 사랑의 현재성이란 인간 사랑에 대한 신의 사랑을 현재화하는 것이어야만 한다. 지금처럼 혼란·불안·공포 등으로 제멋대로 사는 사회를 구원하는 그와 같은 새로운 계명이 더더욱 필요한 법이다. "사랑은 해묵은 사랑이지만 그것을 실현할 때 언제나 새롭고 놀랍고 찬양할 만하기 때문"[114]이다. 이 종교에서 그리는 인문의 세계 혹은 사람의 그림은 아니-있는 세계를 현실화, 현재화한다. 이런 의미에서 아니-있는 세계는 '아니'가 아니라 '있음'에 강조가 있다. '아니'를 no 즉 '없음'으로 독해해야 할 것이 아니라 '안' 즉 in이나 on[과정 · 진행]으로 해석해야 할 이유가 여기에 있다. 왜냐하면 '있는 세계', '있어야 할 세계', '있는 세계로 되어 가고 있음'으로 해서 '아니'라고 말할 수 있기 때문이다. 만일 그것을 부정[없음]으로 읽어야 한다면 그것은 반드시 인간의 정신적 성숙과 자기 성찰, 그리고 그것을 통해 세워진 세계가 아직 오지 않았고, 도래하지 않았다는 의미에서만 가능하다.

씨올의 혁명의 '때'를 깨우침이 이상사회의 공간성, 즉 미적 현실을 증폭시킨다!

인문학적 사회는 국가·사회·종교·자본 등 전 영역에 걸쳐 인간을 위한 이상적 사회의 대안이 되어야 한다. 앞에서 리쾨르가 말한 것처럼, 유토피아란 인간의 상상력의 힘이자 대안적 삶의 방식을 일컫는다. 그런데 이상화해야 하는 삶의 방식, 인문학적 사회의 근본적인 조건은 무엇일까? "삶은, 실상은 가림이요, 골라 듦이요, 까다로운 한 조건이다. 삶 중에서도 사람의 삶, 곧 인격은 모든 것을 다 내버린 대신 얻어드는 까다로운 조건이다."[115] 사람의 꼴을 갖춰 가는 사회, 그것이 곧 인격적인 사회이고 사람의 무늬가 완성되는 것이라고 볼 수 있다. 함석헌에게 정신의 무늬, 사람의 무늬는 결국 인간의 삶에서 배태된 '버린 것' 같지만, 실상은 버린 것이 아니라 아름다운 인격적 존재로서 탈바꿈되는 사회를 사유한 것 같다. 그것은 일종의 철학적 지탱이다. 정신적인 것을 간직하면서 어떤 암흑을 빠져나가는 것인데,[116] 실증적이고 실용적인 것을 중시하는 사회에서 버림을 받을 것 같은 인간의 정신과 철학이 겨우 버텨서 더 맑은 정신의 무늬와 인격적인 무늬를 만드는 것이다. 그러면 인문학적 사회, 즉 인간의 무늬와 사유 혹은 정신의 꼴을 제대로 갖추게 하려면 어떻게 해야 할 것인가? 함석헌은 이렇게 말한다.

> 무엇으로 이 맥 빠진 민중을 깨울까? 때로써 알려주어야 한다. "밤이 깊고 낮이 가까 왔으니" "자다가 마땅히 깰 것"을 일러주어야 할 것이다. 때로써 그 맘을 때리면 깬다. 때는 끝이요 시작이다. 때는 죽음이요 살아남이다. 때는 심판이요 구원이다. 때는 갈라놓음이요 하나로 만듦이다. 때는 좌우에 날선 검이다. 때는 하나님의 말씀이요 사자다. 때는 명(命)이다.[117]

문제는 유토피아라는 공간성(topos)이 아니라, 시간성(tempo) 즉 '때'라는 것이다. '때'의 각성이 공간성을 일깨울 수 있고 혁명과 개혁이 가능하기 때문이다. 앞에서 필자는 유토피아를 먼저 내면의 시간성으로 즉 내면의 정신과 이성의 도래로 읽어야 한다고 말했다. 그 '때'라는 것은 씨올의 깨우침과 매우 밀접한 연관이 있다. '때'를 인식한다는 것은 바로 이상 사회의 구원이 이루어지는 순간이기도 하다. 그래서 함석헌은 씨올의 교육, 맨 사람의 교육을 역설했다. 씨올은 '때'를 깨우치고 고난을 당하더라도 고집스럽게 자기 갈 길을 가야 할 사람이다. 씨올은 시대의 혁명을 위해서 씨올을 깨우고, 씨올의 자기 교육과 자기 훈련을 해야만 한다. 이러한 씨올의 교육은 곧 하늘의 소리를 듣는 하늘 교육이며, 이상으로서의 씨올의 세계, 새로운 시대를 낳기 위해서 힘써야 하고 죽을 힘을 다해야 하기에 더더욱 요구

되는 각성이다.[118]

그러기 위해서 함석헌은, 보다 더 아름답고 매혹적인 인간의 무늬를 발현시키는 인문학적 사회의 도래를 꿈꾼다. 그의 시문학, 그의 수사학적 언어와 산문적 어투, 그의 눈·귀·입 등의 감각은 미적 세계를 구현하는 몸이었다. 몸이 아름다우니 미적 세계를 이상화할 수 있었던 것이다. 함석헌의 투박한 듯하면서 뚝뚝 끊어지는 듯하고, 사고의 초월적 비약을 시도하는 듯하면서 논리적 명료성을 잃지 않는 언어미학적 표현들은 종교미학·환경미학·사회미학·정치미학에 이르기까지 폭넓게 전개된다. 이것은 그의 비판적인 사회 인식과 인간 이해, 삶의 현실에 대한 이상으로서의 전반적인 도약을 꿈꾸며, 맑은 정신과 사상을 지닌 한 인간이 이 세계의 아름다운 구원(종교적 구원을 포함한)을 열망했기 때문일 것이다. 더 나아가서 그의 미학적인 이상 세계는, 마치 빈센트 반 고흐(Vincent van Gogh)같이, '삶을 전복시키는 근대의 데카당스(decadence)와 강한 대조를 이루'[119]기 위한 예술적 몸부림이었을지도 모른다.

"삶은 내기다. 으뜸이 되잔 것이 삶의 바탈이요 겨냥이다. 생은 맹목적인가? 눈이 없을 뿐 아니라, 귀도, 코도, 입도, 몸도, 맘도 없는 것이 생 아닌가? 삶은 오름이다. 오르고 오름이 옮음이다."[120] 여기에서 우리는 함석헌의 초월 미학을 발견하게 된다. 그 초월 미학은 생의 미학·삶의 미학·맹목의 미학·도덕의 미학을 통해 삶의 현실을 이상화한다. 함석헌에게 있어서 미란 선과도, 진리와도 다른 것이 아니다. 오히려 아름다움의 감정은 측은지심으로서의 사랑의 감정으로 포괄한다. 그러면서 그 아름다움은 전체와 조화를 이루고, 무엇보다도 도덕성을 함유하고 자연을 기꺼이 가까이 하는 것을 뜻한다.[121]

예술가가 세계를 직관했다고 하더라도, 그의 감성의 붓이 어떻게 놀려지느냐에 따라서 예술가가 바라본 사물성, 현실성의 표상이 달라진다. 예술가는 자신의 정신을 물질화하고, 감상자는 물질화된 것을 통해서 예술의 정신을 발견한다. 다시 말해서 함석헌은 말함(Sagen)을 통해서 사물과 현상의 숨어 있지 않음(aletheia, Unverborgenheit)을 말하고, 세계를 발현시킨 것이다. 그는 새로운 세계, 새로운 이상, 새로운 사회를 발현시킴으로써 위장된 세계, 거짓의 모습, 혼란스런 세계를 고발하고 빛을 밝힌다.[122] 이러한 이상의 발현은 인간 스스로 '정신'을 갖느냐 갖지 못하느냐 하는 것과 밀접한 연관을 갖는다. 이상의 현실은 인간의 정신의 폭발이요 정신을 갖고 일어섬이기 때문이다. 함석헌은 그러한 이상 세계야말로 씨올의 언어와 미가 가진 힘에서 나온다는 것을 몸소 드러내 주었고, 그 정신이 썩어 가는 세계에서 버텨 주고 번져 가는 것을 이상 세계 실현의 가능성으로 보았던 것이다.[123]

> 정신은 본래 가만 아니 있는 것이다. 죽은 물질로 되는 건축은 가만 있는 것이 그 토대가 되지만, 살아 발전하는 생명의 역사의 토대가 되는 것은 반대로 한순간도 가만 아니 있는 것이어야 한다. 정신은 본래 혁명적이다. 우리가 살아나려면 강한 혁명을 일으켜야 한다.[124]

맨 처음 원리로 돌아가서[혁명] 인간과 세계의 본래성을 회복하는 것이 우리가 바라는 이상 세계이다. 또한 그 세계를 위해서 지금 아니-있는 세계를 '아니-없다'고 부정하는 온갖 힘에 대해서 오히려 더 강력하게 '아니'라고 말할 수 있는 것이 생명이고 씨올의 삶의 자세다.[125] 생명은 '아니-하면' 있게 된다. '아니'라고 말하면 '아니-있는 세계'가 현실이 된다. '아니'라고 생각하면 그 이상 세계의 생명성을 '안'에 품게 된다. 그러므로 이상 세계 구현을 위해서 유일하게 가짐이라는 소유 구조(haben struktur)를 바랄 수 있는 것이 있다면, 그것은 아마도 '씨올의 정신'일 것이다.

4. 함석헌의 미완(未完) 이상 사회에서 미완(美完/美翫) 이상 사회를 향하여

이상 사회 혹은 인문학적 이상 사회를 만든다는 것은 어쩌면 지난(至難)한 일인지도 모른다. 노직(R. Nozick)의 말대로 우리가 상상할 수 있는 이상적인 세계는 선택의 세계가 아니다. 다만 "우리 모두에게 좋은 세계이어야 한다: 즉 우리 모두에게 상상할 수 있는 최선의 세계(the best world imaginable)."[126] 그러나 그것이 실현될 수 있는가 없는가가 중요한 것이 아니라, 가장 좋은 세계의 상태를 만들어 가는 것이 우리의 과제가 아니겠는가. 그는 계속해서 우리의 이상을 디자인한다. 우위를 다투지도 않으며 다양한 개인들로 구성된 사회로서 타자를 고려할 뿐만 아니라 그의 개성을 존중하고 서로에게 기쁨과 즐거움이 되는 상보적, 상호 주관적 세계를 구상한다. 더 나아가서 이상 사회는 바로 다양한 인간의 무늬가 형성되는 것을 낯설어 하지 않는 다원화된 공동체로서 모든 사람들이 그렇게 될 수는 없어도, 누구나 거주하고 싶어 할 만한 세계, 그리고 저마다 유토피아적 전망을 실현시킬 수 있는 자유로움이 담보된 사회를 실험할 용기가 있어야 한다는 것이다. 유토피아적 꿈을 실험하고 현실화시킬 수 있기 위해서는, 유토피아적 세계를 논하기에 앞서서 유토피아가 될 수 있는 조건과 환경이 무엇인지를 다시 논해야 하는 메타-유토피아 사상이 필요하다.[127]

함석헌의 이상 사회를 실험하여 인간 정신의 뿌리-끌을 찾게 하라!

그런 측면에서 보면, 함석헌의 이상 사회, 혹은 인문학적 사회는 미완으로서 메타-유토피아적이다. 그것은 반드시 실험해야 하고 현실화시켜야 하는 세계이다. 아니-있는 세계는 현실 불가능의 세계가 아니라 가능 세계로서 지금 여기에서, 현실에서 실현시켜야 한다. 노직이 말하는 이상 사회는 인격과 권리를 존중하고 누구에게도 삶을 강요받지 않고 인간 스스로 삶을 선택할 수 있는 이상적 인간의 실현 장소인 최소 국가여야 한다. 우리는 우리가 꿈꾸는 이상 사회가 최소 국가이든 최소 사회이든 간에 축소된 형태의 공동체에서 인간의 이상을 최상으로 구현할 수 있는 세계는 미래가 아닌 현재여야 한다는 점을 재인식해야 한다. "우리는 특정의 공동체 속에 살고 있다. 우리의 이상 또는 좋은 사회에 관한 비제국주의적 비전이 제시되고 실현되는 것이 여기에서이다."[128] 가장 이상적인 사회, 그것은 함석헌이 늘 꿈꾸어 왔던 세계임에 틀림이 없다. 거기에는 단순히 말로서만 옹알이를 했던 수준의 사유들이 아니라, 자신 스스로가 인문학적 소양을 가지고 그 이상 사회를 논했다고 볼 수 있다. 그 자신이 동서양의 사상과 종교에 매우 조예가 깊었던 사람으로서, 단순히 그러한 사상을 답습한 것이 아니라 그것을 뛰어넘어 새로운 시대적 사상을 열어 보여준 인문학적 인간이었다. 그 바탕에서 함석헌의 사상이 나왔고, 함석헌이 그린 민족의 이상과 시대의 전망이 나온 것이다. 그러한 지평에서 볼 때 함석헌이 생각했던 인문학적 인간이란 인간의 이성과 정신을 가장 핵심으로 삼는 알짬의 인간을 말한다. 그것은 곧 인간 정신의 뿌리–꼴을 만들어 주어야 나라와 민족이 산다는 것을 뼈저리게 깨달은 사상가였다는 점을 보아도 잘 알 수가 있다. 따라서 그 사유의 흐름 속에서 살고 있는 씨울들도 마땅히 그 인간 정신의 가뭇없는(보이던 것이 전연 보이지 않아 찾을 곳이 감감하다) 뿌리–꼴을 찾아야 할 것이다.

씨울은 망각의 트라우마를 극복하고 이성과 정신을 이상화하기 위해서 꿈틀거려야 한다!

앞에서 말했던 것처럼, 함석헌은 혼탁하고 혼란스러운 세계를 극복할 수 있는 길은 씨울이 생각하고 순수한 정신을 갖고 살아갈 때 가능한 일이라고 보았다. 그 생각과 정신은 곧 이상 세계의 현실이기도 하다. 물론 함석헌이 본 생각과 정신이란 현실을 파악하고 꿰뚫는 인간 속에 있는 '알지 못하는 신' 과 같은 것이요, "정신의 성운" 이요, "영의 설렘" 이다.[129] 그런데 오늘날 우리 민족의 현실과 세계의 문제는 바로 그 초월의 정신을 망각하고 물화시키고 있다는 데에 있다. 그럼으로써 인간은 태고의 에덴을 갈망하듯 자신의 트라우마에 운명의 고리를 걸고 헤매는 모습을 보게 된다. 트라우마는 결국 의식과 무의식의 경계를 헤매는 트라우마가 아니라, 이성과 정신, 생각이라는 본연의 의식에 대한 트라우마가 되어야 한다. 떠올리기를 완강하게 저항하는 무의식으로의 본능으로 퇴행하고자 하는 우리 자신 내면의 이상을 의식으로 올려서 이성화·의식화해야만 한다.

함석헌이 꿈꾸었던 유토피아는 공동체·삶·타자, 그리고 나와의 관계를 결정하는 공간적 의미이기보다는 시간 안에서 나라는 인간 의식·생각·정신의 흐름이라는 이상에 초점이 맞춰져 있다고 보아야 할 것이다. 다시 말해서 그는 유토피아의 공간성을 무시한 것이 아니라 정신과 생각의 의식적 흐름이라는 시간성에 더 무게를 두어, 그것을 통해서 공간성 안에서 이루어지는 모든 인간과 공동체의 활동들(정치 · 경제 · 자연 · 문화 · 기술 · 생명 등)의 희망으로 나아갔던 것이다. 그와 더불어 생각과 의식의 깨침은 어두운 시대의 철학적인 이상으로서, 그 실현의 주체를 씨울에게 둔다는 것을 알 수가 있다. 씨울이야말로 어두운 시대의 이상 구현자요, 초월적 삶의 가능성을 담지한 주체가 될 수 있기 때문이다. 그래서 함석헌은 우리에게 말하고 있다. "생명 자체 안에 희망이 있다. 희망을 가지는 것이 씨울이다. 품지 못한 씨울은 씨울일 수 없다. 사람은 다 씨울이다. 씨울에는 절대희망이 있다. 오늘 현실의 의미는 우리에게서 인류의 장래를 위한 씨울을 닦아내자는 데 있다."[130] 이상 사회는 공간적 · 시간적으로 늘 뒤로 미뤄지는 미완(未完)이기 때문에 모든 인류가 이상 사회의 일원이 될 수는 없을 것이다. 설령 그렇다

하더라도 지금 여기에 남아서 생명으로, 정신으로, 생각으로 버티고 있는 씨올인 우리가 함석헌이 말한 미완(美完/美琬)의 유토피아적 희망을 위해서 꿈을 틔우고 깨치는 꿈틀거림을 오롯이 보여주어야 하리라.

> 이상적인 것을 지향하려는 인간의 의지는 이 세상의 사회 가운데에서 가장 나은 사회 유토피아뿐 아니라, 이상을 담고 있는 모든 사고에도 담겨 있다. 한 사회에 대한 깨어 있는 꿈들은 하찮은 것이거나 의미 없이 형상화된 것들에 포함되거나, 내재해 있는 것처럼 보인다. 그렇지만 그러한 꿈속에서는 본질적으로 사회적 토대와 결부된 이상적인 무엇이 분명히 형성되어 있다.[131]

— 제7장 —

마르크스와 함석헌의 의식 변혁과 행동철학

1. 마르크스와 함석헌의 낯선 만남

오늘날 세계의 정치 경제적 상황과 우리나라의 사회적 분위기에서 마르크스(1818~1883)의 사상이 새롭게 조명을 받는다는 사실은 매우 고무적인 일이다. 그만큼 우리 사회를 비롯하여 세계의 현실이 암울하다는 것이고, 그에 대한 반성적 사고가 일어난다는 반증이기도 하다. 함석헌의 경우, 비록 한국 사회의 담론이 단순한 자기 계발서와 심리적 안정감을 주는 글귀에 시선이 고정되어 있다고는 하나 진지하고 무게 있는 사유를 하고자 하는 이들에게 여전히 매력적인 사상가임에 틀림이 없다. 그들의 글에서 나타나는 공통점은 개념이나 이론을 통해서 상대를 설득하려고 한다기보다 현실적 · 실제적인 언어를 사용하면서 독자로 하여금 어떤 행동을 하도록 추동시키는 힘을 가지고 있다는 점이다. 그뿐만 아니라 그들은 인간의 의식을 변혁하는 문제뿐만 아니라 행동하고 운동을 촉구하는 호소력과 감성, 그리고 치밀한 논리를 갖고 있음을 알 수가 있다.

그렇다면 지금 이 두 사람을 말한다는 것은 어떤 의미가 있는 것일까? 두 인물은 한 시대에 사상과 행위를 통해서 충분히 검증되었고, 그것이 긍정이든 부정이든 역사에 큰 족적을 남긴 것은 분명하다. 그에 따라서 대중들의 이 둘에 대한 평가는 한국 사회에서 첨예하게 엇갈린다. 그런 면도 두 사람이 가진 유사점이라면 유사점일 것이다. 그 이유는 두 사람의 철학과 사상이 단지 언어나 사변에 있지 않고 변혁과 행동에 있기 때문이다. 언어는 사람들을 쉽게 지치게 만들고 사변은 한갓 비현실적인 언어유희로 받아들여질 수 있다. 이런 의미에서 사람들에게 필요한 것은 끊임없는 변화와 변혁, 그리고 그것을 위한 행동이다. 변화나 변혁을 바라는 사람들의 마음은 조급하기 때문에 정적인(static) 것에 매여 있지 못한다. 동일한 선상에서 깊이 숙고하는 훈련이 안 되었기 때문에 무르익은 사유에서 나온 행동 또한 존재하지 않는다. 단발에 그칠 수밖에 없다. 그래서 말로써 대중에게 감동을 주고 그 감동을 자신의 감성적 이성을 통해서 직접적인 행동으로 옮기게 하는 것은 그리 많지 않다. 그러나 마르크스와 함석헌은 다르다. 그들은 이제 학의 박물관에서 박제가 되어 더 이상 거론의 대상이 되지 않는 인물이 아니라, 사회적 현상을 본질적으로 깊이 들여다보고 종합적으로 보게 만드는 통찰력을 제공해 준다고 하겠다.

이에 필자는 마르크스의 철학과 사상을 다루면서 인간의 의식과 세계 변혁에 관한 그의 논리를 살펴보고, 함석헌에게서 나타난 철학의 주체 혹은 변혁의 주체를 논하고자 한다. 그러고 나서 오늘날 이 세계와 사회가 진정으로 필요로 하는 철학의 방향이 무엇인지를 알아볼 것이다.

2. 철학은 의식의 변화이자 사회 변혁이다!

일반적으로 마르크스는 자본주의 사회의 화폐와 물신성에 따른 인간의 소외를 비판한 철학자로 잘 알려져 있다. 그는 자본주의 사회의 경쟁과 명령, 노동 시장의 냉혹함과 분업에서의 역할의 요구, 그로 인한 사회적 소외의 단면들을 고발하였다. 인간은 바로 그러한 사회 속에서 자신의 자유를 박탈당하면서 물화된 관계로 살아가게 된다는 것이다.[132] 따라서 인간은 자신의 위치를 인식하고 해방해야 할 텐데, 이를 위해 철학은 인간 스스로 역사적 역할과 함께 세계 변혁적·자기 변혁적 휴머니즘을 추구하게 한다.[133] 에리히 프롬은 이러한 인간다운 삶의 가능성을 위해서 경제적, 사회적 변화들이 필연적으로 요구된다고 보고 다음과 같이 말한다. "부르조아적 생활에서 발생하는 유물론과 싸우는 것 그리고 인간, 즉 창조적이고 '능동적인' 인간이 최고선이며, 풍요로운 인간이라는 개념은 많이 가진 자가 아니라 바람직한 삶을 영위하는 자로 변하는 사회를 창조하는 것이 마르크스의 목표"[134]였다.

마르크스는 인간이 자신의 노동을 통해서 자기 자신과 노동자를 하나의 상품으로 생산해 내는 현실, 그리고 인간 자신의 생활이 인간에게 대상으로 존재하는 현실, 나아가 인간의 인간에 의한 착취의 현실에 항거하고 저항하기 위한 인간을 상정한다. 그 인간은 사회적 인간이자 자연의 일부로서의 인간으로서 의식적으로 자신의 삶을 변혁시키려고 한다. 인간은 활동하면서 창조하고 의식적으로 행동하는 존재이자 역사의 창조자이다.[135] 마르크스는 「포이에르바하에 관한 테제」 제2테제에서 "인간의 사유가 대상적 진리를 포착할 수 있는지 여부의 문제는 결코 이론적인 문제가 아니라 실천적인 문제이다. 인간은 실천을 통해 진리를, 즉 그의 사유의 현실성과 위력 및 현세성(Diesseitigkeit)을 증명하지 않으면 안 된다. 사유의 현실성 혹은 비현실성에 대한–이 사유가 실천으로부터 유리되어 있다면–논쟁은 순전히 공리공론적인(scholastische) 문제에 불과하다."[136]고 말한다.

더불어 「포이에르바하에 관한 테제」 제11테제에서 매우 중요한 이야기를 했다. "철학자들은 세계를 단지 여러 가지로 해석해 왔을 뿐이지만, 중요한 것은 그것을 변혁시키는 일이다."[137] 이것은 "철학의 과제가 세계의 직관에 있지 않고 실천적인 변혁을 위한 세계의 연구에 있다고 할 때, 인간은 그러한 목적들을 실천적으로 도달하려는 일정한 사회적 이상으로부터 이끌어 내지 않으면 안 된다."[138]는 것과 맥을 같이 한다. 마르크스주의 인식론의 출발은 단순히 사변에 있는 것이 아니라 바로 세계의 변혁에 있다는 것이다. 그러나 인식의 주체로서의 인간에 관심이 없이 온전한 의미의 사회의 실천적 변혁은 불가능하다. 그래서 마르크스주의 세계관은 인간과 인간의 이상, 즉 사회적·정치적·미학적·윤리적 이상을 논하지 않고서는 성립할 수가 없다. 여기서 인간이란 사회적 구조 속에 있는 인간, 즉 '주어진 현실 속에서의 인간'[139]이라는 사실을 잊지 말아야 한다.

그렇다면 마르크스는 단지 인간에 대한 관심사와 사회적 변혁을 위한 행동을 역설했다는 점이 분명한데, 그 이유는 무엇일까? 한마디로 말한다면, 비인간화에 대항하는 인간과 혁명을 꿈꾸었다고 볼 수 있다. 다시 말해서 인간은 과연 살만한 가치가 있는가라는 삶의 의미를 물었을 뿐만 아니라 인간의 행복을 고민했던 것이다. 물론 그가 말하는 행복은 개인의 행복일 뿐만 아니라 사회적 행복이기도 했다. 개인의 행복은 사회적 행복을 통해서 성취될 수 있다는 것이 그의 생각이었기 때문이다. 그러므로 어떤 의미에서 그는 사회주의적 휴머니즘을 주창했던 것이다. 그의 계급투쟁에 대한 웅변적 외침과 인간 억압에 대한 증오는 결국 인간성과 형제애에서 비롯된 인간에 대한 깊은 애정과 사랑에서 시작된 것이라고 봐야 할 것이다.[140] 물론 그가 말하는 것은 인간의 메시아적 회복이 아니다. 다만 인간의 행복과 인간의 생존 자체를 위험에 빠뜨리고 있기 때문에 개인의 의식 변혁과 사회적 변혁을 동시에 꾀하고 있는 것이다.[141]

문제는 의식과 행위 혹은 이론과 실천 사이의 묘한 괴리가 철학 안에서 발생한다는 사실이다. 가라타니 고진(柄谷行人)은 그것을 '철학의 문제'가 아니라 '철학자의 문제' 라고 꼬집는다. 요컨대 철학자는 진리라는 가치 속에 몸을 숨긴다는 것이다. 오히려 철학자에 의해 진리에의 의지는 달라진다. 그렇다면 '진리란 무엇인가' 혹은 '무엇이 진리인가' 라고 묻는 것은 의미가 없다. '누가 말하고 있는가', 철학의 생산자를 물어야 할 것이다.[142] 왜냐하면 철학적 폭력, 즉 이론과 실천 사이의 괴리를 발생시키는 것은, 그가 말한 것처럼 철학의 문제가 아니라 철학자의 문제이기 때문이다. 마르크스는 이러한 이론과 실천의 거리를 좁히고자 했다. 아니 오히려 실천과 변혁 속에서 철학을 발견하고자 했다. 알튀세르(L. Althusser, 1918-1990)가 "그는[마르크스] 철학을 실천했다. 철학은 곧 실천이다. 이론이 아니다."라고 강력하게 말할 수 있었던 것은 그러한 배경에서 이해해야 한다.[143]

이렇듯 마르크스에게 철학의 이론과 실천의 거리를 좁히며 인간이 실천적 철학의 생산자가 된다는 것은 인간의 사회적 존재 곧 인간의 활동, 의식적인 활동과 연관된다. 인간은 사회적 존재로서 자기 창조의 활동적 존재이다. 그는 현재 속에서 미래를 실현해 가는 생성적 인간, 가능적 인간이다. 따라서 마르크스가 본 인간은 이론적, 개념적 인간이 아니라 변혁적 인간이다.[144] 지금 이 시대는 이론이 부족한 시대가 아니라 실천과 행동이 결핍된 시대라고 해도 과언은 아니다. 지식과 정보는 숱하게 생산되지만 정작 그것이 사회적 변혁의 힘으로 작용하고 있는가 하는 것은 의문의 여지가 있다. 어떤 의미에서는 이 시대는 진정한 철학이 결여되어 있고, 표층만 건드리는 얄팍한 일순간의 처세술과 같은 지식만 난무해서 그럴 수도 있다. 이러한 때에 마르크스가 말하는 인간의 창조적인 활동, 사회적 변혁으로서의 철학은 그 무엇보다도 절실하게 요청되는 때라 할 수 있다. 그가 「헤겔법철학비판서문」에서 밝히고 있듯이 인간의 정신은 바로 이 시대를 움직이게 하는 깊이 있는 철학에서만 발견할 수 있을 것이다.

철학이 프롤레타리아트 속에서 그의 물질적 무기를 발견하듯이 프롤레타리아트는 철학 속에서 자신의 정신적 무기를 발견한다. 그리고 올번개가 이 소박한 인민의 대지에 꽂히면 곧바로 독일 인민의 인간으로서의 해방은 완성될 것이다. 독일인의 해방은 인간의 해방이다. 이 해방의 머리는 철학이고 그것의 심장은 프롤레타리아트이다.[145]

이로 인해 마르크스는 노동자의 의식 변혁과 단결을 촉구하는 선언을 하기에 이른 것이다. '프롤레타리아들은 공산주의 혁명에서 족쇄 말고 잃을 것이 아무것도 없다. 그들에게는 얻어야 할 세계가 있다. 만국의 프롤레타리아여, 단결하라!'[146]

3. 씨올은 철학의 주체이자 사회 혁명의 가능성이다!

함석헌은 이론가를 넘어서 철학적 실천가요, 운동가라고 말할 수 있다. 그는 자신의 언어와 행위에 의한 철학적 생산을 통해서 씨올에게 철학적 사유와 철학적 행동이 배태할 수 있도록 힘을 북돋아 주었다. 그야말로 그는 스스로가 사상의 넝마주이가 되어서 인간의 혁명과 사회적 혁명을 위해서 자신을 불살랐던 인물이었다. "내 말은 쓰레기통 뒤지는 넝마주이의 말이다."[147] 그는 이처럼 씨올을 위해서 철학과 사상을 집약하고 말과 행동으로 풀어 시대를 호령했다. 그러나 단지 그의 언어와 행위가 곧바로 운동으로 나온 것이 아니다. 씨올은 먼저 생각하고 사유하는 것이 익은 다음에야 행동으로 이어질 수 있는 법이기 때문이다.

이 시대는 참 봄이 아니다. 겉 봄의 시대다. 오늘날 가장 인기가 있고, 가장 돈을 많이 버는 것은 쇼맨이요, 가장 많이 읽히는 것이 소설이요, 연극이요, 연극 중에서도 연극인 정치뉴스다. 전쟁 후의 세계는 기술은 발달하고 대신 정신은 후퇴한 것 같이 보이기 때문이다. 그렇지만 내 확신에는 변함없다. 죽어서도 생각은 계속해야 한다. 뚫어봄은 생각하는 데서 나온다. "생각하는 백성이라야 한다!" … 생각을 한다. 생각을 하는 것이 사람이니, 무엇을 생각하는 것인가? 생각이 생각을 낳고 생각이 생각을 먹는다. 무엇이 있는 것 같아도 생각에 다 들키면 안개같이 풀어지고, 아무것도 없는 것 같다가도 생각의 칼을 대면 형상이 나온다.[148]

그렇다. 먼저 '생각'이다. '생'은 생생함, 살아 있음을 내포하는 것이요, '각'은 깨달음, 깨우침이다. 그래서 생각은 삶의 현실성을 냉철하게 이성적으로 바라볼 뿐만 아니라 지금 여기에서의 행동을 늘 새롭게 하는 원동력이다. 그런데 함석헌은 지금 그 생각이 문제라고 말하고 있는 것이다. 가벼운 생각, 그저 지나가는 생각, 생각을 안 하려는 생각, 생각을 멈추려는 생각, 생각을 왜곡하려는 생각 등은 이 시대에 소용이 없다. 오히려 생각은 멈추지 않고, 쉬지 않고 "죽어서도 계속해야 한다." 백성이 살 길은 거기에 있으며 혁명은 거기에서만 나온다. 혁명이 거저 되는 것 아니요, 생각이 무르익지 않은 데서 나오지 않기 때문이다.

인간이 생각하고 의식을 한다는 것은 생명의 활동이요, 창조적 활동이다. 그래서 함석헌은 생각하는 존재가 진화의 선두에 있다고 말하며 "생명 그 자체가 생각하는 생명"이라고 주장한다.[149] 생명은 진화하면서 현재에서 과거의 기억을 보존하고 미래로 향해 나아간다. 이성의 직관은 사물의 본질을 파악하고, 지성은 도구를 만들어 외부적 환경과 끊임없이 상호적응하면서 살아간다. 의식과 물질의 관계에서조차도 인간은 살아남기 위해서 생각이라는 진화의 생명적 활동을 멈출 수가 없는 것이다.[150] 그러면 왜 인간은 생각하는 생명으로 진화할 수밖에 없는 것일까? 함석헌은 그것이 씨올이 갖는 세계-내-존재로서의 운명으로 말하고 있다.

> 오늘의 세계는 뉘 세계인가? 씨올의 세계다. 씨올이 무슨 씨올인가? 인류의 씨올이요 생명의 씨올이다. 오늘날 세계를 걱정하고 도리를 걱정할 사람은 씨올 밖에는 없다. 그들은 세계가 자기네들 안에 있고 자기네가 세계 안에 있음을 몸으로 알기 때문에 스스로 세계의 시민, 우주의 씨올인 것을 잘 알고 있어, 누가 시키기 전에 세계의 운명을 걱정하고 문명의 귀추에 비상한 관심을 가지고 있다.[151]

그러므로 씨올의 사유와 행동은 개인의 지평 안에서만 머무르지 않는다. 나아가 씨올의 혁명은 곧 개인의 혁명이 아니라 사회적 혁명이어야만 한다. 씨올이 품고 있는 새로운 세계관·새로운 우주관·새로운 인생관·새로운 역사관은 인간의 혁명을 가지고 오는 발원이 된다. 그래서 함석헌은 모든 혁명은 "마음의 혁명"이라고 했다. 말이 새로워지는 것, 새로운 정신을 가진 것, 종교적 혁명, 인격의 혁명, 혼의 혁명은 결국 나라의 혁명으로까지 이어진다. 개인과 인류가 사는 길은 "나라가 혁명을 함으로 살아날 것이다."[152]혁명의 주체로서 씨올의 정신은 정치의 정신화를 가져오며, 모든 향락주의·이기주의·안일주의를 타파하는 주체가 된다. 이것은 모든 씨올이 자유로운 정신활동을 할 수 있는 기반을 만들고자 함이다. 곧 이 땅의 평화는 모든 구속으로부터 자유로운 정신 활동을 가능케 하는 삶이어야만 한다. 정치의 정신화·문화의 정신화·교육의 정신화·종교의 정신화·경제의 정신화 등 혁명은 모든 면에 있어서 지혜로운 것으로 정착된다. 그러나 혁명은 결단코 억지로 하지 말아야 한다.[153]

혁명은 생각과 사유, 의식이 열리며 그 정점에서 자연스럽게 일어나야 하는 것이다. 역사적으로 볼 때 우리의 혁명은 늘 그러한 익은 정신이 없이 무리하게 진행되거나 일어났던 것이 사실이다. 극히 일부 계층의 의식의 깨어남으로, 또는 전체의 정신력을 무시한 단순히 무력(武力) 혁명으로, 또는 다수의 지지를 얻었다고는 하나 역시 폭력적인 혁명으로 나타난 것은 혁명의 주체가 씨울, 혹은 씨울의 정신에 있다고 하는 것을 망각했던 것이 아닌가 싶다. 혁명의 어려운 점이 바로 여기에 있다.

> 혁명은 정치가 달라지는 것을 말하는 것입니다. 달라지되 어느 한 부분만 아니라 전체를 온통 뜯어 고치는 일입니다. 혁명이란 말은 본래 옛날에 한 나라가 망하고 새 왕조가 들어설 때 썼던 말인데, 그 '혁'(革)자가 그 뜻을 나타냅니다. 혁은 익힌 가죽이라는 글자인데, 짐승의 날가죽 곧 피(皮)를 익혀서 털을 뽑으면 모양이 전연 달라져서 새 것이 됩니다. 그래서 '혁' 에는 '달라진다. 새로워진다' 는 뜻이 붙게 됐습니다. 혁명은 명(命)을 새롭게 한다는 말입니다. 명은 무엇인가? 천명(天命)입니다. 하늘 말씀입니다. 옛날에는 나라의 임금이 되는 것은 하늘 말씀을 받아서 된다고 믿었습니다. 그가 하늘 말씀대로 하는 때까지는 임금일 수 있으나, 그 말씀대로 아니 하는 날에는 그 천명은 떠나서 다른 데로 가고, 그것을 새로 받는 사람이 임금이 되어 새 나라를 세우게 됩니다.[154]

> 혁명은 누구를, 어느 일을 바로잡는 것 아니라, 명(命)을 바로잡는 일, 말씀 곧 정신, 역사를 짓는 전체 그것을 바로 잡는 일이다. 혁명은 죄와 싸우는 일이다. 혁명은 다른 것 아니고 이 사회 제도를 근본적으로 전체로 고치는 일이다.[155]

이렇듯 혁명은 세계의 일부분이 아니라 전체를 뜯어 고치는 일이기 때문에 지난한 일이다. 전체를 혁명한다는 것은 혁명의 주체가 달라지고 정신이 달라져야만 가능한 것이다. 함석헌이 말하고 있듯이, "그때나 이제나 나라의 주체는 민중이요 정치가 달라지는 원인은 민중의 생각이 달라지는 데 있"다. 따라서 사회적 변혁과 혁명은 씨올 스스로의 정신에 의한 작용이어야 하는 것이지 어디 다른 데에 있는 것이 아니다. 그것은 씨올의 정신이 사(私)를 위한 것이 아니라 공(公), 즉 인류 전체를 위한 것이라는 운명 공동체와도 연관되어 있다. 다시 말해서 혁명의 목적은 공, 즉 인류 전체를 살리기 위해서 사(私)를 죽이는 것이다.[156] 그리하여 개인의 정신은 곧 공적인 정신, 세계의 변혁을 위한 정신으로 드러나야 할 것이다.

4. 오늘날 철학은 행동철학이어야 한다!

마르크스와 함석헌의 중요한 공통점은 행동철학에 있다. 19세기와 20세기를 살았던 철학자이자 사상가로서 그들의 철학은 삶의 치열한 고민과 격변 속에서 배태된 철학이었다. 그래서 그들의 언어는 다급하고 다소 감성적인 수사학적 분위기를 담고 있는 것이다. 삶의 현실은 급박했고 철학과 언어는 그 현실을 담아내어 민중 혹은 씨올을 계몽하고 깨우치기 위해서 마음에 호소하고 행동하도록 고취할 수밖에 없었다. 마르크스는 자본주의 사회 속에서 노동자가 처한 현실(씨올의 현실)을 간파하고 그들의 의식 변혁과 혁명을 강조하였다. 잘 알다시피 그가 생각한 관념이란 물질이 의식에 반영된 것에 지나지 않는다는 이른바 유물론 철학이었다.

엄밀한 의미에서 함석헌은 유물론자는 아니었다. 하지만 베르그손과 샤르댕의 영향을 받으면서 의식과 물질의 상호 적응과 생성 철학을 전개시켰다. 나아가 외부 대상의 물질과 의식의 지속·생성 ·변화에 지대한 관심을 가지면서 사회·정치·경제·역사·종교 등에 그 개념들을 두루 적용시킨 관념론적 이상주의자라고 평가할 수 있다. 이에 반해 마르크스는 자신이 헤겔과 같은 관념론자가 아닌 유물론자라고 분명히 말하고 있다.[157] 하지만 마르크스는 사회 변혁과 자본주의를 비판하면서 노동자의 현실을 고발하였고 이상 사회의 도래를 추구했던 헤겔 좌파적 관념론자라고 말해도 지나치지 않을 것이다. 이 두 사람은 분명히 앙시앙 레짐(ancien regime)에 대한 강한 반발과 그에 대한 변혁을 시도한 사람들이다. 그들이 살았던 시대의 의식·체제·제도의 앙시앙 레짐에 대해서 혁명이 가능한 주체를 마르크스는 노동자로 보았고, 함석헌은 씨올로 보았다는 점에서 공통점과 차이점을 발견할 수 있다. 그럼에도 그들은 동일자의 밝음에 의해 가려진 타자화된 민중의 의식, 삶의 공간성을 확보하기 위해 분투하고 그 타자에 대한 시공간을 담론화하였다는 것은 부인할 수 없을 것이다.[158] 자본주의와 물질 사회에서 민중들의 삶의 공간과 의식이 황폐해져 가는 현실을 비판하고 그 대안을 민중의 의식 계몽과 행동철학에서 찾았다는 것 또한 둘을 유사한 맥락에서 이해할 수 있을 것이다.

김성수는 함석헌을 평가하면서, "분명하고 치밀한 계산 아래 움직이는 것이 마키아벨리적 인간형이라면, 함석헌은 씨올의 저항을 위해 잘 짜여진 어떤 전략이나 전술 프로그램도 갖고 있지 않았다. 전자가 남을 조종하는데 익숙한 반면 함석헌은 누구에게도 '무엇을 하시오' 라는 지시나 명령을 하지 않았다."[159]고 말한다. 일면 타당한 평가라고 생각한다. 그러나 함석헌은 씨올의 저항을 위한 전략과 전술을 만들어 주지 않은 것이 아니다. 의식의 계몽과 사회적 변혁을 위해서 분연히 일어나 행동할 것을 자신의 강연이나 저술을 통해서 수없이 강조하였다. 그런 면에서 씨올을 위한 함석헌의 전략과 전술은 다름 아닌 씨올의 정신 계도와 행동 변화라고 말할 수 있을 것이다. "나는 철학을 시작하자마자 왜 내가 존재하는가를 묻는다. 존재는 나에게 무의 정복으로 나타난다."[160] 베르그손의 존재 물음은 다시 인간의 생명은 진화요 진화는 자유라는 함석헌의 생각과 맞닿아 있다. 생명의 진화와 생성 운동은 의식과 물질의 근본 성격이다. 그런데 함석헌에게 생명의 근본 바탈은 자유이다. 그렇기 때문에 인간은 저항하고 혁명을 하는 것이다. 인간의 의식·정신·생각은 생명의 반사·반성 작용이다. 되돌아옴이다. 그래서 그는 혁명(revolution)을 '다시 돌린다.', '고쳐 돌린다.', '돌아간다.'로 풀면서 궁극적으로 맨 처음 원리, 제일 원리도 돌아감이라고 말한다.[161]

마르크스와 함석헌을 동일한 개념으로 평가한다면 '활동적 삶'(vita activa)이라고 말할 수 있다. 그들은 의식과 행동을 재생산하는 철학자, 삶을 근본으로부터 해석하고 민중과 그들의 삶의 조건을 해방시키려고 자신의 삶을 시대의 운명 속으로 내던진 철학자들이었다. 그런 의미에서 그들은 삶을 관조하지(vita contemplativa) 않고 활동적 삶으로써 시대가 안고 있는 과제를 해결하고 바꾸려고 하였다(displace). 삶이 있어야 할 위치(place)를 벗어날 때 다른 삶을 대체, 대치시키기 위해 행동하고 그 자리에 새로운 삶을 놓으려고 했던 것이다.

마르크스가 인간의 의식과 행동을 새롭게 옮겨-놓으려고(displace) 마다하지 않았던 행동강령은 계급투쟁이었다. 함석헌은 마르크스의 계급투쟁의 논리와 그의 유물론적 변증법의 역사관을 강력하게 비판하면서 마르크스가 역사를 잘못 보았다고 말한다. "역사는 묻고 대답하는 것이지 계급 사이의 문답은 아니다." 더 나아가서 마르크스의 유물론적 변증법이 비과학적이라고까지 비판하는 것은 그가 유물론자가 아닌 관념론자("말씀은 물질에 있을 수 없다. 뜻은 정신에만 있다.")라는 것을 반증한다.[162] 정신은 혁명적이라고 말하는 그의 혁명의 골자가 시대를 새롭게 하는 혁명 정신, 새로운 도덕, 새로운 윤리를 세우자는 데에 있다고 할 때 마르크스와 같이 새로운 계급이나 사회적 구조, 계급투쟁의 혁명이 아님이 분명하다. 여기서 함석헌의 관념철학적 윤리가 드러난다. 그러나 그의 철학은 관념론에만 안주하지 않았다. 간디(Mahatma Gandhi, 1869-1948)로부터 영향을 받은 비폭력 철학은 그의 행동철학과 동일한 개념이나 다름이 없다. 비폭력 철학이야말로 관념을 넘어선 행동철학이다. 여기에서 마르크스와 함석헌은 비록 이념은 같다 하더라도 행동 철학과 실천 방식은 확연하게 갈라서게 된다.[163] 게다가 마르크스에게 인간은 자연적 존재이고 인간의 의식은 물질주의적 의식에 지나지 않으며 또한 그의 철학이 비관념적이고 비사변적일 수밖에 없었던 것은 철학과 과학이 자연과 사회의 경험적 현실을 묘사하기 위한 것이기 때문이다. 다시 말해서 그의 철학은 추상적이지 않은 구체적 인간의 노동, 산업, 생산이라는 토대 위에서 구축된 경험철학이자 현실의 검증 철학이라고 봐야 할 것이다.[164]

5. 다시 철학의 잰걸음을 위하여

지금 우리 사회는 두 가지 딜레마에 빠져 있다. 하나는 자본주의 사회의 병폐인 물질적 풍요와 그로 인한 소비적, 향락적 삶에 경도되어 있다는 것이고, 또 다른 하나는 이성과 정신이 메말라 갈 뿐만 아니라 그것을 바로 세우지 못하고 있다는 것이다. 이 둘의 관계는 떼려야 뗄 수 없는 관계이다. 따라서 이러한 현실과 상황을 타개해 나갈 수 있는 철학적 · 사상적 자양분이 필요하다고 할 때 마르크스와 함석헌은 제격이다. 오늘 마르크스와 함석헌을 재조명하고 재해석해야 하는 이유가 바로 거기에 있다. 의식과 정신의 깨우침과 더불어 삶의 근본 행동을 달리 하도록 만드는 것은 결코 쉬운 일이 아니다. 그것은 반드시 내부의 정신적 밭갈이를 가능케 하는 철학이어야 한다. 현 시대의 철학적 자극과 치료는 그저 잔물결의 피상적 지식으로 될 일이 아니다. 인간의 정신적 바탈을 새롭게 드러내야 할 뿐만 아니라 사회 전체의 변혁을 가져올 수 있는 행동을 유도하는 철학이어야만 한다.

설령 클라우스 호르눙(Klaus Hornung)이 매우 비판적으로 평가하는 것처럼, 마르크스에게 혁명이란 인간의 해방과 자유의 성취보다도 새로운 세상, 새로운 시대, 새로운 인간의 창조력이라는 오만이었다고 하더라도 그가 노동자들에게 하나의 해방철학적 인식, 정신의 해방을 위한 단초를 제공한 것은 부인할 수 없을 것이다.[165] 함석헌은 인간 혁명과 철학의 근본을 '저항'에 다 두고 있다. "사람은 저항하는 거다. 저항하는 것이 곧 인간이다. 저항할 줄 모르는 것은 사람이 아니다."[166] 시대의 그릇됨과 인간 본질의 퇴락이라는 현실에서 인간은 올바른 시대를 구현하고 인간 본질을 회복하기 위해서 저항하고 혁명해야 한다는 것이다. 당면한 현실을 볼 때에 다시 처음 원리도 돌아가기 위해서 현재를 속이는 온갖 비인간적인 것을 본질적으로 꿰뚫어 보면서 자신의 의식을 변혁하고 행동을 혁명으로 발전시키는 것은 이제 씨올의 과제가 되었다.

마르크스와 함석헌. 이 둘을 비교 분석하는 일이 이 짧은 글로 다 담아내는 것은 역부족이다. 다만 철학이 세계를 해석만 하거나 혹은 사변으로 그쳐서는 안 된다는 사실이 더욱 분명해졌다. 그러기에 철학은 소걸음이 아닌 잰걸음으로 가야만 한다. 그들이 살았던 시대만큼이나 이 시대가 그것을 허락하지 않는다. 자본주의 사회는 인간·시공간·문화·자연·생명 등 모든 것들을 상품화하려고 한다. 인간은 기호와 이미지에 포장된 하이퍼리얼리티를 소비하며 자기 자신마저도 소비하는 존재가 되고 말았다. 어쩌면 의식의 변혁도 저항도 혁명도 할 수 없는 상태가 되었는지도 모른다. 그래서 더욱더 삶의 레지스탕스가 절실하게 요청되는 것이다. 이제 선택해야 한다. 저항할 것인가 아니면 순응할 것인가, 혁명을 할 것인가 아니면 자멸을 할 것인가. 그것은 오로지 철학하는 자, 즉 죽어서도 생각하는 자에게 달려 있을 것이다.

— 제8장 —

함석헌의 역사와 문화, 그리고 종교적 인간의 이해

1. '종자연'에 대해 딴죽 거는 교회의 역설

지금 일부 교회(단체)에서는 교회 혹은 종교의 교육, 종교의 인권, 종교의 차별 문제와 관련하여 정부가 한 종교시민단체에게 용역을 맡겼다는 것에 문제 제기를 하고 나섰다. 그것은 종교적 편파성이자 부당한 처사이기 때문에, 정부가 한 종교와 관련된 종교시민단체에게 정책을 맡긴 것은 엄연히 잘못된 것이라고 주장한다. 더불어 그에 대한 공정성의 문제를 제기하고 심지어 그것이 종교 간의 갈등을 조장할 수 있는 계기가 될 수 있다고 우려를 표명했다. 그러면서 그것을 해소하는 길은 정부가 그 용역을 철회하는 것임을 분명히 하였다.

그러나 가만히 보면 종교용역사업은 종교 간의 갈등을 일으키지 말자, 혹은 종교의 차별 문제에 대해서 가급적 객관적으로 다루도록 하자는 취지에서 출발한 일이다. 물론 그 단체가 한 종교 공동체와 직간접적인 연관성이 있다고는 하나, 그렇다고 해서 객관성을 결여하고 편파적인 결과를 유도하여 그리스도교를 비판하는 구실로 삼지는 않을 것이다. 그렇다면 역으로 그것을 그리스도교와 연관이 깊은 시민 단체가 맡는다면 자체 내의 종교 인권 및 차별 문제 등을 객관적으로 짚어 낼 수 있다고 보는 것인가? 일부 보수적인, 그리고 소박한 생각을 가진 교회연합단체가 발끈하는 더 근본적인 이유는 그 용역을 맡은 주체가 '불교 단체' 라는 것 때문이 아닌가?

그런 측면에서 볼 때 아직 우리 사회는 종교적 이권 다툼, 혹은 종교적 패권 다툼, 혹은 종교적 영역 다툼으로 19세기를 넘어서지 못하는가 보다. 작가 이상(李箱)의 시를 빗대어 표현한다면, "20세기를 생활하는데 19세기의 도덕성밖에는 없으니 나는 영원한 절름발이로다." 하는 말과 무엇이 다르겠는가. "아메리카의 '자유주의' 라는 것은 19세기 영국의 '자유주의' 와 마찬가지로, 소위 자유주의적 제국주의입니다. 자유로운 경제활동을 방해하는 것이 있으면, 군사적으로 과감하게 해치웁니다. 이 자유주의는 당시 사상으로 말하자면 스펜서의 사회적 다원주의입니다. 알기 쉽게 말하자면 '약육강식' 입니다."[167] 가라타니 고진의 말처럼, 오늘날의 종교도 여전히 제국주의적 약육강식의 논리를 벗어나지 못하고 있는 것이다.

슬픈 그리스도교. 19세기의 도덕성을 향수로 살아가는 그리스도교. 자칭 우주적 구원을 논하는 신학에 모순을 초래하는 것이 아닌가. 우주는 그리스도교만의 우주가 아니라, 인간 모두의 우주일진대 지금 그리스도교는 자그마한 정책 영역을 놓고 아옹다옹 갈등을 일으키고 있다. 그 저변에 흐르는 논리도 매우 자의적이고 자기중심적이다. 지금까지의 종교 간 갈등의 중심에 그리스도교가 있었음에도 불구하고 마치 현정부로부터 '종교차별 실태조사 연구용역' 을 부여받은 '종자연'(종교자유정책연구원)의 문제가 종교 간 갈등의 문제로 확산될 우려가 있다는 듯이 말하는 것은 어불성설이다. '종자연' 이 종교편향문제, 종교인권문제 등 종교 문제를 다루겠다는 것에 대해서 그리스도교는 시민 단체의 단순한 비난과 비판이라고만 생각하지 말고 오히려 자성의 기회로 삼는 것이 옳다고 본다. 종교가 타자에 의한 비판을 견뎌낼 수 있을 때 비로소 더 건강한 종교가 될 수 있다. 그것이 그리스도교 자체 내 검증 기구의 비판이 되었든 아니면 타종교의 검증 기구가 되었든 종교는 모든 비판으로부터 자유로울 수가 없다.

나아가 특정 종교의 시민 단체가 타종교를 검증·비판한다고 하더라도 겸허하게 수용할 수 있는 자세가 되어야 한다. 그리스도교 공동체의 자체 내 검증 기관이 아니라면 수긍할 수 없다든지, 정부가 타종교에게 용역을 맡겼기 때문에 감히 그들이 그리스도교를 흠집 낼 수 없다는 식의 거부 반응은 자신의 종교에 대한 오만이다. 아마도 그리스도교 내부의 진보 단체가 똑같이 보수 교단의 실체를 검증 · 비판하겠다고 했더라도 예민하게 반응하였을 것은 분명한 사실이다.

그리스도교는 넉넉하고 여유로운 마음으로 타종교의 시선을 바라보고 또 받아들일 수 있는 종교여야만 더욱 발전할 수 있다. 우리 종교 이외에는 안 된다는 배타적인 태도라든가, 왜 정부는 용역을 불교 산하의 종교시민단체—사실 엄밀하게 말하자면 불교 산하 단체도 아니다—에게 편파적으로 맡겼단 말인가 하는 식의 색안경은 벗어 버리도록 하자. "하느님을 섬기는 법은 물론 인간들 상호간의 행위에 대한 법도 정했다. 그러므로 하느님의 나라에서는 정책과 시민법은 종교의 일부분이며, 따라서 세속적 지배와 정신적 지배의 구별은 존재하지 않는다."[168] 이런 상식을 갖고 있는 그리스도인이 하늘나라를 앞당겨 사는 사람들이라면 시민 단체의 세속적 평가도 너그럽게 받아들일 수 있는 용기가 필요하다. 예수도 유대교 내부의 진보적 비판자였다. 그는 유대교도 변해야 한다고 생각했을 것이다. 앞에서 이상의 말을 빌려서 말했다시피, 과거의 도덕성, 과거의 종교적 사고로 그리스도교의 현재와 미래를 발 묶어서는 안 된다. 다원화되고 다문화된 사회 속에서 종교의 목소리는 여러 목소리 중의 하나일 뿐이지 유일한 목소리가 될 수는 없다. 그리스도교가 유일한 목소리로 자처하면 자처할수록 다양한 비판의 목소리는 더 거세질 수 있다는 것을 명심하자. 이상의 말을 한마디 더 앞세워 말한다면, 이참에 바깥의 검증과 비판을 통해 비상(飛上)하는 그리스도교의 모습을 보여주었으면 좋겠다. "날자. 날자. 날자. 한 번만 더 날자꾸나."

그 한 번이 그리도 어렵단 말인가.

2. 그리스도인으로 존재한다는 것

그리스도교를 아는 것과 그리스도인으로 존재하는 것은 엄연히 다르다. 간디는 그리스도 없는 그리스도교를 말한 적이 있다. 그리스도가 곁에 없는 종교, 그리스도와 함께 하지 않는 그리스도교에 대한 비판의 목소리였다고 생각한다. 지금 그리스도교의 현실도 크게 다르지 않다. 역사 이래로 그리스도를 닮기 위한, 그리스도와 함께-있음(Mit-sein)이라는 존재적 삶을 살기 위해 몸부림쳤던 성인들이 많이 있었다. 그들은 응당 그리스도교라면 그리스도를 항상 곁에 모시고 있다는 것을 자신의 삶을 통해 드러내야 하는 것이 마땅하다고 여긴 사람들이었다.

그래서 그리스도교 역사에서 그들은 당시의 문화적인 측면에서 늘 아웃사이더였고 대항적(counter)이었다. 좀 더 완화된 표현으로는 대안적(alternative)이었다고도 볼 수 있다. 다시 말해서 그리스도교 안에서 그리스도 닮음이라는 표상적 삶을 제시해 주지 못할 경우에는 그러한 성인들이 등장하여 그리스도교가 썩지 않고 쇄신해 나가는 힘을 얻을 수 있었던 것이다. 그런 인물들을 거명하라면 성 베네딕도·성 프란치스코·이세종·이현필·유영모·함석헌 등의 영적 스승들을 꼽을 수 있을 것이다.

이미 자본화에 물들어 버린 종교가 과연 자체의 정화 능력을 가지고 종교 본래의 영성적이고 정신적인 측면을 회복시켜 나갈 수 있을 것인가 하는 것에 대해서는 매우 회의적이다. 종교가 문제가 생길수록, 종교 안에서 반성적인 힘이 약화될수록 종교는 외부적인 힘을 빌려서 종교의 꼴을 유지하려고 노력하였다. 정치·권력·물질·선교 확장·건축 등을 통해 더 자신에게 몰두하고 빠지는 현상이 많이 있었다. 그러나 정작 그러할수록 종교는 자신의 내면으로 들어가야 한다. 내면에서 신을 통해서 자신의 참된 자리를 찾아야 한다. 동시에 자신의 영적 상태를 다시 점검하되 정직하고 진실하게 접근하며 진단해야 한다.

피상적인 운동이나 개혁으로는 소용이 없다. 자신이 갖고 있는 것들을 내려놓지 않은 상태로, 지금의 기득권을 유지한 채로 참된 그리스도인이 되겠다고 다짐하는 것은 어불성설이다. "다 버리라"는 예수의 말씀에는 타협이 없다. 무엇을 버려야 할 것인가는 개인이 처해 있는 현실 속에서 너무나도 잘 알 것이다. 종교의 본질과는 관계없는 시간·권력·물질·명예·부를 여전히 절대적 향유의 가치로 생각하면서 종교가 쇄신되기를 바랄 수 없는 노릇이다. 게다가 그것은 그리스도인이 그리스도와 함께-있음, 그리스도의 곁에-있음(Bei-sein)이라는 실존적 신앙과도 전혀 부합하지 않는 것이다.

지금 죽음의 문화·자본의 문화·허무의 문화·향락의 문화 등 이 사회 곳곳에서 뿌리 내리고 있으면서 사람들의 삶을 좀먹고 있는 문화에 대항하고 대안적인 삶을 역설하는 종교가 필요하다. 그러기 위해서는 그리스도교라는 종교 안에 그리스도와 함께-있음이라는 삶의 변화들을 보여주어야 하며, 그렇게 결단을 내리며 올곧게 살아가도록 그리스도가 곁에-있음을 확인하게 된다면 세상의 반생명적 문화, 비인간적 문화가 극복될 수 있지 않을까? 물론 이것은 비단 그리스도교라는 특정 종교에만 해당되는 과제는 아니다. 모든 종교가 서로 뜻을 같이 하고 종교적 삶 그 자체가 보편적 가치로서 인식되어 현대인의 삶에 대안적인 삶으로 다가갈 수 있는 설득력이 있어야 할 것이다.

수련(discipline) 혹은 훈련이라는 말은 제자(disciple)에서 온 말이다. 그리스도교에서는 모두가 예수의 제자라고 말한다. 제자들은 예수에게 매료된 사람들이다. 그래서 그와 함께 살고 그와 동행하면서 평생의 수련자처럼 살겠다고 다짐한 것이 아니겠는가. 이 사회가 생명력이 넘치는 사회, 생명을 존중하는 사회, 사람을 귀하게 생각하는 사회, 자연을 사랑하는 사회가 되려면 먼저 그리스도인들이 뼈를 깎는 고통의 자기 수양, 자기 훈련이 반드시 필요하다는 것을 알아야 할 것이다. 그래서 그리스도교를 아는 데 그치지 말고 진정으로 그리스도인으로 존재해 주기를 바란다. 그리스도교뿐만 아니라 이 사회 전체가 자기의 제자리를 잡을 수 있도록 말이다.

3. 보편적 세계 사상의 결핍

우리는 사상의 결핍 속에 살고 있다. 사유와 사고를 계도하고 계몽하는 생각의 지표, 생각의 좌표가 없는 것이다. 그것은 그려지지도 않고 있다. 함석헌이 염려하고 있었던 것이 그것이다. 새로운 시대가 열리면 그 시대가 필요로 하고 동시에 그 시대에 걸맞은 시대적 사상이 있어야 한다. 올바르면서도 깊이가 있는 시대적 사상이야말로 사람들의 삶을 이끌고 갈 수 있기 때문이다. 그렇다고 시대의 사상이 경제적 가치일 수 없고, 시대의 사상이 정치적 이념일 수 없고, 시대의 사상이 인종의 정신일 수 없고, 시대의 사상이 남녀의 인식론일 수 없다. 시대의 사상은 "보편적 세계 사상"[169]이어야 한다.

나라·민족·인종·좌우·흑백·빈부 등을 떠나 하나의 이상을 꿈꾸게 해 줄 수 있는 것이어야만 한다. 그것을 함석헌은 "새로운 세계 이상"[170]이라고 말한다. 벌고 또 벌어도 끝이 없는 물질적 욕망과 결핍, 배우고 또 배워도 채워지지 않는 학문적 절망, 만나도 해소될 수 없는 의사소통 장애, 대화의 단절, 절대로 이룰 수 없는 무한의 성적 욕망은 도대체 우리가 무엇을 생각하는가, 무엇을 이루고자 함인가, 무엇을 위해 살고자 함인가라는 삶의 근원적인 물음을 던지게 만든다.

따라서 달라져야 하는 것은 육체·주택·지위·명예·권력·연봉·학벌 등이 아니라 "머리가 달라져야 한다. 달라져도 웬만한 정도가 아니라, 아주 근본적으로 달라져야 한다."[171] 의식과 정신의 근본적인 변화가 일어나지 않는데, 이 사회와 이 세계에 어떻게 희망을 논할 수 있겠는가. 국가와 사회, 그리고 세계의 희망은 정치와 경제의 희망보다 앞선 의식과 정신, 즉 머리의 근본적인 변화이어야 한다. 그렇게 될 때 모든 것이 달라질 수 있다. 다시 말해서 사상이나 의식이 삶을 깨어나게 하는 것이다. 앞에서 말한 유한적인 것의 일반은 인간의 이성과 삶을 깨어있게 하지 못한다. 오히려 그러한 것들은 인간의 이성과 의식, 정신을 좀먹고 황폐하게 만든다. 그렇다면 이 시대에 가장 필요한 것은 삶 전체가 깨어날 수 있는 보편적인 사상, 보편적인 세계 사상을 마련하는 일이다. 그것이 인간의 의식을 진보시킬 뿐만 아니라 삶을 진보시키기 때문이다.

세계를 깨어 있도록 하는 사상은 보편적인 것, 즉 나에게도 삶을 추동하는 것이어야 하지만 타자에게도 삶을 동일하게 추동하는 것이어야 세계 사상일 수 있다. 그럴 때 인류는 더불어 진보하며 그 세계 사상 아래에서 삶을 직관하는 새로운 눈이 열릴 수 있는 것이다. 그런데 지금 사상이 없다. 있는 것이라고는 오로지 욕망과 욕심으로 일관된 세계사적 위기, 그 위기 속에 어떠한 사상적 토대를 마련해 줄 수 없는 인간의 나약한 한계의 체험뿐이다.

정치의 움직임 속에서, 경제의 위기 속에서 우리가 찾아야 할 것은 새로운 사람이나 새로운 경제의 해방구가 아닌 새로운 사상, 새로운 의식, 새로운 정신으로서 국가와 민족, 사회와 세계를 이끌고 나아갈 보편적인 세계 사상, 보편적인 세계 이상이라는 사실을 다시 한 번 기억할 필요가 있다. 자본이 생각하지 않을 때에, 성이 과도한 본능에 충실할 때에, 정치적 열망이 또 다른 의식을 속일 때에, 몸과 이성을 통해 세계의 사상을 만들어서 또 하나의 새로운 세계를 구축할 수 있도록 씨올은 자신의 지배권을 행사할 수 있어야 한다. 그것은 함석헌이 꿈꾸는 보편적인 세계 사상이 한갓된 환상이나 백일몽이 아니라 세계와 사회의 옛 질서를 완전히 바꾸는 이성의 자기 성찰적 상상력임을 입증해 내는 일일 것이다.

4. 자신의 길을 내라!

길은 멈춘 적이 없다. 길이 길 아닌 적도 없다. 길은 사람과 함께 존재해 왔기에, 길은 사람의 고향이다. 길에서 태어나 길에서 죽는다. 그래서 길은 지나감이요 지나가야 할 길인 것이다. 스스로 길을 내고 살아야 하는 살아감의 길, 즉 삶의 길이다. 길을 내지 않아도 길은 길이다. 길은 선험적이고 초월적이다. 함석헌이 "사람이 길을 낸 것 아니요, 길을 걷는 것도 아니요, 도리어 길에 떨어진 한 알이 사람이다."[172]라고 말한 이유가 거기에 있다.

수많은 길이 있다. 사실 길 없는 곳이 없다. 다닌 길은 나닐 길이고 나닐 길은 계속 다닐 길이다. 그러나 길 아닌 곳은 가지 말아야 한다. 사람들은 자신의 길을 가기보다 다닌 길을, 간 길을 가려고 한다. 자국이 남은 길이 편하고 안심이 될 뿐만 아니라 안정을 주기 때문이다. 그렇다고 다 길이 아니다. 아닌 길임에도 불구하고 그 길로 갔기 때문에 길이 생겼을 뿐이다.

길을 만난다는 것은 매우 중요하다. 하지만 그보다 더 중요한 것은 길을 내는 것이다. 반드시 참 길, 삶의 길, 다닐 길을 내야 한다. 내가 내야 비로소 길이 된다. 다닌 길을 가는 길은 진리·참 길이 아닐 수 있다. 그러기 위해서는 가야 한다. 가야 할 목적지가 있어서 가는 것이 아니라 가야 하기 때문에 가는 것이다. 함석헌은 "길이 참이다. 기르는 것이 참이다. 갈 길 있는 것 아니다. 감이 길이다."[173]라고 말한다. 가고 감. 가는 것은 삶을 감는다, 마음을 감는다는 것이다. 가는 것은 감기 위해서 가는 것이다.

오늘날 사람들은 삶을 감고, 마음을 감기 위해서 길을 가지 않는다. 오직 남이 낸 길을 따라 똑같은 흔적을 남기려고 할 뿐이다. 그러니 새로운 길이 나지 않는다. 새로운 길이 나야 새로운 삶이 열린다. 새로운 길을 가야 새로운 씨가 될 수 있다. 그래서 길은 기르는 것이다. 나를 기르는 길이다. 그런데 그 길은 같은 길이 아닌 늘 다른 길이다. 길은 늘 거기에 있지만 그 길을 가는 나는 다른 시간 다른 길을 만난다. 길의 신비, 길의 진리는 현상을 넘어 우리를 이끄는 세계를 지시한다. 길은 있음이지만 반드시 가야 있는 것이다. 길의 형이상학은 넘어선–곳, 넘어서–있는–곳에 새로운 나를 놓아야 함을 말한다. 그래서 길은 시간성과 공간성을 동시에 갖는다. 새로운 존재는 시간성을 나타내지만, 넘어서–있는–곳, 혹은 넘어서–있을–곳은 공간성이다. 넘어서-있는-곳은 다시 너머에–있는–곳이다.

길은 '너머'가 없다면 '넘어'는 무의미하다. 의미 없는 넘어의 길은 의식과 행위의 불가능성을 낳지만, 길과 너머는 인간의 삶을 추동하는 원인체이다. 길을 떠나는 사람은 항상 넘어서, 너머에–있는–곳을 향해 간다. 길의 형이상학은 너머의 존재를 해명하려 한다. 그것은 길을 가는 자가 향해–있음을 밝히는 것이다. 향해–있음의 존재는 향해-있는 존재의 본질이 향해야–할–곳을 본다. 지금 향해–있는–곳으로부터 향해야–할–곳, 즉 너머에–있는–곳으로 향해 가려고 한다. 정부가 KTX를 민영화하겠다고 한다. 민자 유치해서 성공한 사례가 있었던 말인가? 씨알의 고통은 어쩌려고 하는 것일까. 청계광장에는 미국산 수입 쇠고기 반대, 총선부정, 원전반대 촛불 시위가 일고 있다. 국가 정치 경제는 이미 낸 길을 날 길로 바꾸려 함인지, 아니면 낸 길을 새로운 길로 하겠다는 것인지, 씨올은 갈팡질팡 갈피를 못 잡는다. 그러다가 어느 순간 씨올은 난 길을 낼 길로 알고 자기의 길인 양 가고 말 것이다.

길은 길기 때문에 아무도 지레짐작할 수 없다. 그러므로 가야 비로소 길을 알 뿐이다. 모두가 저마다의 길을 간다. 길을 가기 전, 길을 가는 도상이라도 그 길이 참 길인지를 잘 살펴야 할 것이다. 더불어 현재 향해-있는-곳이 과연 향해야-할-곳으로 가려고 하는 것인지를 자문해야 할 뿐만 아니라 그리로 가기 위한 처절한 몸부림이 있어야 할 것이다.

5. 대립이 아니라 평화, 상호부조여야 한다!

현실적인 것은 자신이 아니라 자신의 상처라는 것을 알았었다.(Joe Bousquet)

대부분의 전쟁은 지배자들이 만들어 내는 것이다. 민중이 원해서가 아닌 강제 통일을 하는 그들은 언제나 그 방책에 맘을 썩이고 있다. 오늘날에도 전쟁까지는 아니라도 민중의 의사에 거슬려 통치하는 지배자들은 공연히 다른 나라에 대하여 적개심을 일으키려 하는 일이 많다. 그러나 세계의 대세는 결코 국민과 국민 사이의 대립이 아니고, 지나간 날의 원수를 잊어버리고 단단히 손을 잡아서만 너도 나도 살 수 있는 오늘이다. 생물은 사실은 서로 도움으로써 살아가게 되는 점이 많다. 같은 생물의 현상을 놓고 크로포트킨은 『상호부조론』을 쓰지 않았나? 동족 사이에 서로 살겠다고 남을 죽이는 것은 인간에게만 있는 일이지 동물에겐 없다.[174]

6·25전쟁이 발발한 지 62주년이다. 아직까지도 수많은 사람들이 가슴 아파하며 살아가고 있고, 전쟁의 트라우마에서 완전히 자유롭지 못한 게 사실이다. 함석헌은 전쟁이란 대부분 지배자들이 만들어 낸 것이라고 말한다. 당시의 국제정치적 상황들과 역학 관계를 보았을 때, 그의 진단은 과장이 아니라고 본다. 누가 그 전쟁을 원했다고 볼 수 있는가. 민초들의 의사와는 상관없이 일어난 전쟁이었다. 그 속에서 피 흘리며 죽어 간 사람들은 대부분 민초들이었다. 그렇다고 해서 계속 한쪽을 배제하며 적개심을 품고 살아가는 것은 이득이 되지 못한다. 그것을 정치적으로 역이용하는 것 또한 온당치 못한 행위인 것 같다. 트라우마를 들추어내고 그것을 치유하려는 의지가 아니라, 지속적으로 무의식을 현실화시키는 작업을 통해서 적개심과 부정적 심리를 자극한다면, 우리는 이념적 상처에서 절대로 헤어나지 못한다.

함석헌이 말하듯, 마음에 달려 있다. 마음을 어떻게 치유할 것인가? 역사적 치유와 함께 개인의 치유는 곧 민초의 마음에 달렸다는 말 아닌가. 민초들에게는 결코 죄가 없다고 하지만, 전쟁의 원형은 우리 모두의 마음에서 비롯되었으니 다시 마음으로 들어가야 한다고 역설하는 것이 아닌가.

> 우주와 인간의 근본이 뚫려 밝아지는 날, 완전에까지는 아니라도 그런 가능성이라도 환히 보이는 날, 달라질 것은 사람 자기의 마음이다. 그리고 모든 문제는 그 마음 하나에 달렸다. 사람과 사람 사이의 전쟁은 결국 각 개인 제 가슴 속의 전쟁의 반영에 지나지 않는다. 땅위의 평화가 온다면 그것은 사람의 가슴 속의 평화의 나타남일 것이다.[175]

달라져야 한다. 사건을 뛰어넘어 새로운 세계를 가져오려면 달라져야 한다. 전쟁으로 인한 숱한 죽음과 아픔은 개인의 아픔이기 이전에 역사의 질곡이고 인간의 상처이다. 싸움과 싸움이 점철되어 온 역사, 그 인간의 역사를 극복하지 못한 또 하나의 전쟁이 우리 한국전쟁이라는 사실이다. 그것은 인간의 속마음의 투사였던 것이다. 누구를 탓하기 전에 폭력으로 얼룩진 현실은 전쟁의 사건으로 비화된다. 따라서 마음을 달리하고 가슴을 새롭게 하여서 평화를 이룩해야 한다. 평화만이 살길이다. 평화만이 새로운 삶의 사건을 만들어 낼 수 있다.

죽음은 개인의 죽음이자, 역사의 죽음이다. 하나의 사건, 우리 앞에 현시되지 말아야 하는 사건이 일어났을 때 그 사건을 뛰어넘어 새로운 삶의 사건, 평화의 사건을 이루려고 했던 이 땅의 선혈들의 죽음은 '모든 것의 죽음' 이기도 하다. 과거를 되뇌며 '모든 것의 죽음' 을 너의 죽음으로만, 나의 죽음으로만 한다는 것은 어불성설이다. '모든 것의 죽음' 은 '몰랐던 것의 죽음' 이라는 사실도 잊지 말아야 한다. 중요한 것은 전쟁을 현실로부터 추방하는 것이다. 전쟁의 날을 사유하되 불행의 현실이 되지 않도록 그 이미지조차도 빌려 오지 말아야 한다. 오늘 과거의 시간에 굴하지 않고 미래의 시간으로 몰아가는 평화의 길을 위해서 전쟁의 날, 전쟁의 사건에 바쳐진 당신들을 기억한다! "너의 의무는 시간과 공간의 구원을 수행하는 것이다. 너는 저주조차 받지 않았다. 저주란 단지 너의 가소롭고 괴물 같은 자유의 장소다."[176]

6. 어리신 분은 얼의 끈이다!

잘 알다시피 어린이는 '어리신 분' 이라는 말에서 왔다고 한다. 존중받고 존대해야 할 귀한 존재임을 함축하는 말이겠다. 그렇다면 어린이는 어떤 끄는 힘이 있다는 말인데, 그것은 어른과의 관계 속에 끈이 있기 때문이다. 역사는 어리신 분에 의해 이끌려왔다. 그들이 힘이 있어서, 주목을 받아서, 능력이 있어서가 아니라 단지 약자(弱者)였기 때문이다.

역사 속의 약자가 강자에게 짓밟히기만 했던 것이 아니라 그 속에서도 끊임없이 생명으로 일어나서 정신을 이끌었기에 뿌연 안개 속에서도 희망을 볼 수 있었던 것이다. 따라서 그들은 끈이다. 역사의 끈이요, 생명의 끈이자 삶과 세계의 끈이다. 어른들은 그들의 끈으로 산다. 어른들은 그들의 눈빛으로 아직-오지-않은 세계를 향해 나아간다. 어른들은 그들의 맑은 언어 속에서 침묵과 웃음을 배운다.

어리신 분들과 어른들은 아직-오지-않음과 지금-여기에-있음, 그리고 이미-와-있음의 끈 속에 끈끈한 관계를 가지고 살아간다. 한편 그렇기 때문에 이미-와-있음의 존재 지평을 통해 아직-오지-않음을 함께 살아야 할, 함께 향해 가야 할 어른은 어리신 분들을 끌어야 할 책임과 의무가 있다. 둘의 존재는 동일한 존재 지평에서 만나지만 이미-와-있음의 경험 지평에 속했던 어른들은 자신의 경험으로 어리신 분들을 묶는 것이 아니라 끌어야 할 지혜자가 되어 주어야 한다. 이는 자신들의 경험 지평을 어리신 분들이 확장시켜서 주도적이고 주체적인 삶을 끌어가도록 만들어 주어야 한다는 말이다. 다시 말해서 아직-오지-않음의 세계로 어른들은 끌어가는 존재, 자신들조차 다시 맑은 정신으로 이끌리도록 해야 할 것이다. 그것은 어른들 스스로 얼로서, 얼을 향해 어리신 분들이 끌리도록 이끌어 주어야 한다. 지금-여기에-있음의 세계에서 교육은 획일화되어 학생들은 자신의 아직-오지-않음에 대해서 꿈과 희망을 갖고 살기보다는 지금-여기에-있음의 세계 속의 관계적 타자들을 모두 적으로 간주하고 경쟁을 하려고만 한다. 따라서 교육은 황폐되고 학교는 폭력의 도가니에 휩싸여 헤어 나올 줄 모른다. 도덕과 윤리는 땅으로 떨어져 아직-오지-않음의 세계를 예측할 수 없을 정도다.

어른들의 얼이 문제다. 어른들의 얼이 오염되고 바로 서 있지 못하니 어르신 분들의 얼이 온전할 수 없다. 얼이 깨어 있지 못하니 어르신 분들의 얼을 깨울 수 없는 노릇이 아닌가. 어른들의 얼은 물질에 중독되어 있다. 아니 얼빠진 사람들이 된 것이다. 얼을 쏙 빼놓고 살고 있는 것이다. 그러니 어리신 분들에게 얼의 방향성, 참바탈의 발현을 유도할 수 없는 것이 당연하다.

먼저 어리신 분들을 보고 어른들이 얼을 찾아야 한다. 오히려 그들에게서 얼의 가능성을 찾지 못한다면, 아직-오지-않음의 세계는 벼랑으로 끌려갈 것이다. 아직-오지-않음을 지금-여기-있음으로 끌어와야 할 에너지는 얼인데, 당장 그것이 없다면 그 세계 자신이 스스로 드러나게 할 수 없을 것이다. 세계-내-존재인 인간이 세계가 자신을 드러내 주지 않는데, 인간 스스로 세계를 구현하고 의식의 얼개를 만들어 갈 수 없다. 세계를 끌어오기 위해서 얼의 끈을 찾아야 한다. 얼의 끈은 물질에 있지 않다. 명예나 권력에 있지도 않다. 더군다나 아직-오지-않음을 하나의 모험 세계로 인식하지 않는 어른들의 여유로움을 넘은 권태적인 삶의 노정에 있지도 않다. 그것은 지금-여기-있음에서 힘겹게 비틀거리며 걷고 있는 참된 얼의 표상인 어리신 분들에게 있다는 사실을 명심해야 한다.

얼의 끈은 해맑은 어리신 분들에게 있다. 따라서 지금이라도 어른들은 돈·명예·권력·지배·경쟁·물질 등의 전도된 가치를 심어줄 것이 아니라, 깊이 있는 어른들의 얼로서 얼을 전수해 주어서 어리신 분들의 아직-오지-않음의 세계를 밝게 밝혀 주는 것, 그것을 사명으로 삼아야 할 것이다.

7. 이제 백성의 목소리를 내주시오!

루키우스 안나이우스 세네카(Lucius Annaeus Seneca, BCE 4-CE 65)는 "대중의 도덕성과 인간의 결점을 담담하게 받아들이고, 웃음과 울음도 터뜨리지 않는 것… 남의 불행에 괴로워하다가는 재앙이 계속될 것이고, 남의 불행을 기뻐하는 것은 비인간적인 쾌락"이라고 하면서 인간의 처세 철학을 말해 준다. 2012년 국회의원 선거의 결과에 따라 개인의 행복과 불행이 나누어질 수도 있다. 그렇다고 그것을 불행으로 여기지도 말아야 할 것이며 백성들이 자신을 알아봐 주지 못했다고 탓할 일도 아니다. 선거에 백성들의 도덕성이 개입되어 후보자를 판단할 수 있지만, 선거 자체가 도덕이라는 등식이 성립될 수 없으므로 그 또한 백성들의 표심으로 받아들여야 한다. 국민의 선택과 국민이 내린 결정을 존중하는 민주주의자라면 말이다.

머지않아 54.3%라는 투표율을 기록한 19대 국회의원 선거에 너도 나도 시시비비(是是非非)를 가리려고 할 것이다. 그보다 더 중요한 것은 앞으로 국가의 수장을 뽑는 중차대한 과제가 남아 있다는 사실이다. 대통령이라는 직책이 갖는 상징성만 생각해서는 될 일도 아니거니와 이제는 현실성을 예측한 인물 뽑기가 되어야 한다. 우리는 지금까지 미래에도 지금의 자리와 이념이 유지될 수 있을까라는 걱정으로 한 국가의 수장을 뽑는 데 많은 에너지를 소모해 온 것이 사실이다. 현실적이지 못했다는 말이다. 그 현실은 지금을 살고 있는 서민을 위한 지도자의 자리임을 간과하지 말아야 한다. 서민은 미래보다는 현재, 현실을 더 귀중하게 생각한다. 그런데 지도자는 늘 미래의 예측 불가능성으로 백성들의 의식을 붙잡아 두려고 한다. 그것을 교묘하게 전략적으로 이용하는 사람들이 후보들이다. 앞으로는 거짓말 안 하는 국가 지도자를 뽑아야 할 일이다. 그것을 위해서 우리의 정치적 감각을 가지고 현재의 투표 결과를 통해 앞을 가늠해 보는 것이 반드시 필요하다.

또한 모두가 자신을 비롯하여 남의 당선과 탈락을 놓고 희비와 시비를 논할 것이 아니라, 국회의원으로서 백성의 목소리를 어떻게 낼 것인가를 고민해야 한다. 지금까지는 당선이 되기 위해서 소음이다 할 정도로 자신의 목소리를 내었지만, 결국 목소리를 그렇게 드높인 것은 자신의 명예욕과 권력

욕에서 비롯된 것이 아니었기를 바란다. 백성의 목소리를 내기 위해 자신의 목소리를 가다듬은 것이고, 백성의 마음을 읽기 위해 자신의 마음을 읽어 달라고 하였다는 것을 알게 해 주어야 한다. 국회의원이 되었다고 해서 가시적 선심 공약으로 시민을 달래 보겠다는 얄팍한 수를 쓸 게 아니라 적어도 정치에 철학이 있음을 드러내야 한다. 다시 말해서 정치의 정신화, 삶의 정신화가 정치의 민주화에 우선해야 한다는 말이다. 이에 함석헌은 다음과 같이 말한다.

> 철학자가 임금이 되어야 한다는 말은 잘못 아니다. 철학자는 지혜를 찾는 사람이니, 다만 누가 정말 철학자냐, 어디 정말 철학이 있느냐, 어떤 것이 참말 지혜냐 만이 문제다. 철학이라면 보통 머리가 허연 늙은 학자를 연상하고, 지혜라면 곧 곳간에 둘러싸인 책을 생각하지만 아니다. 철학은 구더기 같다는 민중 속에 있고, 지혜는 누구나 다 하면서도 신통히 알지도 않는 삶 곧 그것 속에 있다. 이 말없는, 말로는 할 수 없는 것을 들여다 본 사람이 철학자다. 정치가가 나라를 다스리는 것이 아니라 삶이 기술과 제도를 내는 것이요, 철학자 · 도덕가가 민중을 지도하는 것이 아니라 민중이 도리어 지혜를 가르치고 힘을 주는 것이다. 나라는 씨올의 나라요 세계는 씨올의 세계다.[177]

정치의 현실이 정당의 이익이나 이념에 있지 않고 민중 속에, 씨올 속에 있다는 사실을 깨닫는 것이 정치의 정신화를 직접적으로 실현할 수 있는 길이다. 더 나아가서 정치철학은 말로 살지 않고 맘과 정신으로 사는 씨올에 토대를 두는 데서 나온다는 것을 알아야 한다. 그래야만 자신의 영달을 위한 정당의 나라, 금배지의 나라가 아니라 진정으로 씨올의 나라에 헌신한다는 말을 할 수가 있을 것이다. 지금부터 마치 백성이 그들에게 절대 권력이라도 부여한 듯이 참 정치가 아닌 거짓 정치를 하는지 눈살펴야하고, 민초들의 자유와 행복, 그리고 시민 공동의 이익을 위하는 정치인으로 살아가는지 독시(督視)해야 할 것이다. 명심하라. "실제로 민주주의는 그 누구도 국민 위에서 권력을 가질 수 없고, 따라서 국민이 누군가에게 복종하거나 지배당할 수 없다는 사실을 전제로 한다."[178]는 것을.

8. 교육은 교감(交感)이다!

> 위기에는 죽을 가능성이 있느니만큼 살 가능성 있다. 붙잡으면 생(生)이요 놓치면 사(死)다. 하면 복이요 못 하면 화다. 시간은 늘 위태로운 것이다. 그 뱃속에는 늘 쌍둥이가 들어 있다. 시간의 뱃속을 째 보아도 아무것도 있을 리가 없지만, 그 빈탕 속에서 생 아니면 사가 나온다.(함석헌)

"장애를 갖고 있다는 것은 단지 다른 사람에 비해 조금 불편하다는 점뿐이다." 우리가 일반적으로 듣는 말이지만 현실은 고상한 표현과 달리 그리 녹록지 않을 수 있다. 이 사회에서 그들이 겪는 고통과 모멸감, 혹은 비인격적인 대우 등을 생각한다면 그러한 말이 편안하게 들릴 리가 없다. 그럼에도 불구하고 자신의 불리한 조건을 딛고 당당하게 일어서는 장애인을 보면 절로 고개가 숙여진다. 일전에 두 시각 장애인들이 비장애인들에게도 쉽지 않은 대학 과정을 매우 우수한 성적으로 졸업하고 일선 학교의 교사가 되었다는 한 신문 기사를 보고 마음 한 구석이 환해졌었다. 그러면서 동시에 그들을 바라보는 학생들의 마음은 무엇일까 하는 생각을 해 보게 되었다.

학생들에게 비춰지는 그들의 모습은 인간의 한계를 극복한 위대한 스승으로 보이지는 않았을까. 현대 창조영성가 매튜 폭스(M. Fox)는 "고통을 있는 그대로 받아들이는 건강한 체험은 늘상 자비를 인식하고 익히고 성장시켜 가는 수련장이다. 고통은 내가 알고 있는 것 중에서 가장 합당한 자비를 위한 수련장이다."라고 말했다. 어쩌면 그들은 자신들의 고통을 인생에 있어서 수련이라고 생각했는지도 모른다. 그러했기에 그들의 장애는 자신들을 성장시키는 원동력이 되었을 것이다. 그러나 무엇보다도 중요한 것은 장애가 인간과의 단절이 아니라 교감을 가져왔다는 사실이다.

오늘날 교육 현장에서 장애가 없는 교사라 할지라도 학생들과 충분한 교감을 나누고 있는가 하는 것은 의문이다. 다시 말해서 교사와 학생 사이에 사귐이 있고[交] 느낌이 있는[感] 관계가 형성되어 원활한 사제지간의 정을 나누고 있는가 하는 것이다. 고통을 삶의 수련으로 여겼던 그들은 교육이 교감(交感)이라는 사실을 알게 해 준다. 비록 눈은 보이지 않지만 보이는 사람들에 비해서 더 잘 보는 교사, 더 잘 듣는 교사, 더 잘 느끼는 교사로서 제자들에게는 귀감이 되고 있을 것이다. 또한 제자들이 그들을 통해서 배우는 것은 단지 지식이 아니라 마음이라는 것을 알게 될 것이라 믿는다.

교사와 학생의 마음이 서로 무너져 버린 교실에서 교육의 이상을 찾는다는 것은 시간이 갈수록 어렵기만 하다. 이에 함석헌은 "교육은 사랑으로 하는 것이 아니고는, 즉 거저 주는 것이 아니고는 그 효과를 낼 수 없다. 그런데 교사 노릇을 직업으로 하게 되면 하는 교사 자신의 맘속에도 희생 봉사에서 오는 고상한 감격은 있을 수 없고 아주 냉랭한 지식, 기술적인 것을 주는 데 그칠 수밖에 없고, 받는 피교육자도 저 사람은 우리에게서 값을 받고 가르쳐 주는 사람이라는 심리가 암암리에 들어가게 되면 가장 중요한 인격 발달의 양식이 되고 고상한 심정의 전달을 받는 것이 없게 된다."[179]고 비판했다. 마음을 느끼지 못하고 지식 전수에 그치는 교육이 가져온 폐해는 교실의 황폐화뿐이다. 마음과 마음이 서로 사귀고 느끼는 것에서 신뢰가 싹트고 올바른 교육이 이루어지는 것이 당연하지 않겠는가.

교육(자)의 폭력과 학교 폭력의 배경에는 상호 간의 신뢰 문제가 깔려 있다. 인간의 신뢰는 마음의 교감에서 시작되는데, 그 신뢰의 장벽이 되는 것은 도대체 무엇일까? 입시 경쟁·출세주의·물질만능주의·이기주의 등이다. 이를 다시 공동사회를 위한 타자 배려, 상호 이익을 추구하는 선, 정신의 함양을 우선시 하는 인간으로 바꾸면서 공동사회 안에서 공동의 지식·공동의 자녀·공동의 인격·공동의 선이라는 가치를 내세우는 인식이 필요하다. 더불어 교사는 학생 대하기를 인격체가 아니라 하나의 교육 대상이나 피교육생으로서의 사물성으로 인식하는 데에서 벗어나야 한다. 앞에서 말한 시각 장애 교사들의 공통점은 학생들의 목소리와 이미지를 파악하여 학생 하나하나를 인격체로 대하려는 심성(心誠)에 있었다. 소리에 다른 사람이 할 수 없는 참교육의 색깔을 입힐 줄 아는 교사들이었다.

시각 장애를 가진 자신들이 많은 학생들에게 오히려 대상이나 사물성으로 인식될지라도 그들은 자신들이 장애를 통해 입게 되는 상처에 아랑곳하지 않고 오직 학생들을 정신이 성숙되는 과정 중에 있는 존재자들로 보았던 것이다. 눈으로 본 것이 아니라 마음으로 보았다는 데에 주목을 해야 한다. 눈은 사물을 파악하는 데 일차적인 기능을 하는 인간의 감각 기관이다. 하지만 그들에게는 시감각이 중요하지 않았다. 마음이라는 인간 심성이 더욱 중요한 교육의 매체였다. 함석헌의 말을 빌리면 그들의 마음에 혹은 교육철학에는 '덕[밝은 속알]이 있었던 것이다.'[180] 덕으로서 학생들을 대하고 덕으로서 교육하고자 했다. 그러므로 교사는 자신의 덕스러움으로 인해서 학생들에게 존경받는 교육이 되어야 한다. 학생들이 인정하는 덕이 있는 교사가 많이 나와야 한다.

요즈음 우리 교육의 현실 속에서 사(私)는 있는데 공(公)은 없다. 이익만 찾을 뿐이고 덕을 앞세우려는 교육자를 만나기가 어렵다. 명심해야 할 것은 교육한다는 것은 남 교육이 아니라 자기교육이다. 자기교육이 먼저 되어야 남을 교육할 수 있다. 그래야 자기뿐만 아니라 전체를 살릴 수가 있는 것이다. 함석헌이 "교육은 인간 살림의 알파요 오메가다."[181]라고 말한 이유가 거기에 있다. 교실이 살아야 한다. 교실의 주체는 교사가 아니라 학생들이다. 그런데 교육의 주체인 학생들의 마음을 느끼지 못한다면 교육은 이루어질 수가 없다. 그래서 교육은 그 무엇보다도 교감에서 비롯된다는 점을 다시 한 번 상기해야 할 것이다. 그것을 일반 학교 교단에 선 시각 장애 교사들이 보여준 듯하여 우리 교육을 살릴 가능성을 엿볼 수 있었다.

제2부

함석헌과의 융합적 진리의 모색과 여러 주체들의 거리·차이의 진리 지평

— 제1장 —

윌프레드 캔트웰 스미스와 종교문화

1. 종교의 정당성과 공존, 그리고 종교를 넘어 있는 초월자

종교는 타자로부터 용인되어야만 하는가? 다시 말하면 종교는 자체의 정당성이나 자존성을 획득하지 못하고 외부로부터 그 정체성을 부여받는가 하는 것이다. 이 물음에 종교학자 윌프레드 캔트웰 스미스(Wilfred Cantwell Smith)는 "우리는 그리스도교와 이슬람교와 다른 개별적 전통들을 연구할 수도 있으며 또 연구해야만 할 것이다. 그렇게 해서만이 우리의 해석은 한 가지 신앙의 통찰력과, 힘과 타당성에 대해서뿐만 아니라 동시에 모든 신앙의 사실들도 정당하게 취급할 수 있을 것이다."[1]라고 말한다.

종교를 연구한다는 것은 객관적으로 그 대상을 통하여 신앙의 통찰력을 배우기 위함이다. 더불어 자신의 신앙 이외의 다른 신앙을 어떻게 '정당하게' 평가하고 바라볼 것인가 하는 것이다. 여기서 중요한 것은 자신의 종교를 통하여 타자의 신앙의 통찰력, 즉 그들과 소통할 수 있는 어떤 시각과 경험을 가질 수 있는가가 아니다. 신앙의 통찰력은 타자의 종교적 관념이나 경험을 통하여 자기 자신에게로 나타나는 것이다. 다시 말하면 내 시각이 아니라 타자의 시각으로 종교를 객관적으로 바라보려고 하는 태도다. 흔히 타종교의 신앙의 통찰력이든, 아니면 자기 자신의 종교를 통한 신앙의 통찰력이든 동일하게 자기 자신의 시선으로 바라보려는 것이 강하다. 그러나 자기 자신의 시선과 경험을 객관화하기는 매우 어렵다. 그러므로 신앙의 통찰력과 깨달음은 타자의 시선으로 타자화시켜서 바라보아야 좀 더 엄격할 수 있고, 자신의 신앙 또한 풍요로워질 수가 있다.

더 나아가서 타종교의 신앙의 사실들을 정당하게 다룬다는 것은 공정하게 보겠다는 의지를 반영한 것이다. 다른 종교에 대한 편협된 생각이나 판단이 아니라 내가 나 자신의 종교를 인정하는 것처럼 다른 종교도 똑같이 인정하겠다는 태도라고 볼 수 있다. 앞에서 말한 것처럼, 자신의 종교를 객관화한다는 것은 매우 어렵다. 더군다나 타종교의 객관적인 평가를 내린다는 것은 더욱 어려운 일이 될 수도 있다. 그러나 타종교를 바라보고 연구하는 시선은 의외로 간단하다. 내 종교를 내 의지와 감정, 이성으로 인정하듯이 타종교도 인정하는 것이다. 어느 쪽으로도 치우치지 않고 공정하고 올바르게 다루려고 해야 한다. 이것은 이 세계에서 내 종교와 다른 종교와의 공존을 위한 노력의 일환이기도 하다.

그는 "열렬한 선교사라 할지라도 현대 세계에서는 그가 개종시키기를 바라는 타인의 신앙을 존중하고 이해하는 법을 터득해야만 한다. 공존이 인간의 다양성에 관한 최종 진리는 아니라 할지라도, 적어도 하나의 목전의 필요성이며 실로 필요한 미덕이 아닌가 한다."[2] 어느 한 종교를 가진 사람들은 자신의 종교적 신념에 입각하여 타종교인들을 개종시키려고 한다. 그러나 윌프레드 캔트웰 스미스는 그러기에 앞서 타인의 신앙 존중과 이해가 더 중요하다는 것을 역설한다. 그것은 종교와 종교가 서로 공존하기 위해서 반드시 필요한 것이다. 특정한 종교가 다른 종교를 잠식하고 그 종교의 문화를 바꾸고 심지어 말살하는 행위는 전 지구적인 차원에서 보면 인간 정신의 총체적 퇴보와도 같다. 각각의 종교문화와 의식, 정신을 존중하게 될 때 인류 전체의 문화와 정신의 총합은 커질 수 있다. 함께-존재한다는 것은 결국 우월하고 열등한 종교가 없이, 서로 다른 전통을 가지고 있지만, 더불어 나란히 이웃으로 있음을 의미한다.

"신앙인들은 더 이상 자기 자신 이외의 모든 종교들은 무시되어도 좋다든지 혹은 모든 종교들은 본질적으로 같다든지 혹은 자신의 것 이외의 모든 종교들은 그릇된 종교라든지 하는 식의 진부한 전통적 대답들로써 이 문제를 파기하고 지나가 버리려 할 수 있다."[3] 이 세계에서 종교가 의미가 있고, 인간의 삶이 의미가 있는 것은 서로 다르면서 함께 있기 때문이다. 서로를 보완하고 보충해 주는 종교는 자신의 것만을 주장하거나 다른 종교를 자신의 종교로 복속, 통합시키려고 하지 않는다. 그 이유는 그의 다음의 말에서 보다 더 명확해진다.

"신앙은 그리스도교나 불교의 배후에 혹은 그것 너머로 있는 어떤 것 혹은 어떤 분과 관여하고 있다."[4] 각 종교마다 믿는 바 초월적 존재 혹은 신과 만난다는 것은 종교라는 울타리를 뛰어 넘는다. 초월자는 종교에 국한되지 않기 때문이다. 초월자는 이름 붙어 있는 종교라는 개념을 뛰어 넘는 존재다. 그러므로 나의 종교로 다른 종교를 폄하, 폄훼하려고 하지 않고 각각의 종교가 서로 자신들의 종교 너머에 있는 초월자를 만나는 것이야말로 건강하고 건전한 종교라 할 것이다. 초월자는 종교 안에 있는 것이 아니라 종교를 뛰어넘은 세계에 있다는 것을 명심불망해야 할 것이다.

2. 하느님(초월자)의 관심사는 종교가 아닌 인간의 인격체

종교는 종교의 지양(止揚, Aufhebung)이어야 한다. 여기서 지양은 '부정하다', '보존하다', '높이다' 는 뜻을 가지고 있다. 따라서 종교의 종교 지양은 종교라는 개념에 종교가 제한되지 않고 그것을 넘어서 나아간다는 것을 의미한다. 윌프레드 캔트웰 스미스는 바로 이러한 논조의 종교 관념을 다음과 같이 말하고 있다.

> 신앙은 깊은 개인 인격체적인 것이며 역동적이고 궁극적인 것으로서 고뇌나 탈아적 상태, 혹은 지적 양심이나 단순히 일상적인 가사들 속에서 한 인간을 온 우주의 하느님과 연결시켜 주며 또 그의 고통 받는 이웃과 연결시켜 주는 직접적인 만남이다. 즉 그 이웃이 자신의 제도화된 종교 공동체 밖의 존재라 하더라도 개의치 않고 인격체들을 인격체들로서 연결시켜 주는 만남인 것이다. 그러므로 신앙이 생동적인 사람은 추상적 개념에 대해서 별로 관심이 있을 수 없고 제도에 대해서는 기껏해야 부차적 관심만을 지닐 뿐이다.[5]

그는 종교라는 말 대신에 '신앙'이라는 말을 사용하기를 선호한다. 신앙이란 인간이 온 우주와 만나는 것이며 자신의 종교와 동일한 존재가 아니더라도 모든 사람들을 이웃으로 간주하고 그들과 만나는 것임을 명확히 한다. 종교는 사람을 가리고 타종교를 구분하고 배제하지만 신앙은 모든 것을 포괄하고 포함하려고 한다. 앞에서 말한 것처럼, 종교를 지양해야 종교 너머의 세계, 초월적 존재를 만나게 된다. 종교 안에 갇히게 되면 종교라는 개별 정체성 때문에 이웃을 이웃으로 환대하지 못한다. 그러므로 종교는 자신의 종교를 지양하고 초월적 존재를 지향해야 한다.

> 하느님을 진지하게 생각하는 그리스도인이라면 하느님은 그리스도교에 관해서는 별 관심도 없다는 것을 모름지기 인식해야 한다. 하느님은 인간에 관심이 있는 것이지 사물에 관심이 있는 것이 아니다. 우리는 하느님이

세상을 이처럼 사랑하셔서 그의 아들을 주셨다는 말을 듣고 있지만 하느님이 그리스도교를 사랑했다는 말은 어디서도 들어본 적이 없다.[6]

이러한 말은 모든 종교인들에게 매우 설득력이 있는 논변이다. 실제로 그리스도교의 경우 자신의 종교와 하느님의 그리스도인에 대한 사랑을 등치시켜서 생각해 왔다. 그러나 스미스가 말했다시피 하느님은 그리스도교에 관심조차도 없다. 하느님은 그리스도교라는 종교를 뛰어넘어 인간 그 자체, 인간 인격체에 관심을 갖고 계실 뿐이다. 하느님은 그리스도인이든 아니든 그것과 상관없이 세계의 모든 인간에게 관심과 사랑을 기울인다는 것은 새삼스러운 일이 아니다. 그러므로 그리스도인뿐만 아니라 유교·불교·힌두교·이슬람교 등 타종교인에게까지 이르는 초월자의 사랑의 범위는 무한하다.

스미스의 말을 더 들어 보자. "하느님은 종교들을 계시하지 않는다. 그는 자신을 계시한다. 이것이 진정으로 종교적인 사람들이 주장하는 바이다.… 종교라는 개념이 자신의 종교적 전통의 궁극적 목적을 충분히 가리킨다고 생각하는 사람은 그 종교적 전통의 핵심을 보지 못한 사람이다. 한 종교 운동의 참여자가 된다는 것은 그 운동이 그 자체를 넘어선 어떤 것 혹은 어떤 분을 가리키고 있다는 사실을 인정하는 것이다."[7] 종교가 궁극적으로 지향하는 바는 자신의 종교적 전통이 아니다. 그것은 종교 개념이 넘어선 자리 곧 초월적 존재에 있다. 스미스는 종교의 참여자와 관찰자를 구분한다. 종교의 참여자는 종교라는 개념에 의식이 고정되거나 묶이지 않은 열린 사람을, 관찰자는 그와는 반대로 철저하게 자신의 종교에 국한된 사고와 행위에만 초점이 맞추어진 사람을 일컫는다. 따라서 종교 참여자는 자신의 종교에도 매이지 않는 자유로운 신앙인으로서 종교 개념 혹은 자신의 종교를 넘어서 사유함으로써 진정한 초월자와의 만남을 추구한다고 말할 수 있다.

"종교적 체계에 이름을 붙이는 일을 하는 사람은 근본적으로 외부자들이다. 종교를 어떤 표시할 수 있는 존재로서 생각하는 사람은 관찰자들이다. 참여자는 하느님에 관심이 있고, 관찰자는 '종교'에 관심을 가진다."[8] 학자들이건 종교인들이건 그들은 종교 체계에 이름을 붙이고 개념을 고정시키려고 한다. 그것이 더 편할 수 있다. 규정되지 않은 존재, 교리화되지 않은 신앙은 사람으로 하여금 확신을 심어 주지 못한다고 생각할 수 있다. 또한 사람들은 비체계적인 것보다 체계적인 것을 좋아한다. 무정형적인 것보다 정형화된 것을 선호한다. 그러니 종교라고 하는 영적인 공동체가 추구하는 삶과 신학적 체계는 정교화되기를 바랄 것이다. 하지만 진정한 종교는 영적인 자유를 지향한다. 깊이 있는 신앙을 가질수록 인간은 자신을 얽어매는 모든 체계나 제도로부터 자유로워지기를 원한다. 오히려 체계는 신앙을 좀 더 순수하고 근원적으로 드러나게 하는 것에 장애가 될 수가 있다. 그래서 진정한 신앙으로 들어가려는 사람은 직접적으로 신과 합일하려고 한다. 다시 말해서 모든 조직화되고 교리화되고 체계화된 것, 이름으로 명명한 것을 넘어서 참 실재와 만나려는 것이다.

이미 종교라고 하는 것도 이름을 붙인 것이니 종교적인 것이라 말한 것, 종교적인 어떤 형식을 타파하고 오로지 하느님이라는 궁극적인 실재를 자신의 직접적인 관심사로 삼아야 한다. 이것이 종교의 참여자와 관찰자의 중요한 차이라고 볼 수 있다.

3. 종교 그 자체보다 종교적 삶이 더 중요하다!

종교는 삶의 일부이다. 물론 종교인에게 종교란 삶의 전부라고 말하는 사람도 있을 것이다. 그런 경우에는 종교가 삶에서 차지하는 비중이 매우 크다고 생각하기 때문이다. 사실 종교와 삶은 구분하기가 어렵다. 종교는 분명히 인간의 삶의 문화적 양식으로서 지대한 영향을 끼치고 정신적 가치를 결정하는 데 중요한 기여를 한다. 그런 측면에서 보면 종교인에게 종교는 삶이라고 말할 수 있을 것이다. 문제는 종교와 삶이 분리되지 않는다면, 삶은 종교적 삶이어야 한다는 데에 있다. 종교적 가치관·종교적 윤리·종교적 인생관 등 종교는 삶으로 들어와 있는 것이다. 그래서 과거 종교를 개혁한 인물들에게 공통적으로 나타나는 것은 종교 혹은 종교 제도를 쇄신하자는 것이 아니었다. 오히려 인간의 의식과 삶 자체를 고쳐 보려고 하였다.

"종교개혁가란 종교를 개혁하려는 사람이 아니라 사람들이 처한 전체 환경에 대한 그들의 의식과 그들의 삶을 개혁하려고 하는 존재이며, 그러한 과정 속에서 물상화(reification)된 종교는 그와 같은 의식과 삶들에 온전성이 회복되도록 하기 위해 종종 파괴되어야만 했던 것이다."[9] 인간의 삶이 종교적 삶이라고 할 때 삶을 지배하는 종교가 잘못되었다면 종교 자체를 완전히 뜯어 고칠 수밖에 없음을 잘 말해 주고 있는 것이다. 종교가 물화(物化) 혹은 사물화되어 버린다면 인간의 삶조차도 사물화가 된다는 것은 자명한 이치다. 그만큼 인간의 삶이 중요하다는 것을 반증하는 것이고, 그 삶이 바로 서기 위해서는 종교적 쇄신은 필연이라 하겠다.

그런데 여기에서 좀 더 숙고해야 할 것이 있다. 종교보다 삶이 더 큰 개념이라는 점이다. 스미스가 말하는 것처럼, 삶의 하나의 가능성, 삶의 일부분으로서 종교가 있다. 종교가 있고, 삶이 있는 것이 아니라, 삶이 있고 종교가 있다는 것을 기억해야 한다. 따라서 종교는 종교 공동체 구성원들에게 어떠한 종교적 삶을 제공하는가가 매우 중요하다. 삶의 일부분으로서의 종교적 삶은 삶을 구성하는 고유한 영역이 있다. "어떤 종교적 공동체의 삶에서든 중요한 것은 종교적 전통이 그 공동체의 사람들에게 무엇을 하고 있는가이다. 종교적 삶이 무엇보다도 삶의 한 종교라는 사실이다."[10]

다시 말하면 종교는 인간의 삶 속에서 무한 존재의 마음이나 생각, 그리고 초월적 삶의 가치를 드러내 줄 수 있어야 한다. 종교의 생명은 단지 종교의 교리를 수호하고, 제도나 체제를 유지하는 데에만 있는 것이 아니라, 종교 공동체의 구성원들에게 어떠한 삶의 내용을 서비스하는가 하는 데에 있는 것이다. 그래서 그리스도인의 경우에는 하느님의 자녀로서, 불교인의 경우 부처님의 자녀로서, 이슬람의 경우 알라의 자녀로서의 행위를 하도록 만들어야 한다.

> 한 그리스도인의 삶 속에서 중요한 것은 그것이 초자연적 맥락 속에서 영위되고 있다는 점. 중요한 것은 그리스도인이 무엇을 하느냐가 아니라 그것을 하느님의 자녀로서 한다는 사실이며, 그가 무엇을 믿느냐가 중요한 것이 아니라 하느님이 그에게 믿음의 선물을 허락해 주었다는 사실이며, 그가 교회 속에서 그리스도와 인격체적 친구로서 산 교제를 하고 있으며 동료 신자들과 단지 인간적이거나 사회적인 관계 이상의 친교를 하고 있다는 사실이다. 그가 사랑을 한다는 것이 중요한 것이 아니라 그리스도로 인하여 사랑한다는 것이 중요하며, 그가 죄를 짓는다는 사실이 아니라 그가 죄를 지음으로 그리스도의 마음을 아프게 하며 또 그럼에도 불구하고 용서를 받는다는 사실이 중요한 것이다.[11]

무엇보다도 종교가 중요하다고 말하지 말라. 중요한 것은 종교인의 종교적 삶에 있다. 종교가 종교에서 교리를 넘어 초월적 존재로 나아가듯이, 종교에서 삶으로 나아가야 한다. 그것이 믿는 바대로의 행위와 실천이자 초월자에 대한 종교인식과 종교 감각이라 할 수 있을 것이다.

4. 신앙과 축적적 전통

윌프레드 캔트웰 스미스는 종교라는 개념 대신에 '신앙'(faith)과 '축적적 전통'(cumulative tradition)으로 대체, 설명할 것을 제안한다. "신앙이란 개인 인격체적 신앙을 뜻한다." 반면에 "'축적적 전통'이란 연구 대상이 되는 공동체의 과거 종교적 삶의 역사적 축적물을 구성하는 외적·객관적 자료의 전체 덩어리를 의미하는 것으로서 사원, 경전, 신학적 체계, 무용 양식, 법적 혹은 그 밖의 사회제도, 관습, 도덕적 규범, 신화 등을 가리킨다. 즉, 한 인격체나 한 세대로부터 다른 인격체와 다른 세대로 전수되는 것으로서, 역사가가 관찰할 수 있는 모든 것을 의미한다."[12] 인간은 모두가 신 앞에 선 개별적 존재이지 어떤 특정한 종교에 속해 있으면서 그 종교의 교리적 삶을 추구하거나 그 종교인으로서 살아가는 것은 아니다. 또한 개별 종교 공동체에 속해 있다고 해서 그 종교적 삶을 강요하거나 종교를 통해서 삶을 지배해서도 안 된다. 신앙은 언제나 개인적이며 개별적이고 자유로운 것이다.

더 나아가서 종교는 축적적 전통의 다른 이름에 불과하다. 종교는 다양한 인간의 삶의 요소들이 축적된 것이 모여서 이루어진 전통의 산물이다. 종교의 원시적 형태에서는 지금처럼 인간 제도의 성격을 갖는다거나 체계적인 교리를 갖춘 것이 아니었다. 점차 종교 공동체가 성숙하고 발전함에 따라 그에 걸맞은 여러 제도·관습·신학 등이 형성되었던 것이다. 따라서 종교에 대한 소박한 태도나 단순한 접근은 금물이다. 오히려 그러한 형식들 이면의 인격체적인 전통을 소중하게 생각해야 할 것이다. 스미스가 다른 글에서 "종교의 참된 역사는 더욱 깊이 인격적인 것이어야 한다."[13]고 말한 것을 그러한 맥락에서 이해해야 한다. 종교가 세대에서 세대로 전달한 것은 제도나 교리, 그리고 신학 등의 축적적 전통 속에 나타난 인격체적 전달, 인격체적 만남이라는 것이다.

> 축적적 전통은 과거 인간들의 신앙의 속된 결과이며 현재 인간들의 신앙의 속된 원인이기도 하다. 그러므로 그것은 항상 변하며 항상 축적되며 항상 신선하다. 모든 종교적 인격체는 아마도 모든 사람에게 동일한 축적적 전통과의 상호작용이 일어나는 장소이다.[14]

인간의 종교가 인격체적 만남과 전수라면, 그것은 완성된 것이 아니라 과정 중에 있는 종교, 생성 중에 있는 종교라고 말해야 할 것이다. 종교는 항상 축적적 전통 이면의 인격체적 흐름과 만날 준비가 되어 있어야 한다. 그러면서 자신의 세대에서 종교는 또 다른 축적적 전통을 만들어 내고 후세대에게 전수하면서 새로운 종교로서 탈바꿈하려고 하는 것이다. 전통이라는 것은 자신의 세대의 모든 인격체들과 만나고 해석하며 살았던 산물이다. 그렇게 형성된 것은 다시 다음 세대에서 형성될 준비를 갖추고 새로운 세대에게 의미를 전수하면서 종교적 생명력을 잃지 않게 된다.

> 그리스도교적 신앙 일반, '불교 신앙', '힌두교 신앙', '유대교 신앙'이란 것은 존재하지 않는다. 오직 나의 신앙, 너의 신앙, 그리고 나의 신도(神道) 친구의 신앙과 나의 한 유대인 이웃의 신앙만이 있을 뿐이다. 우리는 모두 개인 인격체들이다. … 내가 지녀야만 하는 이상적 신앙이란 존재하지 않는다. 내가 보아야 하는 하느님이 존재하고, 내가 사랑해야만 하는 이웃이 존재할 뿐이다. … 내가 추구해 가는 이상이란 나 자신의 신앙의 이상이 아니라 하느님 자신이요 나의 이웃 자신이다.[15]

그리스도교·불교·힌두교·이슬람교 등 개별적인 종교적 신앙이 아니라 나와 너의 신앙만이 존재할 뿐이다. 초월적 존재를 신앙함이 있을 뿐인데, 우리는 종교라는 개념으로 구분하고 차별하면서 타자를 재단한다. –종교라는 용어가 갖는 부적합성을 문제 삼아야 한다. 그 용어는 갈등지향적인 가치를 함축하고 있기 때문에 새로운 언어로 탈바꿈되어야 할 필요가 있다.[16] –그러나 타자 일반은 모두 서로 이웃이다. 인격체로서 살아간다. 어쩌면 신앙보다 더 중요한 것은 이웃이다. 인간이라는 존재다. 우리는 종교를 숭배하고 종교의 장치에 매여 살면서 구속된 존재가 아니라 이웃과 사랑을 나누며 하느님이라는 무한 존재를 섬겨야 한다.

5. 종교적으로 산다는 것의 의미: 종교의 이성과 신앙

종교는 초월적 존재에 대한 믿음과 그에 근거한 삶을 살고자 하는 데에 본래의 목적이 있다. 그런데 그 신앙의 고백과 행위는 종교를 갖지 않는 사람들에게 적어도 감화를 줄 수 있어야 하고, 그 행위를 통해서 신의–있음을 볼 수 있어야 한다. 신자의 개별적 삶 혹은 성직자의 언어와 행위가 단지 가식과도 같은 것이라면 자칫 신의–있음으로 보이는 사기(詐欺)에 지나지 않는다. 이와 함께 종단의 교리를 앞세우거나 종단이 가진 진리 체계로 사람을 판단하는 행위 역시 종교의 본질에 입각한 생각은 아닐 것이다. 이에 대해 함석헌이 비판하지 않았는가. "내가 믿는 교리나 의식을 따르면 다 선한 사람이라 하고, 그것을 따르지 않으면 덮어놓고 악한 놈이라고 한다면, 그것은 세상을 건지는 참 종교가 아닙니다."[17] 그런데 많은 종교가 신자의 인격과 이성을 우매하게 만든다. 이성은 작용을 멈추게 하고 오직 성직자의 언어와 행위만이 진실인 양 강요하는 것은 설교나 강론은 아니다. 적어도 성직자의 언어도 신앙의 본질과 경전의 빛에 비추어서 판단되어야 하며 나아가 신자들의 삶을 통해서 검증되어야 한다.

종교가 태동한 이래로 종교 공동체의 성직자들은 많은 군중들과 신자들을 지배하는 이데올로기를 양산한 계급이기도 했다. 단연코 이데올로기는 신앙이나 신념 그 자체는 아니다. 무엇을 판단할 때, '기도를 해 보자.', 혹은 '신의 뜻을 찾아보자.'는 말을 많이 하지만 그것이 신앙과는 전혀 관계없는 언어일 가능성이 매우 크다. 종교문화가 건강하려면 그러한 신앙 공동체가 사용하는 일상화된 언어의 함정에서 벗어나서 진실과 진정성이 묻어나는 말을 사용해야 한다. 상대방에게 참으로 무례한 용어들, 책임질 수 없을 때 하는 말들이 신앙 언어 안에 많다는 사실을 알아야 한다. 사람들은 그것이 종교의 일상 언어라고 말할지도 모르지만, 그 안에는 오히려 배려하지 않는 상대방에 대한 무관심이나 사회와도 소통되지 않는 자신들만의 언어문화가 더 짙게 배어 있을 수도 있다.

그런 의미에서 이 시대는 무엇보다도 성직자이든 아니면 신자이든 간에 종교의 진정성을 회복해야 한다. 그 진정성은 1차적으로는 자신들의 공동체에서 사용하는 신앙 언어에 있고, 2차적으로 초월적 존재의 다름을 따르는[사는] 삶에 있다. 물론 그 진정성의 본질은 신앙 본질을 깊이 묻는 데서 찾을 수 있을 것이다. 깊이 묻지 않고, 반성하지 않고 나오는 신앙 언어와 행위는 개인에게는 거짓이요, 타자에게는 무책임성이 되어 버린다. 함석헌은 "정말 참 지경은 말 한 마디 아니하는 것. 하늘은 말 없다. 그 담 지경은 말을 하되 조금 하고 책을 쓰지 않는 것. 석가나 예수가 그것이다. 그들은 예언자 혹은 대언자다. 하늘 말씀을 보고 그것을 말하는 것이다. 자기 말을 하는 것이 아니다. 그러므로 그 말이 사뭇 사람의 마음을 찌른다. 직지인심(直指人心)이다."[18]라고 말했다.

따라서 종교는 종교 자체의 정신화를 다시 검토해야 한다. 종교의 정신화 혹은 종교의 영성화는 말의 조심성과 책임성, 그리고 무게감에 있다. 말을 안 하면 더욱 종교답겠지만 적어도 언어를 사용하고 목소리를 높여서 사회적 발언을 하고 신앙적 삶을 외쳐야 한다면 반드시 하늘 언어에 기반을 두어야 한다. 자신의 말이 아니라 하늘의 언어를 받아서 그야말로 대언을 하면 될 일이다. 거기에 자신을 속이고 남을 속이는 정치적인 것의 꼼수(?)와도 같은 말이 있을 수가 없다. 오직 진실과 진정성, 그리고 진리만이 있을 뿐이다. 하늘-마음은 변함이 없을진대 성직자와 신자의 말은 마치 하늘-마음이 이랬다저랬다 하기라도 하는 듯이 변덕스럽다고 한다면 어찌 그 종교를 건강하고 건전하다고 할 수 있겠는가. 그러므로 종교인은 먼저 자신의 언어를 살피고, 종교 언어에 부합하는 자신의 신앙 몸짓을 성찰해야 할 것이다. 그럼으로써 세상은 그렇게 자신을 끊임없이 성찰하려고 하는 모습에서 종교인의 참 모습을 보게 될 것이고, 종교적으로 산다는 것의 의미를 알게 될 것이다.

— 제2장 —

정진홍과 존 힉의 종교현상학

1. 정통과 이단, 그리고 종교적 인간

종교는 항상 어떤 '하나'에 집착하고 있다. 그 하나란 하나의 색깔을 의미할 수도 있고, 하나의 교리나 신조, 혹은 신관일 수도 있다. 그것은 수많은 역사적 전통을 통해서 이루어진 결과라고 볼 수 있지만, 항상 그런 것만은 아니다. 종교적으로 우리의 진리가 옳다고 말하는 입장을 보면 뜻밖의 독선과 독단이 자리 잡고 있음을 발견하게 된다. 민족이 여러 민족이고, 사람의 생김도 여러 모양이고, 사는 것도 다 각양각색인데 어떻게 종교 안에서 자기의 것만이 옳고 나머지는 다 그르다고 말할 수 있는가. 정진홍은 "우리는 수많은 고백과 제각기 옳음을 주장하는 상대적인 진리와 만난다. 그것이 일상이다. 그러므로 실제 생활에서는 하나의 절대성을 거부할 수밖에 없다. 따라서 우리는 이단이라고 하는 것이 실제로 있다는 사실을 승인할 수밖에 없다. 하나가 소멸되고 절대성이 상대화되며 고백의 다원성이 현실로 인지되는 자리에서 일컫는 이단이란 문자 그대로 다름이지 옳은 정통에 대한 그른 이단은 아닌 것이다."[19]라고 말한다.

일상은 다채롭고 하나의 절대성은 의미가 없다. 이단의 실재성은 바로 거기에서 나타난다. 우리의 종교적 일상이 아니라 단순한 일상 안에서도 절대란 소통의 거부이다. 하나의 진리만이 있다는 생각은 타인과의 대화를 단절하는 요인이 되기 때문이다. 그것을 절대가 아니라 상대라고 인정하게 되면 타자의 고백을 받아들일 수 있는 것이다. 정통(orthodox; ortho[正])이라 규정되면 정통의 범주 안에 들어서지 못하는 종교와 종교적 일상은 무시되고 정통의 범주 안에 들어오려고 하는 종교는 결국 이단(heresy, '선택하다', '고르다')이 되고 만다. 정진홍이 말하는 바와 같이, "정통은 하나의 선언이다. 그것이 다시 개인의 카리스마나 제도적 권위에 의하여 정당화하는 것이며, 그것이 어떤 위기에 처해졌다고 하는 의식에서 진리라는 이름으로 주장되는 것이다."[20] '우리는 … 진리이다.' 라는 선언은 정당화의 과정을 거치면서 정통이라는 공식적인 인정을 받게 된다. 그것이 개인이든 아니면 공동체의 제도적 권위이든 진리의 선언은 승인을 통해 이루어지는 합리적인 절차인 것처럼 보인다. 그에 반해서 "이단은 다름의 승인이 아니라 그 다름을 그름으로 판단하는 것이다."[21]

정통은 늘 정통 아닌 종교적 실체를 이단으로 규정한다. 그것은 다름(difference)이 아니라 틀림(wrong), 그름으로 보기 때문이다. 정통은 권력과 지배 계급이고 기득권을 거머쥐고 있다. 반면에 이단은 그러한 기득권 집단으로부터 승인을 기다려야 하는 마이너(minor)들인 것이다. 정통과 이단의 관계는 어쩌면 역사적으로 진행되어 온 교파(denomination/교회, church)와 종파(sect/컬트, cult)와의 갈등으로 비춰질 수 있다. 역사를 보면 적응하고 관습화된 denomination은 항상 sect를 억압하고 죄악시하면서 그들의 힘을 인정하지 않았다. 하지만 sect는 역동적인 신앙 성격을 가지면서 제도, 체제, 세상의 가치를 배척하고 윤리적 금욕의 태도나 고행의 성격이 강했다.

따라서 정진홍은 이단을 바라보는 시각이 교정되어야 한다고 말한다. "자기가 정통이기 때문에 타자는 이단이고, 그렇기 때문에 이단에 대한 정죄는 정당하다고 하는 논리만으로 그 논의의 정당성을 주장한다면 그것은 아직 부족하다. 다른 것이 아니다. 이단이라든가 사이비 종교라든가 하는 것은 개념도 아니고, 그저 사회적 구조물도 아니다. 그것은 거기 속한 사람들의 구체적인 삶이다. 그런데 사이비든 이단이든 그것이 사람들의 구원에의 열망이 구현되고 있는 것이라고 한다면, 그리고 그리스도교가 자신의 구원론을 사랑으로 실증하는 종교라고 한다면, 그리스도교는 그들을 사랑하는 일부터 서두르지 않으면 안 된다."[22] 막무가내로 정통이라는 시선으로 하나의 종교 가능성을 이단이라고만 정죄하는 뿌리 깊은 마녀사냥 의식은 버려야 한다. 그들에게 진정한 의미에서 구체적인 삶의 표현으로서의 종교적 삶을 살고자 하는 의향 혹은 지향성이 있다면 인정하고 그 자체로서의 고유한 종교성을 갖도록 용납할 수 있어야 한다. 물론 인정하고 안 하고 상관없이, 승인하고 안 하고를 떠나서 그들의 삶은 계속될 것이며 자신들의 삶을 소중하게 생각할 것은 틀림없다. 따라서 교리는 차치하고 이단이라고 하는 종단이 건강한 모습을 가지고 구원을 체현하고 그 삶을 살려는 구도자적 자세를 견지한다면 그들의 삶을 존중하는 인간적 태도가 필요하다.

정진홍은 "'종교인'이기를 그만두고 '인간'이 되기 전에는 종교 간의 신뢰란 불가능하다. 그러나 그렇게 종교인이기를 그만두고 이루어지는 종교 간의 신뢰를 구현한 인간을 우리는 '종교적 인간'이라고 말할 수 있다. 다원문화 안에서의 종교인은 '종교적인 인간'이어야 한다."[23]고 말한다. 모든 종교인들은 종교인이기에 앞서 같은 인간이며, 인간이라는 존재에 종교인이라는 별다른 이름이 붙여졌을 뿐, 그 본질은 인간이라는 유한성과 정체성에서는 조금도 다르지 않다. 그럼에도 불구하고 종교라는 개념과 정통이라는 전통과 역사성에 얽매어서 자신의 종교만이 정통이라고 주장하는 것은 세계와 인간, 그리고 역사의 인식 범주를 지극히 제한하는 것과 다름이 없다. 같은 종단에서 다른 종단을 보는 시각도 그러할진대, 정통이라고 여기는 종단이나 교파에서 이질적이라고 생각하는 종교를 인간이라는 보편적 존재의 잣대로 보지 않는다는 데에 문제가 있다. 다시 말해서 자신의 종교적 시선이 절대적이라고 판단하고 그 종교적 도그마나 학습된 지식으로 타자인 이단을 바라본다면, 인식의 오류를 가져올 것이 분명하다.

따라서 종교와 종교가 서로 만나고 접할 때 '인간' 이라는 유적(類的) 존재와 더불어 '종교적 인간' 이라는 사고방식을 가져야 한다. 인간이라는 신뢰성이 담보되지 않은 상태에서 종교 혹은 종교인과 삶을 나눈다는 것은 개별 종교인이 또 다른 개별 종교인에 대한 오해와 편견으로 인해 서로 인간이라는 유적 존재의 공통 인식을 잊어버릴 수 있기 때문이다. 그러므로 인간이 종교를 갖는다는 것은 종교를 통하여 새로운 인간, 즉 '종교적 인간' 으로서 삶의 창조적 언어와 행위를 창출한다는 것을 의미하며, 반드시 모든 개별적인 종교인은 스스로 인간이라는 인식과 보편적인 종교적 인간이라는 점을 기억해야 할 것이다.

2. 신앙과 종교적 광신의 서술 애매 모호성

종교에서 가장 예민한 문제 중에 하나가 그 사람이 믿는 바 그것이 신앙이냐 아니면 광신 혹은 맹신이냐 하는 것이다. 이 둘의 판단은 맥락에 따라서 해석이나 서술의 방향이 완전히 달라질 수가 있다. 믿음의 행위가 표현될 당시에는 분명히 광신이라는 인식과 언표가 가능하다가, 시간이 지남에 따라 그것이 광신이 아닌 진정한 신앙의 표상으로 재해석되는 경우가 있기 때문이다(예를 들자면 한국가톨릭 초기의 역사에서 조상의 위패를 우상이라고 불태움으로써 죽은 사건은 당대의 정황으로는 '광신' 임에 틀림이 없으나, 나중에 그들의 행위는 '순교' 로 일컬어짐으로써 순수 신앙 사건의 범주로 본다). 다시 말해서 "그때 그 부정적으로 서술할 수 있는 내용들을 근원적으로 종교적인 삶의 양태 곧 '신앙'의 범주에 포함시키면서도 그 둘을 구분하려는 분명한 판단이 문화화되고 있다는 사실이다. '광신'이라고 하는 서술 범주가 그렇다."[24] 여기에서 우리는 "'광신'을 신앙에서 이성적인 것이 결여된 잘못된 신앙 곧 맹목적인 신앙을 지칭하면서 이를 '신앙 아닌 것'으로 여기려 한다."[25]

문제는 이러한 광신이라는 종교적 현상을 종교의 역사에서 혹은 종교의 현존과 더불어 담론으로 삼지 않은 적이 없었고 또한 신앙의 이성적 측면에 반하는 반이성적인 현상을 매우 꺼려했다. 더욱이 광신에 대한 부정적 감정과 두려움은 바로 그것이 갖는 "반사회적인 현상이거나 규범 일탈적인 현상이거나 반윤리적 현상이거나 기만적이고 파렴치한 현상"[26]이 나타나는 데서 발생한다. 따라서 종교 현상으로서의 광신은 건강한 신앙의 현존과 나란히 놓고 논해야 하는 것임을 놓쳐서는 안 된다.

순수한 신앙, 정통적인 신앙이라 할지라도 신앙 안에는 광신이라는 것을 배태하고 있다는 것을 알아야 한다. 그것은 종교 밖의 음모나 종교 현상 밖의 경험이 아니라 종교경험의 한 현상이라는 점이다. 즉 "광신은 종교경험에 우연한 것으로 첨부되는 것이 아니다. 그 삶의 일탈이 빚는 다른 것일 수도 없다. 광신은 또 다른 측면에서의 종교 자체의 모습이다. 그것은 종교적인 삶이 지닌 이상스러움, 그 다름, 그 비일상성의 속성이라고 할 수 있을 그러한 것이다. 그런데 다만 상황적으로 인지될 뿐인 그러한 것이다. 이것은 종교의 딜레마이다."[27]

그렇다면 신앙과 광신은 어디서 갈리는가. 그것은 바로 "종교의 윤리"이다. 종교 공동체 안에서 이루어지는 언어와 행위가 신앙이냐 아니면 광신이냐를 가르는 기준이 될 것이다. 종교 공동체 스스로 발언하는 내용과 그에 걸맞은 도덕적·윤리적·종교적 행위가 종교 안팎에서 용인될 수 있는 인식의 범주, 상식의 범주가 된다면 광신은 신앙의 범주로 받아들여질 수 있을 것이다. 하지만 인간의 원초적 광기를 제어하지 못하는 사회 여러 현상들 중에 하나인 종교 현상으로 나타난 인간 광기의 측면에서의 광신이라면 그것은 문제가 달라진다.[28] 사회는 그 두려움과 낯선 현상으로 인해서 종교에 쉽게 접근하지 못하게 될 것이다. 따라서 광기 표출이 숭고함을 넘어서 전혀 낯선 이질적인 삶의 모습으로 경험이 강요되는 듯한 종교 현상이 되어 버린다면 인간은 그것을 건전한 이성의 범주에서 판단할 수 있는 신앙이 아닌 광신으로만 판단하고 말 것이다.

사람들이 보고 싶어 하는 종교의 윤리는 종교의 사회적 봉헌일 것이다. 그럴 경우 종교 제의나 언어가 얼마나 사회 상황과 적합하며 합리적일 수 있는가, 즉 종교의 언어나 행위는 열린 언어와 행위이어야 한다. 굳이 특정한 사물과 특정한 행위에 대해서 언어나 행위에 특수한 명명만을 고집한다면 그것은 한갓 제의나 광기에 지나지 않을 것이다. 사람들에게 종교 제의가 설득력이 있으려면 닫힌 제의가 아닌 열린 제의여야 한다. 더불어 닫힌 언어가 아니라 열린 언어이어야 한다. 따라서 사람들이 이해 가능한 언어나 행위로 인식될 수 없는 종교적 제의, 종교적 행위는 한낱 열광하는 공동체의 몸짓이 될 수밖에 없을 것이다.[29]

3. 종교문화 공동체와 삶의 서술 공동체

종교 공동체의 구성원이 증가한다는 것은 그만큼 종교가 권력화된다는 의미이다. 그렇게 된 종교는 종교 공동체 자체 내에만 머물지 않고 사회 내에서까지 그 영향력을 행사하게 된다. 여기서 권력화란 종교의 양적 측면만 말하는 것이 아니다. 종교는 정신적, 영적 가치라는 질적 가치를 생산해 낸다. 그럼으로써 종교는 "이념적 지표"를 생산하면서 동시에 의미를 부여한다는 차원에서 보면 그 사회적 영향력이란 매우 크다 할 것이다.[30] "종교 인구의 증가는 종교 공동체의 사회 내 현존을 힘의 실체로 구체화한다. 사원이나 교회나 성당 등은 단순한 종교 공동체로 머물지 않는다. 스스로 그러한 한계를 주장할 때조차 이미 그것은 사회 내 맥락 안에서 일정한 힘을 지니고 상호 연계되어 있다. 종교는 사회의 변화에 의하여 일정한 영향을 받는다. 무릇 종교도 그것 자체가 문화 현상이기 때문이다."[31]

종교 그 자체가 문화 현상이라 함은 사회, 정신적 이념의 산출과 인간 삶의 의미를 발생시키는 사회적 영향 때문이다. 따라서 인간의 문화 경험과 종교경험이 엄밀한 의미에서 구분되기는 어렵다. 우리나라의 경우 많은 종교시장이 형성되어 있고, 그 종교시장을 통한 인간의 다양한 종교적 경험은 필시 인간의 의식 세계와 삶의 세계를 형성시키기에 충분하다. 종교의 영향을 받은 이념과 의미는 고스란히 인간의 삶에 파급되고 하나의 문화적 경험 혹은 종교적 경험으로 자리 잡게 된다.

이러한 종교와 문화의 상관성은 문화의 서술이란 종교의 서술과 떼려야 뗄 수 없다는 것을 의미한다. 문화의 내러티브는 곧 종교의 내러티브로 재구성된다. 그래서 "종교학은 '종교'에 대한 인식의 논리일 수는 없다. 그것은 오히려 종교라고 언표된 원초적 경험의 '회상'을 통한 문화 자체, 곧 삶의 총체에 대한 '적합한' 서술의 시도를 그 과제로 하지 않으면 안 된다."[32] 사람들이 인식하지 못할 수도 있지만, 종교에 대한 직간접적인 경험은 그 종교의 원초적 경험과 맞닿아 있다. 그 원초적 경험은 삶의 경험이고 무한존재에 대한 경험의 고백에 의한 삶의 재생산, 도덕의 구현으로 발전한다. 종교는 그러한 원초적 경험을 통한 축적된 전통을 가지고 있기 때문에 문화 현상으로서의 종교를 경험한다는 것은 단순히 종교의 초월적 특성만 학습한다고 볼 수는 없다. 종교가 갖고 있는 총체적 삶의 경험들의 인식·전통·언어·사유 등이 인간의 삶에 투영될 수밖에 없다.

따라서 종교의 내러티브는 단순한 종교성의 서술을 넘어서, 삶의 서술이어야 한다. 종교의 원초적 경험은 매우 특수한 경험이다. 그 경험의 서술은 모름지기 종교성의 경험이자 종교인 자신의 경험적 삶의 일부일 터인데, 그것의 종교사회학적 경험은 인간에게 보편적인 경험의 가능성으로 서술되어야 한다. 불교·그리스도교·유교·도교·이슬람교 등의 종교의 다양한 경험은 하나의 사회 공동체 안에서 인식과 행위에 영향을 미치는 서술 공동체이기도 하다. 그런데 그러한 서술 공동체 자체가 문제가 되고 있다. "종교는 신뢰의 실체이면서 아울러 불신의 실체가 되고 있는 것"[33]이라고 비판받는 것이 바로 그것이다.

앞에서 말한 것처럼 종교는 사회의 이념적 지표와 의미를 생산해 내는 공동체이기 때문에 그 사회적 영향력과 파급은 무시할 수가 없다. 이념적 지표와 의미를 서술해 주는 역할을 하는 종교가 신뢰가 아닌 불신으로 일관하는 것이 오늘의 현실이다. 인간의 문화적 현상으로서의 종교가 사회의 문화와 필연적으로 연결되어 있다는 점에서 보면, 단순히 비판으로 그치는 문제가 아니라 총체적 삶의 위기라고도 볼 수가 있다. 종교의 경험적 서술이 얼마나 건전할 수 있느냐에 따라 그 사회의 총체적 삶의 도덕성과 정신의 건강함을 가늠할 수가 있다는 것은 매우 자연스러운 귀결이다. 그런 차원에서 서술 공동체의 건강함이 곧 사회적 건강함이라고 말한다면 억측이 되는 것일까. 사회의 이념적 지표와 의미가 반드시 서술 공동체 곧 종교 공동체로부터 나오는 것은 아닐 것이다. 하지만 사회적 영향, 혹은 인류의 원초적 경험을 담고 있는 종교 공동체는 직간접적으로 개별적 인간과 사회에 이념과 삶의 의미를 부여하기 때문에 인간의 전체 사회의 서술, 삶의 이야기가 달라지려면 서술 공동체의 성숙은 필연적이다.

그로 인해서 이념과 의미는 곧 사회적 현전(現前; Anwesen, physis+ousia=parousia)이 된다. 즉 그것들은 사회적으로 진리가 지금 나타남, 현재로서 머무르고 있음이 되어 지속적으로 사람들에게 문화로서 서술될 수 있는 것이다. 현재로서 머무르고 있는 것이 아니라면 종교의 문화적 현상은 의미가 없다. 종교가 사회적 이념과 의미로서 항상 나타나 있음으로 존재할 수 있어야 문화적 현상으로 종교는 곧 사회적 실재와 삶을 창조적으로 만들어 갈 수 있기 때문이다.

4. 존 힉의 종교철학

한 종교가 다른 종교와 관계없이, 혹은 다른 이웃 종교와의 관계에서 유일한 진리, 절대적 진리, 즉 참이라고 주장한다면 다른 종교는 거짓일 수밖에 없다. 진리의 독점력이라는 것은 거기에 있다. 그런데 종교 진술 S가 참이거나 거짓일 수 없다. 하나의 종교가 참이라는 요소를 갖고 있지 않다면 그 종교는 거짓일 수밖에 없다. 문제는 종교라는 개념은 판단 불가능성과 애매 모호성이 있기 때문에 종교의 참과 거짓을 논하기 어렵다는 데에 있다. 존 힉(John H. Hick)은 이것을 정확하게 짚어 냈다. "어떤 한 종교가 참임을 믿는 데 사용되는 근거는, 다른 모든 종교가 거짓이라고 믿는 근거로 작용한다. 따라서 어느 종교이든지 항상 그것이 참된 것임을 믿게 해 주는 긍정적인 증거보다는 거짓된 것임을 주장하는 부정적 증거가 더 많게 된다."[34] 그럼으로써 자신의 진리가 참이라고 증명하는 근거들이 다른 종교에서는 거짓으로 된다는 역설이 생겨난다. 자신의 종교가 참이라고 말하는 근거들을 체계화하기 위해서 사용되는 것들 속에는 오히려 참이 아닌 것들, 즉 참이라고 억지를 쓰는 논리와 개념들이 들어 있다는 말이다. 진리 자체를 드러내는 순수성보다 고도로 체계화되는 과정에서 포장되는 이설(異說)이 등장하기 때문이다.

참된 종교는 그렇게 자신의 진리만이 옳다고 주장하는 편협된 사유를 벗어나서 인류의 보편적인 가치와 짝할 수 있는 것이어야 한다. "우리는 종교를 상호 배타적인 체계로서 생각하는 대신에, 인간의 종교 생활을 그 안에서 중요한 소용돌이들이 때로는 서로를 끌어당기거나 배척하기도 하고, 때로는 서로 간에 병합·저항·재강화하는 등의 복잡한 관계를 보여주는 새로운 분야의 힘을, 그것이 강하든지 약하든지 간에, 만들어 주는 역동적인 운동의 연속으로 보아야 할 것이다."[35] 존 힉의 논리대로라면 종교의 자연스러운 현상은 어느 정도 긴장 관계에 있는 것이 건강하다는 얘기일 것이다. 그것은 어쩌면 종교에 새로운 힘이 움트기 위한 힘겨루기가 아닐까. 물론 여기서 긴장 관계를 넘어서 갈등과 폭력으로 치닫는 종교 현상은 전혀 다른 문제이다. 긴장 관계란 종교 간의 배타적 성격에서 나온 역학 관계가 아니라, 종교의 새로운 힘으로서 인간 삶에 활력을 불어 넣고 새로운 역사를 쓰기 위한 정신적 에너지의 발산이라고 봐야 할 것이다. 그럴 때 불교·유대교·그리스도교처럼 '병합, 저항, 재강화' 되는 새로운 정신적, 종교적·문화가 탄생되는 것이다.

이러한 종교는 느닷없이 출현한 것이 아니라 각 지역과 역사적 맥락에서 그 문화적 환경을 가지고 태동하였다. 따라서 각 문명에는 참과 거짓이 없듯이, 종교도 참과 거짓이 없다는 것을 반드시 기억해야 한다. "세계의 다른 종교들도 그들 나름대로 그 종교가 속한 지역 사람들의 삶의 여정과 밀접한 관계를 가지고 있음이 분명하다. 이러한 내용들은 어느 한 문명을 참된 것이라거나 거짓된 것이라고 말하는 것이 부적절한 것처럼, 한 종교를 참된 것이라거나 거짓된 것이라고 말하는 것이 적절치 못한 것임을 보여준다. 이는 인류 역사 내에서의 독특한 종교문화적 흐름이라는 관점에서 볼 때, 종교들이 인간의 유형·성격·사상 유형의 다양성의 표현이기 때문이다."[36]

존 힉의 주장과 같이, 종교를 문화사적 흐름 속에서 판단해 보면, 종교는 각 지역과 민족의 특수하고 독특한 "유형·성격·사상"을 간직한 고유한 것이라는 점을 인정해야 한다. 여기에 참과 거짓이라는 종교의 가치 판단이 들어가면 안 된다. 마치 우리나라의 고려 시대에는 불교가 홍행하고, 조선 시대에는 유교가 통치 이념이자 종교가 된 것처럼 역사적 상황에 따라서 종교의 흥망이 있었을 뿐이지 참과 거짓에 따라 종교의 선택이 있었던 것은 아니라는 말이다. 따라서 그 지역 혹은 그 민족에서 발흥한 종교이든 아니면 세계 도처에서 일어난 종교이든 인류 전체의 종교문화적 흐름에서 다양한 종교와 문화가 존속할 수 있음을 인식해야 한다.

그러나 존 힉은 미래에 종교가 하나로 되는 때가 있을 것이라는 조심스러운 전망을 내놓는다. 세계가 하나가 되는 시대에 살고 있는 이때에, 종교들은 서로 영향을 주고받으면서 융합되거나 일치되는 문화적 현상으로서의 변화가 초래될 것이다. "하나가 되어 버린 오늘날의 세계에 있어서는 종교들이 상호 간의 관찰과 대화를 통하여 의식적으로 교류하고 있으며, 미래에는 종교들이 서로 합쳐지는 방향으로 발전되어 갈 가능성도 있다. 다음 세기 동안에 각 그룹은 서로가 더욱 근접하게 되는 방향으로 지속적으로 변화되어 갈 것이다. 그리하여 언젠가는 그리스도교·불교·이슬람교·힌두교 같은 명칭이 더 이상 그때의 종교적 경험이나 믿음을 표현하는 적절한 수단이 될 수 없게 되는 때가 올 것이다."[37] 이로 인해서 종교는 자신의 명칭, 호명의 독특성을 상실하고 인간의 다양한 문화의 여러 요소들 가운데 하나가 될지도 모른다.

그와 같은 변화들을 이미 다른 여러 종교들에서 볼 수 있는데, 힌두교·불교·서양의 신비주의는 무한 존재라는 초월적 존재에 의해서 매개된 종교들이 아니다. "힌두교의 목사(moksha, 필자주: 해탈, 해방), 불교 사토리(satori, 필자주: 득도, 깨달음), 그리고 서양의 통합적인 신비주의에 있어서처럼 실재자에 대해 매개된 것이 아니라, 분명한 직접적인 깨달음조차도 여전히 그것이 인식력을 가진 인간 정신의 해석 체계에 의해서 영향을 받은 인간의 의식에 의한 체험임을 보여준다. 모든 인간 그들이 물려받았으며 속해 있는 문화에 의해서 영향을 받았다."[38] 그들은 자신의 문화적 체험 속에서 깨달은 인간의 정신 혹은 인간의 의식이 무엇인가를 해석하였다. 그 해석학적 경험과 인식이 자신들이 처해 있는 민족이나 지역, 나아가 역사 안에서 새로운 종교문화를 탄생시켰다고 볼 수 있다.

그러므로 종교란 세계의 다양한 민족·국가·지역·역사의 문화적 산물이라는 점을 상기해야만 한다. 그럴 때 자신의 종교만이 절대적 진리이며 참되다는 오만에서 벗어나 인류의 보편적 문화의 흐름 속에서 각 종교의 위치를 파악하는 눈이 열릴 것이다. 거기에는 어떠한 종교가 우월하고 열등하다는 의식이 존재하지 않는다. 그들이 살아왔던 전통 속에서 배태된 인간 의식의 가치로서 받아들이고, 그것이 인류 전체에게 어떠한 정신적 교류와 성숙을 가져올 것인가에 대해서만 고민해야 할 것이다.

5. 참 종교는 그 종교(문화)의 색깔을 오롯이 드러내는 것이다!

종교란 사람들에게 좋은 색깔을 입히는 역할과 기능을 해야 한다. 단지 자신의 고유한 종교적인 정보 곧 도그마라든가 구원에 이르는 독단적인 방법을 알려 주는 것이 능사가 아니다. 종교 공동체를 들여다보면 자신의 신앙무늬도 제대로 갖추지 못했음에도 불구하고, 일정한 공동체 내부에 소속된 신자라는 것 하나 때문에 자신의 신앙 색깔이나 무늬로 다른 사람들을 재단하는 경우가 많이 있다. 아니 오히려 자신의 색깔이 가장 좋은 것이기 때문에 그 색깔로만 칠해져야 한다고 고집을 한다.

그러나 어디 세상이라는 게 하나의 색깔만이 있던가. 여러 가지 색깔이

어우러져서 조화를 이루며 아름다운 세상을 만들고 있다는 사실을 간과해서는 안 될 것이다. 무엇보다도 자신조차도 완전한 색깔이 아닌 어설픈 색깔-어쩌면 혼합된 색깔-을 띠고 있으면서도 오만과 자만으로 남을 판단하는 일이 없도록 해야 할 것이다. 함석헌은 "종교라고 다 좋은 것은 아니요 참 종교를 알아서 믿어야 하는데 참 종교는 어떤 것이냐 하면 예수를 믿음이란 말이다. 그러나 그 말은 예수를 향해 그저 주여 주여 하면 된다는 말이 아니다. 믿는다는 것은 그 예수를 나로 삼는 일이다."[39]라고 말했다. 여기서 오해를 하지 말아야 할 것은 그가 세상의 모든 종교 중에 가장 으뜸이 되는 종교가 그리스도교라는 말을 한 것이 아니라는 점이다.

그가 위의 문장에서 거듭 강조한 수식어가 '참 종교'다. 참 종교가 되고자 한다면 올바른 믿음을 가져야 하는데, 그 참을 가진 여러 종교 중에 그리스도교라는 종교가 있다는 것이다. 그런데 역설적으로 그 참을 갖지 못한 종교는 종교라고 말할 수가 없는 것이요, 더불어 참다운 신자라고 말할 수가 없는 것은 당연한 이치다. 더군다나 종교 공동체 안에서 언어는 신앙적인 무늬를 가졌고 예수를 닮은 듯하나, 정작 믿는 일에는 예수를 철저하게 자신의 존재 혹은 존재지평으로 끌어들이지 못한다면 어디 신자라고 할 수 있겠는가.

종교가 인간 삶의 건전한 문화로서 많은 사람들에게 인정을 받을 수 있으려면 바로 그러한 정신적 가치나 종교 공동체의 본질적 문화가 내면화되어 있어야 한다. 다시 말해서 뼛속까지 그리스도가 되어야 하고, 마음까지 부처가 되어야 하고, 몸속 깊은 데에 공자가 살아 있어야 한다는 것이다. 그러지 않고서야 감히 나의 종교가 참 종교라고 말할 수가 없을 것이며, 그 종교의 가르침에 따라 사는 참 신자라고 자부할 수 없을 것이다. 물론 종교 그 자체는 참 종교일 수 있으나 그 종교의 본질적인 가르침에 부합하여 살아가지 못하는 신자가 많이 있기 때문에 참 종교가 참되다고 평가받지 못할지도 모른다. 그러므로 이 사회에서 종교문화가 사람들 마음에 뿌리 내리기 위해서는 참과 진실로 자신의 신앙과 삶의 무늬를 만들어야 할 것이다.

더 나아가서 그러한 종교문화는 자신이 신봉하는 종교 공동체의 색깔을 아름답게 드러내야 한다는 것을 명심해야 한다. 경전의 가르침이 내면화되고 자신이 믿는 신앙의 대상과 일치된 삶을 살아내기 위해서 노력하는 모습을 보이지 않는다면 종교의 무늬, 신앙의 무늬를 통해서 사회의 아름다운 그림이 그려지는 것을 기대하기가 점점 더 어려울 수가 있다. 결단코 그 무늬가 자신의 공동체 속에서만 발현되는 것이 되어서는 안 된다. 사회의 많은 사람들이 지금 그 무늬를 보기를 원하고 깊이를 상실해 가는 정신세계에 아름다운 밑그림을 그려 주기를 바란다는 사실을 잊지 말아야 한다.

종교 자체의 고유 무늬가 퇴색되는 날, 사람들은 더 이상 종교를 찾지 않을 것이고 종교 안에서 희망을 보려고 하지 않을 것이다. 사회를 구성하는 종교는 사회의 일부분의 문화를 감당하고 영향을 미치는 것은 사실이지만, 다른 문화와는 달리 종교는 높은 정신과 영적인 가치를 추구하는 것이기에 자신의 삶의 무늬나 신앙의 무늬에 대해 그 누구보다도 책임감을 느끼고 늘 성찰하는 일에 게으르지 말아야 할 일이다.

— 제3장 —

종교와 음식문화

1. 종교음식의 성격과 성사

인간은 먹는 문제와 분리될 수 없는 생리적 한계와 생활 방식을 가진다. 그런데 인간은 그러한 먹음이라는 문제를 종교와 연관시켜서 생각을 해왔다. 정진홍은 음식의 종교적 기원에 대한 몇 가지 공통적인 견해를 설명해 주고 있다.[40] 1) 먹이는 인간이 아니라 초월적 존재에 의해서 주어졌다는 것이다. '위로부터', '하늘로부터' 주어짐으로써 인간은 그 음식에 대해서 감사와 감격을 표현한다(인도에서 쇠고기를 먹지 않는 것은 소가 신성하기 때문인데, 이것은 신성화된 토템을 나타낸다). 2) 음식은 신의 죽음과 연계되어 있다. 그래서 음식은 대체로 신의 몸이거나 신적인 존재의 주검이다. 따라서 음식을 먹는다는 것은 신을 먹는다는 것과 다르지 않으며, 먹는 행위를 통해서 신에게 참여를 하는 것이다.

음식에 종교적으로 특별한 금기(taboo, 금지된 어떤 것)를 정하는 경우가 있다. 금기를 설정한 합리적인 이유가 설명되고 있지 않지만, 그것은 절대자의 뜻으로, 전승된 전통의 권위를 신성화함으로써 그 당위성을 설명한다. 자칫 음식은 오염될 수 있는 것이고, 그래서 부정하게 된 음식에 금기가 설정되는 것이다. 오직 정결한 음식만 먹을 수 있다. 히브리 성서 모세오경(창세기·출애굽기·레위기·민수기·신명기)에는 그러한 음식 규정들이 대거 열거되어 있다(돼지·새우·굴 등). 이슬람의 경우에도 집에서 기른 나귀·사자·호랑이·곰·표범·코끼리·늑대·족제비·다람쥐·부엉이·개 등을 먹어서는 안 된다. 이 밖에 다른 사람이 소유하고 있는 것, 죽은 동물, 피, 돼지, 다른 신의 이름으로 도살된 것, 우상으로 바친 것 등은 금기 대상이 된다. 이슬람에서는 도살에 대해서 정교하게 규정해 놓고 있는데, 제의적 도살을 자카(Zhakah), 도살의 절차를 자브(Zhabh), 단번에 살해하는 일을 나르(Nahr)라고 한다.[41] 그리스-로마인들은 희생 제물로 바치지 않은 동물은 부정하다고 여겼으며, 특히 황소는 먹지 않았는데 그 이유는 밭을 갈아야 하는 동물이었기 때문이었다.

그리스도교의 경우 음식을 먹는 행위, 즉 성체성사를 하나의 성사로 제정해서 매 주일마다 거행한다. 성체성사는 성사(聖事, sacramentum)라는 거룩한 행위로 분류되는데, 여기에는 개신교와 가톨릭이 다소 다른 입장을 취하고 있다. 이른바 7성사(세례성사·견진성사·성체성사·고해성사·병자성사·신품성사·혼인성사)라고 하여서 가톨릭은 7가지의 성사 중에 하나로 성체성사, 즉 먹는 행위를 통해서 신과의 공존이나 초월적 존재의 육화(肉化) 사건으로 보고 있는데, 대부분의 개신교(7성사 중에서 오직 세례=세례성사와 성만찬=성체성사 2성사만 지킴)는 매 주일은 아니고 특정한 날에만 거행하여 먹는 행위를 통해서 참회나 기념을 하는 모습을 볼 수가 있다.

> 예수는 자신의 제자들에게 잔을 들어 올리면서 "이것은 내 피로 세우는 새 언약이니 너희와 죄 사함을 위해 붓는다"고 했다. 문제의 피는 물질적 요소가 아니라 그리스도와 밀접하게 결합돼 있는 그 무엇이다. 성찬식에서 먹는 그리스도의 몸인 빵은 와인으로 인하여 의식의 대상이 된다. 와인과 빵은 영혼과 육신, 주체와 객체, 모서리에 선 반사체와 세계 안에 있는 사

물로서 병립하고 있다. 그리스도교도의 관점에서 성찬은 '선물' 로 묘사되는데, 아가페적 사랑의 선물은 그리스도가 십자가에 못 박혀 자기 자신을 내준 그 선물로 재현된다. 술을 통하여 이런 생각을 전달함으로써, 그리스도교의 성찬은 우리에게 사상의 감각적 이미지를 제공한다.[42]

농업을 기반으로 한 경제와 이를 바탕으로 성장한 도시는, 주식으로 이용되는 곡식이나 쌀과 더불어 포도나무를 신성시하는 의식을 탄생시켰다. 빵과 와인이 성찬식에서 사용된 것은 확실히 이런 의식에서 비롯되었을 것이다. 엘리엇에 따르면, 성찬식이란 '시간을 초월한 존재가 시간과 교차하는 곳' , 혹은 주변부로부터 존재의 한가운데로 힐끗 시선을 돌리는 것이라고 한다. 그리스도교에서의 성찬식은 시원에 대한 갈망에 그 뿌리를 두고 있다. 추수감사절이나 성찬식은 유대인들의 식사에서 유래했다. 그런 식사자리에서 와인은, 사랑이 넘치는 신이 인류에게 베푼 기쁨의 증표였다. 그런 식사는 키두쉬(Qiddush, 빵과 포도주를 놓고 축복과 기도문을 암송하는 의식)와 더불어 시작되는데, 우선 잔을 들어 '포도나무에 결실을 맺게 한 우주의 왕' 인 신을 찬미한다. 이후에 빵을 나누어 참석한 사람들에게 돌린다. 예수가 몸소 행하여 의미를 드높인 이 아름다운 의식은, 고대의 신비의식과 유사한 특징을 갖는다. 빵과 와인이라는 선물은 케레스(Ceres, 로마 신화에서 곡물의 여신), 프로세르피네(Proserpine, 로마식으로 표기한 그리스 신화의 페르세포네, 농업의 여신 데메테르와 제우스의 딸로서 하데스에게 납치되어 명계로 끌려감), 디오니소스와 관련된 의식에 속한다. 이 흥겨운 식사는 일종의 희생제의로서 구성원들이 일체감을 갖는 계기를 마련해 준다. 또 그리스도교의 입장에서는, 인류의 죄를 대속하기 위하여 희생제물이 된 예수의 선물을 기억하게 함으로써 공동체의 결속력을 유지하도록 한다. 희생으로부터, 그리고 희생제의를 기억하려는 '공동체' 의 집단적 행위로부터 그리스도인들은 신비

한 안락감, 사랑을 통한 재생의 느낌을 얻는다.[43]

위에서 언급한 것처럼, 로마의 바쿠스(그리스는 디오니소스)를 기리는 광란의 축제에서는 포도주를 먹고 난잡한 축제를 즐겼는데, 그리스도교에서는 적포도주가 '최후의 만찬' 에서 그리스도가 제자들과 함께 나누어 먹었던 영원한 생명의 음료였던 되었던 것이다("…그리고 잔을 들어 감사의 기도를 올리신 다음 제자들에게 건네시자 그들은 잔을 돌려가며 마셨다. 그때에 예수께서 이렇게 말씀하셨다. '이것은 나의 피다. 많은 사람을 위하여 내가 흘리는 계약의 피다.'", 마르 14,22-24). 가톨릭에서뿐만 아니라 교회에서는 엄숙하고 경건하기 이를 데 없는 성체성사에 포도주를 사용하였고, 이를 위해 일찌감치 교회에서는 포도를 직접 재배하기 시작하였다.[44]

2. 하늘, 수도자의 밥상에 내려오다!

프랑스 속담에 때맞추어 잘 왔다는 뜻으로 "사순절의 생선처럼 찾아온다."는 말이 있다. 이 한마디는 수도원의 음식에 생선이 포함되어 있었다는 역사인류학적 정보를 제공해 준다. 우리가 잘 아는 수도원의 역사는 지금으로부터 약 1,400년 전 6세기 초에 누르시아의 베네딕도(480~555/560?)가 오직 신앙을 위해 살고자 하는 남자들로 구성된 공동체를 결성하면서 시작되었다. 당시 수도원은 유럽 사회의 종교적, 정신적 삶의 중심이었다. 수도자가 되기 위해서는 복음삼덕(福音三德)인 청빈·정결·순명이라는 삼대서원(三代誓願)을 해야만 했다. 그래서 우리는 수도자하면 그들이 몹시 가난하게 살았다고 생각할 수도 있지만, 그렇다고 수도원이 세속적인 음식을 혐오하면서까지 자발적인 가난을 택했다는 것을 뜻하지는 않는다.

수도원에는 포도주, 빵, 기름, 그리고 고기가 흔했다고 한다. 그리스도의 육체로서 하늘에서 내린 음식으로 인식하였던 빵은 그리스도의 피를 상징하는 포도주와 더불어 미사를 위한 필수적인 요소였고, 기름은 성사(聖事)를 집행하는 데 필요한 성소의 등화(燈火) 수단이었다. 수도원은 일찍부터 채식이 평화를 상징한다는 그리스 철학의 전통에 영향을 받아 그리스도교의 참회의 한 방식으로 육류의 금식을 선포했다. 특히 인류의 구원을 위해서 고통과 고난을 당한 예수를 기억하며 40일 동안 경건하고 거룩하게 지내는 사순절에는 육식을 금했다. 이 때문에 야채 요리와 생선 요리 같은 더 풍부한 대체 음식을 탄생시키는 결과를 가져왔다. 그런 연유로 유명한 알베르투스 마그누스(뱀장어)나 토마스 아퀴나스(청어)도 생선을 즐겨했던 것 같다. 물고기 혹은 생선은 부활절에 먹는 가벼운 음식으로서, 중세에는 육식을 금하는 날이 지금보다 많이 있었기 때문에 고기를 대신하여 많이 소비했다. 물론 먼 거리에서 수송을 해 와야 한다는 문제가 있었다.

또한 수도원에서는 달걀·치즈·맥주·와인 음식이 발달하였다. 그중에서도 달걀 요리는 다양한 변화를 시도하면서 음식의 맛을 더욱 풍요롭게 하였다. 섞어서 먹기도 하고, 굽거나 삶아서 먹기도 하였다. 전해 오는 문헌에 따르면 식사 때에는 물이나 과일 주스를 마시지 않고 맥주와 포도주를 마시고 일요일에는 꿀술을 마셨다는 기록도 있다. 대부분의 수도원들은 직접 포도를 재배하고 맥주를 양조하고 가축을 사육했기 때문이다.

맥주는 처음에 농민들의 집에서 만들었지만, 맥주와 포도주의 관리는 중세 초기부터 수도자들이 도맡았다. 그러다가 9세기 초에 칼 대제가 가톨릭 교회를 원조하여 서로마 제국을 부흥시키면서 본격적으로 수도원에서 만들기 시작했다. 자연스럽게 맥주의 수요는 증가하였고 무엇보다 농민들로부터 보리(보리의 맥아로 만든 빵이 맥주를 발효시키는 데 사용) 등의 생산물을 공양 받은 수도원은 맥주를 만들기에 적합한 환경이었다. 수도원산 맥주 제1호는 스위스의 생트가렌 수도원에서 820년에 만든 것이었다. 수도자들은 맥주를 일상 음료로 일정량 지급을 받았지만 양조한 술을 너무 많이 마셔댔다. 급기야 교회 당국에서는 9세기부터 포도주와 맥주의 양을 규정하는 비율표를 작성하여 술 소비를 제한하고, 하루 배급량을 규제할 정도에 이르렀다.

그뿐만 아니라 수도원은 대규모의 사과밭, 허브밭을 비롯한 과수원을 소유하여 상황에 따라 사과·배·자두·모과 외에 밤·헤이즐넛·호두·아몬드·무화과 같은 것도 재배했다. 그렇게 함으로써 성목요일은 허브 수프를, 성금요일은 생선 요리를, 부활절에는 양고기 구이, 달걀을 먹을 수 있었다. 이러고 보면 수도원은 부족한 것이 없이 무척 풍족했다는 것을 알 수 있다. 이로 인해 일부 부유한 수도원의 경우 매일 식사가 5,000~6,000칼로리를 함유할 정도였다고 한다. 현재 우리나라 성인이 하루에 섭취해야 하는 열량이 약 2,100~2,600칼로리라고 할 때, 거의 두 배가 넘는 열량을 섭취했다고 볼 수 있다.

그래서였을까? 프랑스 루이 15세(1226~1270년 재위)가 상스의 작은형제회 수도원을 방문했을 때, 그가 얼마나 잘 환대받았는지 이렇게 술회했다. "우선 버찌가, 그러고 나서 눈처럼 흰 빵"(서민들은 '검은 빵'을 먹음)이… "그런 다음 우유에 삶은 어린 콩, 생선, 가재, 뱀장어(로마의 시인이자 미식가였던 아르케스트라토스[Archestratos de Gela, BCE 4세기]가 '식탁의 왕자, 맛의 극치'라고 절찬했던 뱀장어는 그리스도교에서 고기를 먹으면 안 되는 날이 많았기 때문에 귀중한 식재료로 사용) 파이, 아몬드 우유와 다진 계피를 곁들인 쌀밥, 맛있는 소스를 뿌린 뱀장어, 케이크, 염소젖으로 만든 치즈… 과일들도 푸짐하고 품위에 맞게 대접받았다." 이러한 내용으로 봐서는 아마도 수도원 안에는 오랜 수련 덕분에 유능한 요리사가 된 수도자가 있었던 것이 틀림없다.

중세 말기에는 베네딕도 수도원과 한뿌리에서 나온 시토 수도회가 가장 많은 포도원을 소유하고 있었다. 십자군 전쟁은 수도원을 통하여 와인 산업이 발전하는 데 중요한 기폭제 역할을 하였다. 전쟁터로 떠나는 귀족들은 자신들의 안위를 위해서 사제들에게 기도를 부탁하면서 포도원을 희사하였고, 나중에 십자군 전쟁으로 말미암아 가족을 잃은 사람들은 망자를 위로하기 위해 포도원을 수도원에 바쳤기 때문이다. 이 두 수도원은 고질적인 기아에서 백성들을 구휼하기 위해서 새로운 치즈를 만들어 보급하는 일에 앞장서기도 하였다. 농민들의 식사가 수프(속라틴어로 suppa라고 한 데서 기원. 구운지 오래된 빵은 딱딱해서 먹기가 어려워 뜨거운 국물이나 와인 등의 액체를 부어 불려서 먹음), 죽, 치즈, 빵이 주식이었던 것도 그런 데서 연원한 것이 아닌가 생각한다.

이러한 수도원의 음식 발달 및 변천과는 달리 베네딕도의 『수도규칙』에는 하루 두 끼니에 두 가지 음식을 초과하지 않도록 규정하고 있다. 여기에는 과일이나 서민들의 음식이라 여겼기 때문에 귀족들은 거의 먹지 않았던 연한 채소가 있을 경우 음식을 더 추가할 수 있었다. 또한 빵은 하루에 약 300그램으로 충분하다고 여겼다. 무엇보다도 이러한 음식 규정은 수도자들이 과식을 피하고 소화불량에 걸리지 않도록 하기 위함이었다. 과식은 수도자의 마음을 둔하게 만들어 영성적으로 해로울 수 있기 때문이다. 이와 관련하여 『아우구스티누스 규칙서』에서도 음식과 음료에 대해서 절제하라고 명시하고 있다. 이는 음식에도 사치가 있을 수 있다는 교훈을 주는 것이다. 사치(奢侈)는 원래 사람이 필요 이상으로 음식을 많이 먹는 것을 뜻한다. 과식이란 곧 음식의 사치라는 측면도 있는 것이다. 음식의 사치가 심해지면 너무 많이 먹어서[品+山] 생기는 병[疒], 즉 암(癌)이 발생하는 것이다.

수도원에서 술은 수도자들에게 원칙적으로 영적 생활에 도움이 되지 않는다는 입장이었지만, 그래도 그 당시의 분위기에 따라서 약간의 음료는 용인하였다. 과음을 하지 않는다는 전제에서 말이다. 수도원에서 술이란 지혜로운 사람까지도 타락하게 만든다고 생각했다. 『수도규칙』에서 인상적인 것은 그 마을에서 구할 수 있는 음식이나 또 규정된 음식의 분량만 먹는다 하여도 불평하지 말라는 것이다. 또한 식사를 하는 시간은 반드시 햇빛이 있는 시간에 하라는 규정도 마음에 와 닿는다. 오늘날 우리의 먹을거리들은 먼 거리에서 이동해 오면서 신선도가 떨어질 뿐만 아니라 환경문제도 일으킨다. 게다가 지역 경제에도 도움이 되지 않는다. 수도원에서는 그 지역에서 생산된 음식 재료를 사용하자는 취지였던 것 같다. 또 음식을 먹는 동안은 아무래도 불을 켜 놓고 식사를 하기보다는 자연 채광이 들어오는 시간에 함으로써 자연과 우리 몸에 부담을 주지 않는다는 것도 잘 알았던 것 같다. 수도자들에게서 배울 수 있는 생태적인 지혜이다.

채식은 평화와 비폭력의 음식이며, 자연스럽고 단순하며 검소한 생활의 표시였다. 그리스도교의 은수자들에 의하면, 채식은 몸을 가볍게 하여 영혼이 자유롭게 일할 수 있도록 만드는 도구였기 때문에 영적인 금욕의 상징이었다. 베네딕도 수도회의 음식 영성에 입각해서 본다면, 오늘날 과식과 과음, 폭식과 폭음이라는 음식의 사회적 현상은 맑은 정신과는 거리가 먼 것이다. 사회·문화적으로 몸에 대한 관심이 많아짐으로써 무엇을 잘 먹을 것인가에 지나치게 몰두해 있는 반면에, 정말 자신이 먹는 것이 정신세계에 어떠한 영향을 미치는가는 관심을 갖지 않는다. 그래서 혹자는 자신이 무엇을 먹는가를 면밀하게 살펴보면 자신이 누구인지, 자신이 어떠한 존재인지를 알 수 있다는 말을 하였다. 일리가 있는 말이다.

베네딕도의 『수도규칙』에서 귀 기울여야 할 또 다른 목소리는 음식규정에 대한 생태영성적 가르침이다. 그가 생각한 것은 무엇을 먹을 것인가에 대한 고민이 아니었다. 지금 우리가 먹는 음식의 가짓수는 참으로 많지만 정작 먹을 만한 음식, 또 먹기에 안전한 음식은 매우 드물다. 수도원에서 무엇을 먹는다는 것은 그들이 누구인가, 즉 그들의 존재를 드러내 주는 것이다. 현대인들이 맛있는 음식을 소화불량에 걸릴 정도로 많이 먹으려고 하지만, 수도자들은 음식이란 인간의 영혼이나 정신을 건강하게 만들어 주면 그것으로 족하다는 생각을 가지고 있었다. 정신이나 도덕, 윤리가 첫째이고 음식은 둘째라는 수도자적 삶의 자세다. 그런데 우리가 사는 세상은 음식이 먼저이고, 정신은 나중으로 생각하면서 음식과 정신을 이분법적으로 본다. 음식과 정신을 머리로는 나눌 수 있을지 모르지만 기실 이 둘은 별개가 아니라 하나이다. 예수는 빵만으로는 살 수 없다고 했다. 여기에서 우리는 왜 그가 물질적인 양식만이 아니라 영혼과 정신을 위한 양식이 필요하다(마태 4,4)고 말했는가를 생각해 봐야 한다.

음식, 식사라는 뜻의 독일어 단어 '말'(Mahl)은 영어의 meal과 같은 뜻으로, '정해진 시간', '시점'을 가리킨다. 식사 끼니로 하루와 때를 분할했다는 것을 엿볼 수 있는 말이다. 옛날에는 세 끼를 먹음으로써 하루의 시간을 나누었다는 것이다. 독일 남서부 바덴과 스위스에는 츠뉘네(Zn üne)라는 새참 시간이 있다고 한다. 오전 9시에 갖는 첫 번째 휴식 시간인데 바이에른에서는 '빵 시간'(Brotzeit)이라고 부른다. 먹음이라는 행위가 때를 결정하는 중요한 역할을 했다는 말이다. 하느님께서 선사하신 시간을 향유했다는 뜻도 된다. 그뿐만이 아니다. 함께 식사를 한다는 것은 모두가 상에 오른 음식을 나눈다는 뜻이다. 우리나라 한자어 식구(食口)나 영어의 family라는 말도 거의 같은 뜻을 품고 있다. 그래서 음식을 먹는다는 것은 이른바 사회적 결속력이나 유대감을 나타내는 것이다. 마찬가지로 '동무', '동료'라는 말의 컴패니언(companion)은 라틴어 콤파니오(companio)와 상응하는 말이다. '-와 함께'라는 뜻의 쿰(cum)/콤(com)과 '빵'을 뜻하는 파니스(panis)의 복합어이다. 풀이한즉슨 빵을 나누는 사이, 혹은 한솥밥을 먹는 사이라는 말이다.

3. 음식은 생명이다!

수도원에서는 수도자들이 식당에 모두 모여야 식사를 시작한다. 식사를 다한 수도자들은 동료 수도자들이 식사를 다 끝마칠 때까지 편안하게 기다려 준다. 다른 이들에 대한 배려다. 함께 식사를 한다는 것은 결국 하나의 공동체라는 것, 하느님의 가족이라는 것을 더욱 확고하게 하는 것이며 식사자리에도 하느님의 존재가 함께 머문다고 믿었다. 그만큼 식사라는 의식을 소홀히 할 수 없었을 것이다. 그런 의미에서 오늘날 곳곳에서 이루어지는 식사라는 행위는 개인의 행위라기보다는 공동체적 행위이자 같은 식탁에 앉은 사람과 서로 마음을 나누고 생각을 나누는 것이라고 봐야 할 것이다. 나아가 먹음, 혹은 식사는 우리를 구원하는 의례가 될 것이고, 우리가 우주의 에너지로 살고 있다는 공동체적 삶을 깨닫게 하는 것이다. 왜냐하면 태양이 떠오르는 것은 죽은 자들의 부활을 상징하듯이, 태양 에너지를 먹고 사는 우리도 매 순간 부활한다고 볼 수 있기 때문이다. 또한 태양 에너지로 살고 있는 우리가 음식을 섭취하게 되는 순간 우주와 일치되는 것이며, 하느님의 모든 피조물과 만나게 된다. 우리는 그들과 함께 있으며 그들은 우주 공동체의 동무가 되는 것이다.

음식은 성스러운 것이고 식사는 거룩한 행위이다. 베네딕도 수도회의 수석 아빠스인 노트커 볼프(Notker Wolf, OSB)는 "좋지 않은 음식보다는 차라리 아무것도 없는 것이 낫습니다."라고 말한다. 우리나라 학교 급식은 그 취지와 편리성 면에서 좋다고는 하지만, 아이들의 입맛을 오염시키는 원인이 되기도 한다. 그들이 먹는 고추장은 설탕을 정제해서 만든 물엿이 들어가 있다고 한다. 바깥으로 나가면 온갖 정크푸드와 패스트푸드가 그들을 유혹하여 비만과 당뇨병을 일으키는 원인이 된다. 화학조미료, 인공 향신료, 감미료, 흰 설탕에 익숙해진 어린이들은 전통적인 음식과 정말 좋은 음식의 맛을 느끼지도 못한다. 맛이 왜곡되었기 때문이다. 수도자들이 자연의 리듬에 맞추어 생활하고 자연이 제공하는 생명을 맛보려고 하였던 것처럼, 자연의 법칙을 거스르지 않고 음식을 섭취한다는 것은 매우 중요하다. 시간을 경제적 가치로만 평가하는 요즈음, 그에 따라 현대인의 삶의 속도가 빨라졌다고 너무 인스턴트 음식에 의존하는 것은 자연의 리듬을 역행하는 것이다. 음식은 경제적 가치로만 산정할 수 없는 자연의 이치를 따르고 있다는 것을 기억해야 한다. 혹 자연의 음식은 우리를 기다리고 있지만 우리가 음식으로부터 멀리 도망가려 하는 것은 아닐까? 그러므로 느림의 지혜를 배우고 제때에 자연이 베풀어 준 음식을 천천히 음미하면서 맛볼 수 있는 여유가 사람들을 더욱 건강하게 할 것이다.

음식은 신의 선물이다. 왜냐하면 우리의 미각을 즐겁게 해 주는 음식은 인간이 살아가는 데 꼭 필요한 것임에 틀림없기 때문이다. 하지만 오늘날 우리는 음식의 과잉, 음식의 풍요, 그로 인한 비만의 시대에 살고 있다. 설령 수도원의 생활을 이상적인 음식의 척도로 삼을 수는 없을지라도, 그들이 생각했던 것처럼 음식은 하늘과 땅, 그리고 그 음식을 위해서 땀 흘린 모든 사람들에 의해서 주어진 선물이다. 선물은 그것을 준 이의 마음과 뜻이 담겨 있다. 신의 의도, 자연의 의도, 사람의 의도는 결국 하나이다. 그것은 바로 '생명' 이다. 음식은 자신도 살리고 남도 살리는 생명이어야 한다는 것이다. 그러므로 음식을 먹는다는 것은 하늘 생명, 곧 신의 마음을 먹는다는 것과 맥을 같이한다. 음식은 사람들을 위해서 하늘의 마음을 내놓은 것이고, 음식을 먹는 시간은 하늘의 시간을 함께 공유하는 것이다. 음식은 스스로 죽음을 통해서 우리에게 식사 시간을 주는 본질적인 존재이자, 식사를 하는 사람과 음식, 그리고 나 자신, 가족을 위해 한가로운 시간을 내는 것이고 음식을 나누는 순간에 머물러 있는 것이다. 그래서 "함께 식사를 하는 것은 매우 중요한 의식이다. 일반적으로 함께 식사를 하지 않으면 함께 사는 것도 깨진다." 그와 같이 수도자들은 자신의 죽음으로 또 다른 존재에게 생명이 되어 준 음식을 통해서 하느님의 절대성과 하느님의 현존을 생각했을 것이다.

따라서 음식을 낭비한다는 것은 곧 하느님의 시간과 죽음을 소홀히 대한다는 것을 의미한다. 음식에는 생명이 누렸던 시간이 종말을 맞이하고, 그 생명의 죽음을 통하여 우리 생명의 시간을 살게 되는 것이니 음식을 나누는 시간은 하느님과 모든 생명 존재들에게 감사하는 시간이 되어야 마땅한 일이다. 그러므로 식사를 할 때는 온전히 내 몸 안에 들어오는 음식에 나를 맡기라. 음식이 온몸에 채워지는 것을 통하여 하늘마음을 느끼라. 그리고 음식과 더불어 잠시 삶을 멈추고 생각하라!

— 제4장 —

그리스도교(예수)의 청빈 사상

1. 예수의 청빈 사상

예수를 뒤따름은 단지 추상적 삶을 뜻하지 않는다. 그것은 구체적인 삶의 모습과 방향이 전제되는 것이다. 그런 의미에서 예수를 따른다는 것은 그의 말씀과 행위가 오늘날의 현실 속에서도 여전히 닮음으로 작용한다는 것이고 그것이 역동적으로 삶에 침투하여 변혁해 나간다는 의미다. 예수 닮음(Christi Imitatio)에서 중요한 핵심은 이른바 예수의 말씀과 행위를 가장 먼저 기록한 마르코의 이야기를 통해서 알 수 있다. 그것은 그의 복음서가 현존하는 복음서들 중에 가장 먼저 씌어졌기 때문에 예수의 말씀과 행위의 원형을 가장 많이 담고 있을 것이라고 판단해서이다. 특히 이 장의 핵심은 청빈(또는 가난)에 대한 예수의 사상을 집중적으로 알아보고 그 의미가 오늘날의 소비와 소유 문제에 어떠한 영향력을 미칠 수 있는지 그 가능성을 타진해 보고자 한다. 그래서 이 장에서는 마르 10,17~31절에 나타난 예수의 청빈관을 역사 비평 방법을 통해 분석하면서 가난에 대한 예수의 참 뜻이 무엇인지를 분별하고자 한다. 그의 의도가 전적인 무소유를 주장했는지 아니면 분배 정의에 입각한 재분배를 의도했는지를 알아본다면 오늘날 우리의 삶의 모습과 생태 위기는 좀 더 다른 각도에서 바라볼 수 있고 실천 의지 또한 달라질 것이라고 본다.

2. 텍스트(성경)

17 예수께서 길을 떠나시는데 한 사람이 달려와서 그분 앞에 무릎을 꿇고 "선하신 선생님, 제가 영원한 생명을 물려받으려면 무엇을 해야 합니까?" 하고 물었다. 18 그러자 예수께서는 그에게 이렇게 말씀하셨다. "왜 나를 선하다고 합니까? 하느님 한 분 외에는 아무도 선하지 않습니다. 19 당신은 계명을 알고 있지요. '살인하지 말라, 간음하지 말라, 도둑질하지 말라, 거짓 증언하지 말라, 손해 끼치지 말라, 너의 아버지와 어머니를 공경하라' 고 했습니다." 20 그러자 그 사람은 예수께 "선생님, 그런 것은 제가 소년 시절부터 다 지켜 왔습니다" 하고 말씀드렸다. 21 예수께서는 그를 눈여겨보고 대견하게 여기시며 말씀하셨다. "당신에게 한 가지가 부족합니다. 가서 가진 것을 모두 팔아 가난한 사람들에게 주시오. 그러면 하늘에서 보물을 차지하게 될 것입니다. 그러고 와서 나를 따르시오." 22 그러나 그는 이 말씀 때문에 슬픔에 잠겨 근심하면서 물러갔다. 사실 그는 많은 재산을 가지고 있었던 것이다. 23 그러자 예수께서는 (주위를) 둘러보시면서 제자들에게 "재산을 가진 사람들이 하느님 나라에 들어가기는 참으로 어렵구려!" 하고 말씀하셨다. 24 제자들은 예수의 말씀을 듣고 놀랐다. 예수께서는 거듭 그들에게 말씀하셨다. "어린 친구들! 하느님 나라에 들어가기란 참으로 어렵구려! 25 부자가 하느님 나라에 들어가는 것보다는 낙타가 바늘귀로 빠져나가는 것이 더 쉽습니다." 26 그러자 그들은 더욱 놀라 서로 말하기를 "그렇다면 누가 구원받을 수 있겠는가?" 하였다. 27 예수께서 그들을 눈여겨보시면

서 말씀하셨다. "사람들은 할 수 없으나 하느님은 그렇지 않습니다. 하느님은 무슨 일이나 다 하실 수 있기 때문입니다." 28 베드로가 예수께 "보시다시피 저희는 모든 것을 버리고 선생님을 따랐습니다." 하고 여쭈었다. 29~30 예수께서 말씀하셨다. "진실히 여러분에게 이릅니다. 나 때문에 또한 복음 때문에 집이나 형제나 자매나 어머니나 아버지나 자녀나 토지를 버린 사람으로서 그 백 배를 되받지 못할 사람은 아무도 없습니다. 지금 현세에서는 박해도 당하겠지만 집과 형제와 자매와 어머니와 자녀와 토지를 되받고 또한 내세에서는 영원한 생명을 받을 것입니다. 31 그런데 첫째로서 말째가 되고 말째로서 첫째가 되는 이들이 많을 것입니다."

3. 본문의 구조(성경)

17~31절은 대담 형태의 상황어이다.[45] 원래가 세 개의 전승들이 따로따로 전해 오다가 마르코가 한 자리에 모아 놓은 것이다. 이 세 개의 전승들을 세분화해 보면 다음과 같다.[46]

10,17~22 부자를 만나심

10,23~27 예수께서 제자들에게 부가 하느님 나라에 들어가는 데 장애가 된다고 말씀하심

10,28~31 포기의 대가에 대한 베드로의 질문과 예수의 답변

이 세 개의 전승들을 한 데 모아 놓고 '재산 그것의 포기' 에 대한 주제로 일관되게 편집하려고 마르코가 애를 썼다.

4. 본문 분석(성경)

> 17 예수께서 길을 떠나시는데 한 사람이 달려와서 그분 앞에 무릎을 꿇고 "선하신 선생님, 제가 영원한 생명을 물려받으려면 무엇을 해야 합니까?" 하고 물었다.

eis hodon(에이스 호돈, 길을 떠나시는데)은 마르코의 편집일 것이다. 특히 마르코의 길 모티브(Way Motif)는 제자들이 일정 기간 예수를 잘 따르는 것으로 묘사되고 있다(6,1; 8,10; 10,46; 14,32). 그 외 Way Motif는 8,27; 9,33-34; 10,17.32.52 등에 나타난다. 그러나 마태오와 루가는 '길 모티브' 를 삭제한다. 마르코의 경우 14장이 끝나면서 마르코 복음서에서 중요한 배역을 맡았던 베드로와 그의 제자들은 복음서 전면에서 사라진다.[47]

여기에서 '한 사람' 이 정확히 누구인지 우리는 모른다. 다만 22절에 가서야 그가 부자였음을 암시하는 구절을 대하게 된다. 아마도 전기적 관심이 없는 마르코의 특성상 그저 인류를 대표하는 보편적인 인간으로 볼 수도 있겠다.[48] '달려와서 무릎을 꿇었다.' 는 표현은 랍비에게는 어울리지 않는 존경의 표현도, 겸손의 표현도 아닌 예수의 환심을 사기 위해 호들갑을 떠는 몸짓에 지나지 않는다.[49] 또한 '선하신 선생님'(didaskale agathe)은 유대 문학양식에서는 매우 드문 표현이다. 왜냐하면 '선하다.'라는 낱말은 하느님에게만 적용되었기 때문이다.

사실 유대교 관점에서는 하느님 한 분만이 선하신 분이시다.[50] '영원한 생명(=하느님 나라)을 물려받는다.'는 것은 유대교에서 흔히 쓰는 표현이다(시편 3,16; 14,6.10; 2마카 7,9; 4마카 15,3).[51] 마카베오 시대 이래(기원전 약 200년)로 죽음 이후의 생명에 대한 기대는 바리사이파와 묵시문학의 토대 위에 정착하게 된다. 현세 안에서의 신앙심과 생명은 영원한 생명의 전제 조건이다. 그래서 당시의 유대인들은 영원한 생명에 들어가기 위해 가장 열심히 해야 할 것이 무엇인지에 관심을 집중하였다. 따라서 유대교에서 영원한 생명을 얻는다는 표현은 지극히 자연스러운 것이다.[52] '무엇을 해야 합니까?' 에는 구원을 인간의 업적이나 성취를 통해서 얻는 것으로 생각한 것이다. 그러나 구원은 전적으로 하느님의 선물(10,15)로 주어진다는 사실을 알아야만 한다.[53]

> 18 그러자 예수께서는 그에게 이렇게 말씀하셨다. "왜 나를 선하다고 합니까? 하느님 한 분 외에는 아무도 선하지 않습니다.

'선하다' 는 말은 하느님에게만 속한 용어이다. 그러므로 그 용어는 아무 생각 없이 또는 경박한 찬사의 방편으로 사용되어서는 안 된다.[54]

> 19 당신은 계명을 알고 있지요. '살인하지 말라, 간음하지 말라, 도둑질하지 말라, 거짓 증언하지 말라, 손해 끼치지 말라, 너의 아버지와 어머니를 공경하라.' 고 했습니다."

십계명의 6, 7, 8, 9, 5의 순서대로 나와 있다. 이것을 구약성서에 나와 있는 십계명과 비교해 보면 다음과 같다.

마르 10,19	출애 20,12-16; 신명 5,16-20
6. 살인하지 말라	5. 부모를 공경하라
7. 간음하지 말라	6. 살인하지 못한다
8. 도둑질하지 마라	7. 간음하지 못한다
9. 거짓 증언하지 말라	8. 도둑질하지 못한다
손해 끼치지 말라	9. 이웃에게 불리한 거짓 증거를 못한다

5. 부모를 공경하라

보는 바와 같이 마르코는 계명을 나열하는 데 있어서 십계명 전승에 의존하고 있다. 그러나 '손해 끼치지 말라'는 십계명에 없다. 이것은 신명 24,14; 집회 4,1에서 따온 것으로 가난한 사람들에게 정당한 임금을 제때에 지불하지 않아 그를 곤경에 빠뜨리지 말라는 것이다.[55] 그런데 제5계명을 맨 나중에 둔 이유는 무엇일까? 또한 그 중요한 안식일 계명은 왜 또 빼먹었을까? 먼저 제5계명을 나중에 둔 이유는, 청년이 바리사이들처럼 고르반 제도를 남용하고 재물이 많았음에도 불구하고 부모 공경에 소홀하였기 때문이라는 설이다.[56] 안식일 계명을 뺀 이유는 예수가 종말이 이미 도래하고 있다고 보았음으로 안식일을 준수할 필요가 없다고 생각했기 때문이다.[57]

> 20 그러자 그 사람은 예수께 "선생님, 그런 것은 제가 소년 시절부터 다 지켜 왔습니다." 하고 말씀드렸다.

'소년 시절부터'라는 말은 일반적으로 유대인 남자가 12세부터 율법을 배운다는 사실을 기억하게 한다. 그러니까 이 계명은 12세 때부터 지켰다는 말이 된다.[58]

> 21 예수께서는 그를 눈여겨보고 대견하게 여기시며 말씀하셨다. "당신에게 한 가지가 부족합니다. 가서 가진 것을 모두 팔아 가난한 사람들에게 주시오. 그러면 하늘에서 보물을 차지하게 될 것입니다. 그러고 와서 나를 따르시오."

예수의 제자가 되는 길은 매우 값비싼 대가를 필요로 한다. 그것은 율법이 지시하는 그 이상으로 하느님과의 올바른 관계를 요구하는 것이다. 영원한 생명을 얻는 길은 자신이 가진 재물을 다 팔아 가난한 이들에게 나누어 주고 와서 예수를 따르는 자기 헌신과 자기희생, 곧 삶의 양식의 변화가 있어야만 한다. 제자는 자신의 소유로부터 벗어나서 그것을 가난한 사람들과 나눌 때에만 참된 삶, 완전성에 도달할 수 있는 것이다. 재산을 팔아서 가난한 이들과 나누는 행위는 결국 가난한 상태를 극복하게 만든다.[59] 쿰란 공동체도 공동체 구성원들에게 사유재산의 포기를 요구하였으나, 랍비의 전통에서는 재물과 소유를 긍정하였다.[60] 유대 묵시문학에서는 의인들의 선행이 하늘에 보물처럼 쌓인다고 말한다. 아마도 21절의 말씀은 묵시문학에서 빌려온 듯하다.[61]

가난한, 억눌린, 거지를 뜻하는 ptochos프토코스는 마르코에만 5번 나온다(10,21; 12,4-43; 14,5.7). 구약에서는 이와 비슷한 의미를 가지고 있는 낱말들이 있는데, 먼저 구걸하는 가난을 뜻하는 ebyon에비욘은 61회, 가난한 농부를 뜻하는 dal달이 48회, 이 중 반이 예언서와 지혜서에 등장한다. 게으른 가난을 의미하는 mahsor마흐소르는 13회(주로 지혜서), 가난이 더 좋다라는 의미의 misken미스켄은 전도서에만 4회, 정치 경제적 비참함을 일컫는 rash라스는 22회로 지혜문학에 편중되어 있고, 경건한 가난을 뜻하는 아나윔(anawim, 단수 anaw아나우)은 24회나 등장한다. 그밖에 부족하다, 필요하다, 결핍하다는 뜻의 haser하세르가 있다.[62] 신약에서는 가장 긴급한 경제 상황에 처해서 먹고 살기 위하여 일하는 비천한 노동자를 일컫는 penes페네스는 상대적 빈곤자이다. 이에 반해 ptochos(신약성서에 무려 34회나 나온다)는 구걸하며 낯선 이의 도움에 의존하는 거지 같이 도움을 필요로 할 정도로 가난한 사람을 가리키는데 절대 가난을 의미한다.[63] 그러니까 여기에서 절대적으로 가난한 ptochos를 위해 재물을 팔아 나누어 주라는 말씀이겠다. '따르다'(akolouthein, 아콜루테

인)라는 말은 '뒤에서 걷거나 따르는 것'을 의미하는 낱말로서 스승의 뒤를 따르는 추종을 뜻한다. 특히 이 단어는 제자가 예수를 따를 때만 사용했다.[64] 그러므로 예수는 그 청년에게 제자들처럼 가난한 헌신이 필요함과 동시에 당신의 제자가 되어 추종(sequela Christi)할 것을 말하고 있는 것이다.

> 22 그러나 그는 이 말씀 때문에 슬픔에 잠겨 근심하면서 물러갔다. 사실 그는 많은 재산을 가지고 있었던 것이다.

소유(또는 재산)를 뜻하는 ktema(크테마)는 어떤 종류의 땅, 농장 또는 전토를 의미한다. 마르코에 의하면 그 사람은 땅을 소유한 사람이었던 것 같다.[65]

> 23 그러자 예수께서는 (주위를) 둘러보시면서 제자들에게 "재산을 가진 사람들이 하느님 나라에 들어가기는 참으로 어렵구려!" 하고 말씀하셨다.

23~27절은 이 단락 전체의 부록 역할을 한다. 제자들이 예수의 답변을 잘 알아듣지 못하고 있기 때문에 예수가 부와 하느님의 나라에 상속받는 것과의 관계성을 다시 한 번 설명하고 있는 것이다. 그것은 아마도 마르코 복음서 전반에 흐르고 있는 제자들의 무지와도 연관이 있다고 생각한다.[66]

구약에서 부는 하느님의 축복으로 간주되었다(욥기 1,10; 42,10; 시편 128,1-2; 이사 3,10 등). 그런 구약 개념에 젖어 있는 이들에게 예수의 교훈은 생소하기 이를 데 없었을 것이다. 예수는 부를 하느님의 은총으로 보기보다는 오히려 하느님 나라에 들어가는 데 걸림돌이라고 생각했기 때문이다.[67] '재산을 가진 사람들이'는 마르코의 가필이다.[68]

> 24 제자들은 예수의 말씀을 듣고 놀랐다. 예수께서는 거듭 그들에게 말씀

하셨다. "어린 친구들! 하느님 나라에 들어가기란 참으로 어렵구려!

유대교에서는 하느님 나라에 들어가는 데 재물(부)이 장애가 되지 않는다. 그러므로 그들이 놀라는 것은 당연하다. 여기에서 예수께서 제자들에게 '어린 친구들' (tekna)이라고 부르시는 것은 요한계 문헌에서 등장(요한 13,33; 1요한 2,1.12.28; 3,7)하는 표현법이다.[69]

25 부자가 하느님 나라에 들어가는 것보다는 낙타가 바늘귀로 빠져나가는 것이 더 쉽습니다."

낙타(kamelos, 카멜로스)는 팔레스타인 토양에서 제일 큰 짐승이고, 바늘귀는 제일 작은 구멍이었다.[70] kamelos(낙타)가 kamilos(카밀로스, 굵은 밧줄)의 실수로 보는 것에는 근거가 없다. 그러니까 낙타를 밧줄로 간주하여 굵은 밧줄이 바늘귀로 들어갈 수 없음을 말씀하셨다고 하는 설인데 탁월한 입담으로 청중을 휘어잡은 예수께서 그렇게 말씀하셨을 법하지 않다.[71] 비록 예수의 수사학적 진술이 지나치게 과장되거나 역설적이어서 예수께로 직접 소급되는지의 그 진정성에 대해서는 여전히 논란이 많더라도, 오히려 팔레스타인 토양에서 제일 큰 동물과 가장 작은 구멍을 비교했다고 하는 수사학적 기술이 더 설득력이 있어 보인다. 여하튼 내포되어 있는 이 구절의 속뜻은 부자들이 재물을 섬기는 한 구원을 얻기가 어렵다는 것이다. 오직 하느님만이 부자를 구원하실 수 있다는 것이다.[72] 여기에서는 문장의 흐름으로 보아 23절~25절~24절~26절 순이어야 한다.[73] '부자가' 는 마르코의 가필이다.[74]

26 그러자 그들은 더욱 놀라 서로 말하기를 "그렇다면 누가 구원받을 수 있겠는가?" 하였다.

'구원을 받다' (sothenai)라는 표현은 바울로가 즐겨 사용하던 용어이다(로마 5,9-10; 8,24; 9,27; 10,9.13; 11,14 등).[75]

> 27 예수께서 그들을 눈여겨보시면서 말씀하셨다. "사람들은 할 수 없으나 하느님은 그렇지 않습니다. 하느님은 무슨 일이나 다 하실 수 있기 때문입니다."

구원은 인간에게는 불가능하지만 하느님에게는 가능하다.

> 28 베드로가 예수께 "보시다시피 저희는 모든 것을 버리고 선생님을 따랐습니다." 하고 여쭈었다.

베드로는 여기서 대변자이다. '저희는 모든 것을' 이라는 표현에서 볼 수 있듯이 단지 제자들 전체의 일반적인 입장을 대변하고 있는 것이다. 또한 베드로는 모든 것을 버리고 예수를 추종한 것이 아니었다. 추종한 후에도 가족과의 관계를 끊지 않았다(마르 1,29; 1고린 9,5).[76]

> 29~30예수께서 말씀하셨다. "진실히 여러분에게 이릅니다. 나 때문에 또한 복음 때문에 집이나 형제나 자매나 어머니나 아버지나 자녀나 토지를 버린 사람으로서 그 백 배를 되받지 못할 사람은 아무도 없습니다. 지금 현세에서는 박해도 당하겠지만 집과 형제와 자매와 어머니와 자녀와 토지를 되받고 또한 내세에서는 영원한 생명을 받을 것입니다.

예수는 제자들에게 자신을 위해서 그리고 복음을 위해서 그들의 소유를 포기한다면 하느님에게 인정을 받고 보상을 받게 될 것이라고 약속한다.[77]

하지만 예수는 단 한 번도 제자들에게 보상을 약속한 적이 없다는 것을 상기해야만 한다. 가족을 이루기 위해 여러 차례 결혼을 한다는 것도 또한 앞 단락에서의 이혼논쟁사화(10,1-12)와 위배되는 논리이기 때문에 이것은 전적으로 마르코의 편집으로 봐야 할 것이다.[78] 유랑 전도사들이 자기네 체험과 소원을 써넣은 것이다. 그 뜻인즉, 그들이 여기저기 전도하러 돌아다니며 박해의 위협도 있었지만 현세에서도 보상을 많이 받는다는 것이다. "집을 떠났더니 교우들의 집이 생기고, 어머니를 떠났더니 어머니 같은 여교우들이 생기고, 제 형제자매를 떠났더니 교우형제자매들이 생기고, 자녀들을 떠났더니 대자 대녀들이 생기고, 제 토지를 버렸더니 교우들의 토지에서 먹을 것이 나오더라."는 것이다.[79]

'복음을 위해서'(heneka tou euangeliou)는 예수 자신이 복음이라는 낱말을 전연 사용하지 않으셨기 때문에 마르코의 가필로 봐야 한다. 마태오는 이 구절을 생략했고, 루가는 대신에 '하느님 나라 때문에'라는 말로 수정하여 기록하고 있다.[80] 마르코는 복음이라는 용어의 창시자이기 때문에 이 말을 사용하기를 좋아한다.[81] 30절에서 열거된 항목에는 '아버지'가 빠져 있다. 사실 제자들의 아버지는 하느님 한 분뿐이시다(11,25; 마태 23,9). 현세와 내세의 구분은 유대교 종말사상에서 빌려 왔다.[82]

> 31 그런데 첫째로서 말째가 되고 말째로서 첫째가 되는 이들이 많을 것입니다."

마지막 부분은 앞 단락과 의미가 잘 통하지 않는다. 이전의 시제들이 현재라면 31절은 시제가 미래이기 때문이다. 이것은 마르코가 그 당시에 유행하던 어구를 이곳에 편집한 것이다(유행어). 이 구절의 속뜻은 장차 하느님의 나라가 오면 가치의 전도가 있을 것임을 암시하면서 제자들을 위로하고 격려하고 있는 것이다. 이는 많은 재물을 가지고 있는 부자가 말째가 되고 소유 전부를 가난한 이들에게 나누어 주고 예수를 추종한 제자들이 첫째가 될 것이다라는 의미이다.[83]

5. 해석학적 반성 : 분배 정의를 주장하신 예수

앞에서 말한 바와 같이 예수 추종은 삶의 변혁들이 이루어짐을 뜻하고 예수의 말씀과 행위를 오늘날 우리가 사는 현실 속에서 재현하고 구현하는 것이다. 그 뒤따름은 "총체적인 그리스도의 인식"을 반영하는 것이고 윤리적이고 인식적인 적합성을 갖고 있음을 알게 하는 표지이기 때문이다.[84] 그런 의미에서 마르코의 청빈 사상은 우리가 예수를 따라야 하는 제자라고 할 때에 가난한 삶을 살아야 함을 전제로 한다는 것이다. 그 뒤따름은 예수가 그리 사셨기 때문이기도 하다. 예수는 마르틴 헹엘이 잘 말해 주는 바와 같이, 불가촉민은 아니었다. 물론 태어날 때 예수의 가정이 가난했음을 증명하는 구절이 있다(루가 2,21-2,24). 그의 부모는 예수를 낳은 지 40일이 되었을 때에 치르는 부모의 정결의식에서 '산비둘기 한 쌍'이나 '집비둘기 새끼 두 마리'를 정결례의 예물로 바치려 하였다. 가난해서 넉넉한 제물을 하느님께 드리질 못했던 것이다(레위 12,8절에서는 한 살 난 양을 온전한 제물로 바치는 것으로 되어 있다).[85] 그러나 그는 당시의 중산층인 숙련 노동자(techton)–석공, 목수, 수레 만드는 사람, 가구 만드는 사람 등을 지칭–로서 아버지처럼 기능공이었다. 또한 그가 갈릴래아를 중심으로 사역을 하는 동안에는 가정 교회로부터 지원을 받았고(루가 8,2ff; 10, 38ff), 최후의 만찬을 나눌 때에는 유복한 가정집 주인으로부터 후원을 받은 것 같다(마르 14,14ff). 그는 금욕주의자도 아니었다. 오히려 먹보에 술꾼이라는 별명을 얻기까지 하였다(마태 11,19=루가 7,34). 세리장

자캐오도 전 재산을 포기할 것을 요청받지 않았다(루가 19,8ff).[86]

그러면 한 청년에게 영원한 생명을 얻기 위해서는 재산을 포기해야 한다는 급진적인 예수의 말씀은 어떻게 알아들어야만 하는가? 그것은 예수의 말씀 선포의 핵심 사상이 '하느님 나라' 였으며 그 내용은 '하느님 사랑, 이웃 사랑' 이었다는 사실에서 찾아야만 한다. 하느님에 의해 죄 사함의 경험을 한 사람들은, 메타노이아(회심)의 경험을 한 사람들은 삶의 변화가 있어야 하는데 그것은 '이웃 사랑' 으로 나타나야 한다는 것이다. 그러나 자신이 소유한 재물에 눈이 어두워져 버린 사람들은 가난으로 인해 고통당하고 있는 이웃의 생존적 욕구를 외면하게 된다. 하느님을 섬기고 이웃을 섬기기보다는 오히려 물질의 우상숭배에 빠지는 어리석음을 범하는 것이다. 따라서 하느님 사랑과 이웃 사랑을 핵심으로 하는 하느님 나라를 경험하고 상속받기 위해서는 자기 헌신적인 삶이 필요한 것이다. 하느님 나라를 위해서는 자신이 소유한 재산, 가족 등은 모두 상대적인 가치여야만 하는 것이다.[87]

그리스도인은 예수께서 요청하신 대로 살아가야 하는 예수 추종자들이다. 그런데 예수께서는 스스로 가난한 자의 삶을 살았고 제자들로 하여금 가난해져야 함을 늘 말씀하셨다. 재물이 인간의 영성에 장애물이 되기 때문이며 하느님의 자리를 차지하고 말기 때문이다. 분명히 마르코 공동체는 부자와 빈자의 갈등이 노상 있었을 것이고 그 논쟁 또한 끊이지 않았을 것이다. 그래서 마르코 공동체에서는 종교적 의무나 율법을 지키는 일보다 재산을 가난한 자에게 나누어 주는 의무가 앞서야 한다고 가르쳤던 것 같다.[88] 그도 그럴 것이 1세기의 팔레스타인의 정치 경제적인 상황으로 인해서 억압과 수탈 속에 가난을 이기지 못하는 민중들이 많았을 것은 뻔하다. 따라서 여기에서 마르코가 말하고 싶은 것은 부라고 하는 것은 결국 하느님 나라를 상속받기가 어렵다는 것이다.[89]

1세기의 정치 경제적 상황과 예수가 먹고 입는 행위를 전연 반대하고 나

선 경제적 금욕주의가 아니라는 사실을 고려할 때에 10,17~31의 이야기는 아무 것도 가진 것이 없이 살라는 무소유가 아닌 것이다. 이는 다시 말하면 예수가 선포한 하느님 나라와 하느님 나라 운동이 일차적으로 사회적 약자들(특히 가난한 민중들)의 해방과 구원에 있었다면, 가난한 약자들 역시 배제될 수가 없는 것이다. 재산을 많이 소유한 청년이 하느님 나라를 상속받고 제자단과 더불어 하느님 나라 운동을 전개하는 기수가 되고자 한다면 먼저 사회적 약자들에게 관심을 가져야 한다는 것을 깨우치는 대목이다. 10,17~31은 경제적으로 억압받고 정의가 실현되지 않은 1세기의 팔레스타인 상황 속에서 읽어야 하는 것이다. 예수 자신도 하느님 나라를 선포하시기 위해서 두루두루 다니면서 재산이 있는 가정 교회로부터 지원(루가 8,2ff; 10, 38ff)을 받았음을 기억할 때에, 재물을 전연 소유하지 말라는 것이 아니라 자신이 가진 부를 재분배하라는 '분배 정의'를 앞세우신 분이라는 것이다.

다시 말해서 예수의 하느님 나라의 일차적인 실천 과제는 바로 사회경제적인 정의였던 것이다(cf. 루가의 행복 선언). 그러기 위해서 먼저 자신을 비롯해서 제자들이 가난해져야 함을 몸소 보여주시고 돈과 권력의 축적 체제로서의 맘몬과 하느님 사이의 결단을 촉구한다. 때문에 가난한 자들은 걱정할 필요가 없다. 왜냐하면 하느님 나라를 위해서 형제자매들과 함께 나누는 정의가 실현될 때, 그들에게 먹을 것, 입을 것, 마실 것 등의 기본 욕구들이 충족될 것이기 때문이다. 이제 예수 따름(sequela Christi)과 자발적 가난을 통한 하느님 나라는 우주적 미래에 시작되는 것이 아니라 바로 결단하는 그 자리에서 이루어져 나눔과 상호적 봉사가 시작될 것이다.[90]

6. 경제가 우리를 구원할까?

1) 경제 위기 시대의 사목과 신자들의 정신: 경제 불황의 끝에서 복음을 세우다!

사목과 경제는 떼려야 뗄 수 없는 관계다. 아무리 사목의 근본이 무한 존재에 대한 헌신과 봉사에 있다고는 하나, 현실적으로 경제적인 뒷받침이 되지 않는다면 효과적으로 사목을 펼칠 수가 없을 것이다. 그렇기 때문에 사목은 신자들의 물질적인 행복이라는 측면을 전혀 무시할 수가 없다. 신자들이 물질적으로 행복해야 본당 사목에도 기여할 수 있는 여지가 있기 때문이다. 사목자가 신자들의 삶에서 물질적인 행복을 빌어 주는 역할을 해야 하는 이유 중 한 가지가 여기에 있다. 물론 그렇다고 해서 신자들이 물질에 빠져 살도록 방치하는 것 또한 사목자의 진정한 역할은 아니다. 지금 그리스, 스페인 등의 유로존을 비롯하여 세계 곳곳에서 일어나고 있는 경제적 불황과 맞물려 국내의 경제적 상황도 낙관적이지 못하다. 그로 인해 신자들은 현실적으로 부딪히는 경제적 환경에 대해서 매우 불안해 하는 것이 사실이다.

과연 이런 상황에서 사목자는 무엇을 해야 하는 것일까? 사목자는 불황을 극복하기 위해서 노력하는 신자들을 향해 용기와 위로, 그리고 희망을 주어야 한다. 그와 함께 반드시 오직 물질적인 삶에 근간을 두는 것 또한 복음의 정신이 아님을 깨우쳐 주어야 한다. 경제적인 환경이 좋지 않다고 해서 불황을 극복하는 것이 다시 물질(주의)로 돌아가야 한다는 것을 의미하지 않는다. 게다가 물질에 빠지거나 끌려가는 것은 더더욱 아니다. 사목의 영역에서 경제적 이성 윤리를 통하여 물질의 의미와 정의를 지향해야 한다는 것은 이를 두고 하는 말이다. 다시 말해서 경제는 삶에 대한 봉사, 즉 누구를 위한 가치인가와 미래에 어떻게 살고자 하는가에 초점이 맞춰져야 한다. 이를 위해 사목의 방향성은 약자 돌봄과 신자들의 행복 지수를 높이는 데에 있음을 기억해야 한다. 그래서 신자들로 하여금 구원의 건강함을 회복하도록 도와주어야 한다. 사람들은 신앙과 함께, 혹은 신앙과 별개로 물질적 토대를 확보한 행복, 물질적 논리와 결과가 가져다주는 만족감을 누리기를 원한다. 이때 사목자는 삶의 물질적 논리를 완전히 배제할 수 없지만 신자들이 물질적 이익과 이윤만을 추구하려는 삶을 잘 지도할 수 있어야 한다.

예컨대 국가의 1인당 국민소득이 증가하면 국민들이 더 행복해질 수 있을 것이다. 그러나 그 상한선인 1만 달러 이상이 되면 높아진 소득이 더 이상 주관적 행복을 증가시키지 못한다고 한다. 물질적 가치에 중점을 두는 사람들은 소득이 상승하더라도 큰 행복을 느끼지 못하는 것이다. 이런 경우 만일 신자들이 경제적 행복을 신앙과 인생에 큰 요소로 확신하고 타자 배려 없이 살아간다면 궁극적으로 하느님 나라의 봉사적 삶이 희석될 수가 있다. 하느님 나라의 봉사적 삶이란 경제적 약자를 위한 삶, 그들을 위한 삶의 봉사라고 할 때 자신들이 경제 활동을 하는 것은 경제적 약자를 위한 의미와 정의를 지향한다는 사실을 사목자는 알려 주어야 한다.

따라서 앞에서 말했듯이 본당 사목을 경제적 척도에서 보면, 경제적 행위란 누구를 위한 가치인지, 그리고 교회와 신자는 미래에 어떻게 살고자 하는지에 대한 경제적 이성과 경제적 시민의식을 일깨우는 것이다. 경제적 시민은 도덕적 인간으로서 하느님 나라의 정의에 입각한 윤리적 이성과 도덕적 신앙을 갖는 주체를 말한다. 가능한 한 평등하고 정당한 원칙 하에서 자신의 성공과 이익을 실현하는 신자들은 많은 사람들과 더불어 살아가는 책임 의식을 가지고 타자를 존중할 뿐만 아니라 타자가 소비할 권리 등을 가질 수 있도록 배려해야 한다. 이를 위한 본당의 경제적 에토스는 경제적 활동을 하는 이웃과 연대하려는 사목적 사유가 필요하다. 시장의 논리가 경쟁, 소득분배, 이윤·이익 창출이라 할지라도 사목과 신앙의 논리는 그에 대한 절제와 금욕, 도덕적 자기 제한을 강조해야 한다. 더 나아가 본당은 지속

가능한 경제가 되도록 지역 경제를 활성화시켜 주는 철저하게 지역 교회(local church), 지속 가능한 지역 경제 공동체가 되어야 한다. 이를 위해서는 반드시 친환경적 경제 시민으로 비판적 소비자의 역할도 담당해야 한다는 것을 잊지 말아야 한다.

사목과 경제가 분리되지 않는다는 경제신학적 사유의 중심에는 하느님이 있다는 신앙적 사고를 견지해야 한다. 경제의 중심에는 돈만 있는 것이 아니다. 경제 행위는 신앙적 행위이고, 경제학(economics)은 구원신학(economy)이자 환경(ecology)이다. 이제민 신부는 "경제(economics)라는 단어가 가지는 본래의 의미는 '집 관리', '집 유지'이다. 세계의 사물들과 지구의 부를, 가정을 관리하듯이 관리하는 경제는 할 수 있는 것과 해야 하는 것, 능력과 당위 사이의 긴장 관계에 놓여 있다."고 말하면서 "근대에 들어서면서 경제는 도덕적?정치적 맥락에서부터 풀려나게 된다. 인간은 자기의 능력을 신앙하면서 자연을 지배할 수 있다고 생각하고, 그런 가운데서 과학과 기술과 경제의 도움으로 마치 자기가 하느님인 듯이 자연을 대하고자 하였다. 집-오이코스·자연·우주·인간-에 대한 지배와 권력 남용이 현대에서 들어서면서 공공연하게 되었다."고 비판한다.[91] 따라서 신자가 어떠한 경제관을 갖고 있느냐는 결국 하느님과 환경에 대해서 어떠한 시각을 갖느냐와도 밀접한 관계가 있다.

사목의 목표는 인간의 전인적 구원과 정신적 행복이다. 경제의 목표는 인간의 물질적 행복이다. 이 둘은 바로 인간이 목적이 되어야 한다. 그렇지 않으면 자칫 인간이 자본 축적의 도구로 전락할 수도 있기 때문이다. 이를 극복하기 위해서는 '경제적 망각'에 주의를 기울여야 할 것이다. 니체는 "망각이란 생각이 깊지 않은 사람들이 생각하는 것처럼 단순한 타성의 힘(vis inertiae)이 아니다. 오히려 그것은 하나의 능동적인, 극히 엄밀한 의미에서의 적극적인 억제력이며, 우리가 체험하고 경험하여 우리 몸 안에 받아들인 것이 소화되는 상태(이것을 '정신적 동화' 라고 불러도 될지 모르겠다)에 있을 동안은 우리 몸의 양분 섭취, 소위 '육체적 동화' 가 이루어지는 수천 가지의 전체 과정과 마찬가지로 우리의 의식에 떠오르지 않는다."[92] 마찬가지로 경제적 망각이라는 것도 "가난한 자가 복이 있다."는 선언에 대항하는 하나의 억제력이자 억압이다. 이러한 경제적 망각을 극복할 수 있는 길은 사목자가 가난함 속에서도 정신적, 영성적 가치를 잃지 않도록 하는 강론에 초점을 맞추는 데 있다.

헨리 나웬은 "공감은 고독의 결실이고 모든 사목직의 토대이다. 공감은 다른 사람들과 그들이 무력하고 상처 입기 쉽고 외롭고 그리고 부서지기 쉬운 곳으로 함께 갈 내면적인 준비를 요구하기 때문이다. 우리는 우리의 가장 위대한 선물을 무시하게 되는데 그것은 괴로워하는 사람들과 공감할 수 있는 우리의 능력이다. 이 공감적인 관계가 생기는 것은 바로 고독 속에서이다."[93]라고 말한다. 사목자가 교우들의 경제적 환경과 상태를 살피고 그에 따라서 적절한 사목적 돌봄으로 접근하는 것은 당연하다. 이에 사목자는 신자들이 경제적 빈부와는 상관없이 경제적 고립이 아닌 경제적 자발적 고독, 즉 자발적 가난으로서의 고독을 경제적 영성으로 삼을 수 있도록 안내해야 한다.

2) 경제 불황 속에서의 본당 사목: 지역사회를 위한 노블리스 오블리주

경제는 하나의 사실이다. 그것이 삶을 벗어날 수 없다는 한계에서 보면 하나의 현실이기도 하다. 먹고 사는 문제에서 초월할 수 있는 사람이 없다는 측면이 경제의 한 단면이 아니던가. 하지만 경제가 하나의 사실로 인식되는 만큼, 그것은 그림자이기도 하다. 하나의 존재가 되기 위해서는 경제보다 중요하게 생각해야 할 삶의 요소들이 많기 때문이다. 그림자는 빛이 있는 동안에만 사물을 통해 이루어지는 환영에 지나지 않는다. 그것은 잠정적이요 가변적이며 언젠가 사라질 거짓이다. 성서는 그러한 거짓 환영을 항상 경계해야 하고 멀리해야 할 대상으로 본다.

경제는 자연인의 물질적 충족을 통한 구원의 기호이다. 사람들은 그 기호를 선호하고 소비할 뿐이지 그것이 담고 있는 의미에는 관심이 없다. 경제적 욕망·과시·권력·우쭐함은 돈에 빠져 있음이지 신의 언어가 결코 아니다. 그리스도인은 경제적 세계에서 신의 언어를 발현할 수 있어야 한다. 신자의 경제적 행위가 삶의 기본 욕구를 넘어서 욕망·과시·권력·축재가 목표가 되어 버린다면 신을 고뇌에 빠뜨리는 것이다. 신을 고뇌에 빠뜨리지 않으려면 신의 언어를 경제적 활동과 경제적 세계 안에서 구체적으로 드러낼 수 있는 그리스도인이 되지 않으면 안 된다. 그중에 하나가 바로 '자발적 가난' 이다. 그리스도인이라면 적어도 예수가 몸소 보여주신 삶의 원형인 가난을 삶과 신앙의 모토로 삼을 수 있어야 한다. 여기서 자발적 가난은 적빈(赤貧)과는 달리 가난을 통한 타자의 배려, 즉 타자가 부(富)를 이룰 수 있는 '기회' 를 주는 것이다. 나의 가난은 타자의 물질적 행복의 기회가 될 수 있다는 경제적 신념이 경제적 정의를 실현할 수 있는 기본 바탕이 되는 것이다.

또 다른 하나는 교회 공동체의 '노블리스 오블리주' 의 실천이다. 교회가 갖고 있는 물질적·인적·공간적·시간적·지식적 자산 등을 이웃에게 환원하고 나누는 본당의 사목적 패러다임이 필요하다는 말이다. 이러한 타자에 대한 윤리적 숙고는 '대타존재적 관계' 가 되면 안 된다. 설령 이웃을 향한 나눔과 베풂이 구현되더라도, 타자를 소유할 수 있다거나 임의로 처분할 수 있다는 사고방식은 안 되는 것이다. 나눔과 베풂은 비정부기구이자 비이익 단체인 교회가 사회를 위한 대가(代價) 없는 최소한의 자선 행위이기 때문이다.

사목자의 강론 및 영성 교육은 지금 불황의 경제적 사건의 의미가 무엇인가를 깨우쳐 주어야 한다. 또한 경제적 콘텍스트 안에 있는 본당 공동체 구성원들이 경제적 사건을 이해하고 해석하면서 의미와 가치를 발견하도록 도와주어야 한다. 그뿐만 아니라 신자들은 경제적 콘텍스트의 해석학적 의미, 즉 경제적 환경으로 인해서 다가온 고통의 상징성을 어떻게 바라볼 것인가에 대한 신앙적인 눈을 찾아야 한다. 지금의 경제적 환경을 신앙의 필연적 사건으로 바라봄으로써 신앙적 의미의 부재(不在)가 신앙적 의미의 현재(現在)가 되도록 시선을 바꾸어야 한다. 왜 내게 이런 고통과 시련이 생기는가라는 고통의 수사학적 질문은 우리로 하여금 신앙과 인생의 해답을 구하도록 하는 신앙적 사유와 행위의 출발점임을 깨달아야 한다.

현재 우리가 처해져 있는 경제적 콘텍스트는 어떤 삶의 윤리와 책임감을 묻는 것임에 틀림이 없다. 경제적 콘텍스트의 무한한 절망과 심연은 경제적 윤리 이성의 심연, 가난과 돌봄, 그리고 나눔의 배려와 가난한 자를 편듦이라는 영성적 언어들이 현실이 되기를 촉구하고 있는지도 모른다. 이에 대한 사목적 해법은 경제적 환경과 생활 세계의 전체 맥락을 신화로 볼 것인지, 아니면 현실로 볼 것인지에 달려 있다고 해도 과언이 아니다. 왜냐하면 "복음은… 사회적·정치적·문화적 삶의 공간 안에 살고 있는 모든 사람들의 구원을 위한 기쁜 소식(으로서)… 구체적인 삶인 것이다. 실천을 수반하지 않은 공동체 생활의 말씀은 우리를 감동시키지 못하는 공허한 소리일 뿐이며… 말씀 안에 근거하지 않은 행위, 실천적 삶에 영향을 미치지 못하는 공동체는 기만이요 헛된 환상일 뿐"[94]이기 때문이다.

— 제5장 —

유학의 인(仁)사상과 격물치지(格物致知) 이해

1. 공자의 인, 삶의 본질

모름지기 위대한 성현들과 철학자들치고 일생 동안 자신의 학문과 삶의 근간을 이루지 아니한 사람은 없다 할 것이다. 학문과 삶 전체를 꿰뚫는 화두가 한 철학자에게 없다는 것은 있을 수 없는 일이겠지만 그 학자의 삶과 철학을 규정하고 한정하는 것도 후대의 관점에 따른 분석이자 의식 활동의 산물이다. 그런 의지적 활동을 통해 유학을 조명하자면, 특히 공자에게 두드러진 사상의 핵심은 '인'(仁)[95]이다. 인이라는 코드는 관계적 용어이다. 그것은 공자가 인간의 삶을 규정하는 본질을 보았다는 것을 드러내 주는 말이다.

원래 우리나라는 조선 시대 이래로 유학(혹은 유교, 유가철학)을 국가 정치 및 백성들의 삶의 근본으로 삼아 왔다. 그것이 국가 통치의 이데올로기로 사용되면서 그 본질적인 정신이 곡해되었다는 것은 차치하고, 그 정신과 맥이 그간 우리를 규정하고 충과 효를 기반으로 하는 윤리적 삶을 지탱해 왔다는 것은 부인할 수 없는 사실이다.[96] 그중에서도 공자의 인 사상은 조선 시대의 선비를 비롯해서 평민에게 이르기까지 중요한 삶의 철학이었다는 점을 상기할 때, 인의 본질적 개념과 그 사상적 표출을 다시 한 번 짚어 봐야 할 것이다.

공자의 인은 자신의 철학뿐만 아니라 유학 전체를 관통하는 핵심어이다. 무릇 인(仁)이라 함은 "이(二)와 인(人)으로 되어 있으며 그 의미는 친(親)" 으로 풀이한다(說文解字). 또한 중용에서는 "인(仁)을 인(人)" 이라고 말하고 있다. 그런 의미에서 인은 사람과 사람 사이의 친밀한 관계성을 나타내는 말이다. 요컨대 인은 '사랑' 이라는 말과도 일맥상통하는 말이라 하겠다.[97] 시대를 막론하고 인간이 살아가는 세상은 무엇보다도 사람과 사람이 함께 살아간다. 원래 인간은 태생이 홀로 독불장군으로는 살 수 없게 되어 있다. 이와 같은 사실을 간파한 공자는 그러한 인간됨의 삶을 인이라 규정하였다. 즉 사람과 사람 사이에는 사랑이 있어야 한다는 것을 통찰하였던 것이다. 또한 유학의 인은 일개 국가의 군주나 한 가정의 가장이 지니는 인격 윤리였다. 한 국가를 다스리는 군주는 백성들을 사랑으로 다스려야만 하고, 한 가정을 책임지는 가장은 식솔들을 사랑과 배려로 이끌어야만 한다. 따라서 유학에서 인은 윤리적 공동체로서 가장 기본이 되는 가정에서부터 더 넓게는 국가의 통치 윤리로까지 확대된 것을 볼 수 있다.[98]

2. 인(仁)의 관계성

프린스턴 대학의 동양학 교수였던 모트(F.W. Mote)는 인의 실천적 의미를 이야기하는데, 인이 타자의 행복에 관심을 기울이는 윤리라는 것이다.[99] 타자의 행복을 바라고 그것에 관심을 갖는다면 자연히 인이 이루어질 수밖에 없다고 본 것이다. 여기서 '인' 하는 마음은 나의 이익과 행복에 먼저 이끌려지는 것이 아니라 타자의 이익, 타자의 관심을 우선으로 하는 마음이다.

타자의 고통, 타자의 슬픔, 타자의 어려운 처지에 대해 측은지심을 느끼는 것이 인하는 마음이다. 이와 같은 실천윤리는 타자를 나와 별개가 아닌 나와 하나라는 사실을 인식하지 못한다면 이루어질 수 없다.

그런 의미에서 본다면, 유학의 인의 윤리는 정서적 윤리 또는 감정적(감성적) 윤리이다. 물론 감정이 동반되지 않고서 윤리가 실천적으로 표현된다는 것은 모순이 될 수 있다. 그래서 다케우치 요시오(武內義雄)가 지적하고 있는 바와 같이, 인은 '친애의 정'이라고 말한다. 그것은 먼저 가족 관계에서부터 시작이 된다. 이른바 효제(孝悌)의 윤리이다. 『논어』「학이편」(學而篇)에 보면 "효도와 우애는 인의 근본"이라고 말하고 있다. 그러니까 가정에서 부모님께 효하고, 형제들과 우애하는 것이 장차 사회 및 국가에 이르기까지 확대·완성되어 나가는 인을 공동체 윤리로 보고 있는 것이다.[100] 공동체가 건강하고 건전하게 유지되려면 먼저 가정에서의 가족 구성원의 관계가 사랑으로 교류하고 서로 배려하는 마음이 있어야만 한다. 공자는 가족 공동체나 국가 공동체의 결속력과 그 지속적 관계는 '사랑'[仁]에 달려 있음을 당시의 혼란한 정치적 상황 속에서 구구절절 이야기하고 있다. 또한 이 인은 비단 가족 공동체와 국가 공동체의 관계 윤리뿐만 아니라 세계 전체의 평화를 위한 행복에도 기여를 한다.

이러한 도덕적 실천의 표출은 '충(忠)과 서(恕)'이다. '충'이라 함은 정직한 마음, 즉 나에게 거짓이 없고 정직하여 바로 서 있는 것을 뜻한다. '서'라 함은 나의 마음이 타자의 마음과 같아지는 것을 의미한다.[101] 충을 통하여 나 자신에게 먼저 정직한 마음, 깨끗하고 거짓이 없는 참된 마음을 가질 때 타자의 마음과 같아질 수 있고 그 속에서 남을 사랑하고 자비를 베푸는 인이 나올 수 있다. 그래서 방동미는 충서지도(忠恕之道)를 '광대한 동정심'이며 '관점 변경'이라고 말하고 있다.[102] 인의 구체적인 표현이라 할 수 있는 이러한 충서지도(忠恕之道)와 혈구지도(絜矩之道)를 밝혀 보면 다음과 같다.[103]

윗사람이 싫어하는 것을 아랫사람이라 하여 부리지 말 것이며 아랫사람이 좋아하지 않는 것을 윗사람을 섬길 경우에 쓰지 말 것이다. 그리고 앞사람이 싫어하는 것을, 뒷사람을 앞에서 인도할 경우에 쓰지 말 것이며, 뒷사람이 싫어하는 것을 앞사람을 좇을 경우에 쓰지 말 것이다. 그리고 오른쪽 사람이 싫어하는 것을 왼쪽 사람에게 주고받지도 말 것이며, 왼쪽 사람이 싫어하는 것을 오른쪽 사람에게 주고받지도 말 것이다. 이것을 혈구지도라 한다(所惡於上毋以使下; 所惡於下毋以事上; 所惡於前, 毋以先後; 所惡於後, 毋以後前; 所惡於右, 毋以交於左; 所惡於左, 毋以交於右, 此之謂絜矩之道. 『大學』10).

충서의 도는 결코 심원한 것이 아니다. 자기가 당하고 싶지 않은 일은 남에게 하지 말고, 자기가 자식들에게 바라는 그 마음으로 어버이를 섬기며, 자기의 신하들에게 바라는 그 마음으로 임금을 섬기며, 자기의 아우에게 바라는 마음으로 형을 섬기며, 벗들에게 바라는 마음으로 먼저 벗들에게 베풀어주어라(忠恕違道不遠, 施諸己而不願, 亦勿施於人… 所求乎子以事父… 所求乎臣以事吾… 所求乎弟以事兄… 所求乎朋友先施之. 『中庸』).

"차라리 자기가 괴로울지언정 남이 괴로워하는 것을 못 견디는 동정심을 갖도록 해 주지 못한다면 도덕교육은 법적 제재와 다를 게 없다."[104] 공자의 인은 연민의 정서가 물씬 풍긴다. 사람은 본질적으로 사랑하는 마음을 지니고 있다. 그 사랑하는 마음은 앞에서 살펴본 바와 같이, '광대한 연민'과 '관점 변경'이다. 사람과 사람 사이의 관계에서 빚어지는 감정적 교류를 기본적으로 인이라고 규정한 공자는 가정 윤리와 국가 윤리를 동일한 정서적 윤리의 바탕에서 보았다. 인이 가정에서 제대로 실천되어질 때 그것이 국가의 윤리로서 공동체를 굳건히 하는 데에 손색이 없을 것이다. 그래서 공자는 가정에서 부모에게 효하고 형제들끼리 우애하는 것은 국가 및 세계 윤리의 초석이 된다고 본다. 그러기 위해서 먼저 자신의 마음을 바로 잡고 참된 마음을 통해 남을 이해하고 남의 관점에 서서 그를 배려해야만 한다(충서).

오늘날 개인 윤리와 공동체 윤리를 논하는 것이 무색할 정도로 사회가 병들어 간다. 저마다 인하는 마음이 없어서가 아니라 공자의 말을 끊임없이 실천하고자 하는 의지가 부족해서가 아닐까 하는 생각을 갖게 한다. 세대간의 갈등, 노사간의 갈등, 개인의 이익과 국가의 이익, 국가와 국가간의 이익을 앞세운 폭력, 자연을 착취해서 인간의 생명을 연명하고자 하는 욕망 앞에서 정작 우리에게 필요한 것은 남의 아픔을 나의 아픔으로 받아들이고자 하는 태도이며, 이것이 있어야만 우리가 지향하는 완전한 덕으로서의 인이 성립될 것이다.

3.『대학』에 나타난 격물치지(格物致知)

『대학』(大學)[105]의 도는 명덕(明德)을 밝히고, 백성을 사랑하고(親民), 지극한 선(최고선)에 머무는 데[止於至善] 있다. 옛날 천하에 명덕을 밝히려고 하는 사람은 먼저 자기 국가를 잘 다스리고[治國], 국가를 잘 다스리려고 하는 사람은 자기 가정을 가지런히 하고[齊家], 자기 가정을 가지런히 하려는 사람은 자기 자신을 수양하고[修身], 자신을 수양하려고 하는 사람은 자기의 마음을 바로 잡고[正心], 자기 마음을 바로 잡으려는 사람은 자기의 뜻을 진실되게 하며[誠意], 자기의 뜻을 진실되게 하려는 사람은 지식을 넓히며[致知], 지식을 넓히려고 하는 사람은 사물을 연구하여야[格物] 한다. 사물이 연구된 다음에야 뜻이 진실되고 뜻이 진실된 다음에야 마음이 바로 잡히고 마음이 바로잡힌 다음에야 자신을 수양할 수 있고 자신을 수양한 다음에야 가정을 다스릴 수 있으며 가정을 다스릴 수 있는 다음에야 국가를 다스리고 국가를 다스린 다음에야 천하를 평화롭게 할 수 있다.[106] 이와 같이 『대학』에서는 격물치지, 곧 사물을 연구하여 지식을 넓히는 것을 수신을 위한 방법이며, 정신수양의 방법으로 본다.

신유가에서는 『대학』을 '덕있는 생활에 들어가는 입문서'로 간주하였다. 『대학』은 사물을 연구함(格物, investigation of things)과 지식을 넓힘(致知, extention of things)으로부터 시작하는데, 정주학파(정이와 주희학파)에 의하면 격물의 목적은 영원한 이치에 관한 우리의 지식을 넓히는 데 있다. 주희가 격물이라 말한 것은 "사물에 나아가 이치를 연구함"[卽物窮理]을 의미한다. 이것은 각각의 일이나 사물로부터 이치를 구한다는 것이다. 그런데 이 방법은 어째서 이치의 탐구[窮理]로부터 시작하지 않고 '사물의 연구'[格物]로부터 하는가? 주희가 「대학」에서 격물은 말하면서도 궁리는 말하지 않은 까닭은 대개 궁리를 말하면 붙잡을 것이 아무것도 없는 덩그런 허공을 움켜쥐는 것과 같기 때문이다. 단지 격물만을 말하면, 그것은 곧 형이하의 구체적 사물(器)에서 형이상의 원리(道)를 찾는 것이 된다.[107] 다시 말하면 이치는 추상적이요, 사물은 구체적이다. 우리는 구체적인 것을 통해 추상적인 것을 탐구해야 한다. 그 결과 무엇이 영원한 세계에 있으며, 또 무엇이 우리의 본성에 있는가 하는 것을 알게 된다. 우리가 이치에 관하여 알면 알수록 형체에 가려진 그 본성이 더욱더 잘 보이게 된다.

왕수인에게 8조목(격물 · 치지 · 진심 · 성의 · 수신 · 제가 · 치국 · 평천하)은 모두 '치양지'(致良知, 선에 대한 지식의 확충)라는 하나의 조목으로 환원된다. 『대학』의 8조목에서 처음 두 조목이 '격물'과 '치지'이다. 그런데 왕수인에 따르면 치지(致知)는 곧 치양지(致良知)이다. '수신'은 자기의 양지(良知; 마음의 본체, 도덕적 판단을 부여하는 표준)를 따라서 그것을 실천에 옮기는 것에 지나지 않는다. 왕수인의, 격(格)은 '격자정야'(格者正也, 바로 잡는다)이다. 물(物)이란 사[事, affairs, 物者事也]이다. 그에게 양지는 일상사를 처리하는 일상생활의 체험을 통하여 넓혀진다. 마음이 발동된 것[所發]이 뜻이요, 뜻[意]이 지향하여 있는 곳이 바로 물(物)이다. 예컨대, 자기의 뜻이 어버이를 섬기는 데 있다면 이 어버이를 섬기는 일이 바로 물이요, 자기의 뜻이 백성을 사랑하고 사물을 아껴 주는 데 있다면 백성을 사랑하고 사물을 아껴 주는 것이 바로 물(物)이다.[108]

이 물은 옳을 수도 있고 그를 수도 있다. 그러나 시비가 결정되자마자 곧 우리의 양지는 그것을 알 수 있다. 우리의 양지가 한 일이 옳다고 인정하면 우리는 성실하게 실천하고, 우리의 양지가 그것을 그르다고 인정하면 우리는 중단하여야 한다. 이런 식으로 우리는 사(事)를 바로 잡고[格物], 또 우리의 양지를 넓힌다[致知]. 일을 바로 잡지 않고 양지를 넓히는 방법은 없다. 『대학』에서 "지식을 넓히는 것은 일을 바로 잡는 데 있다[致知在格物]." 고 말하는 이유가 바로 여기에 있다.

'8조목' 의 다음 두 단계는 '성의'(誠意)와 '정심'(正心)이다. 왕수인의 성의는 격물과 치지가 가장 성실하게 수행되는 것, 그 이상의 아무것도 아니다. 우리가 양지의 지시에 따르지 않고 변명거리를 찾으려 한다면 우리는 뜻에 성실하지 못한 것이다. 이 성실하지 못함은 왕수인이 말하는 '사사로운 욕심과 보잘 것 없는 꾀' [自私用智]에 불과하다. 뜻이 성실하면 마음은 바로 잡을 수 있다. 그러므로 정심이란 성의와 다르지 않다.

『대학』의 격물치지는 군자가 수신하는 방편으로 삼는 정신 수양의 극치를 드러낸다고 볼 때, 주희는 사물의 궁극적인 이치를 탐구하여 활연관통(豁然貫通)하기 위해서 구체적인 사물의 연구가 있어야 한다고 주장한다. 그러니까 『대학』은 먼저 지식을 넓히는 일(치지)이 먼저이고, 사물을 궁리하는 것(격물)을 나중으로 생각한 반면에, 주희는 사물 이면의 도를 확연히 꿰뚫기 위해서 먼저 격물해야만 하고, 그 다음에 치지해야 할 것을 말하고 있다. 왕양명의 경우에는, 마음과 사물의 이치가 다르지 않다[心卽理]. 주희가 사물과 이치를 구분해서 보고 있다면, 왕양명은 그 둘이 분리되지 않는다는 사실을 지적한다. 앞에서 말한 바와 같이 『대학』의 8조목은 모두 치양지로 환원된다. 그것은 어찌 보면 양지가 바르게 드러나게 하는 것이 수신의 근본이며, 인(仁)이라고 말하고 있는 것이다. 또한 인간의 일상사에서 양지가 바르게 드러나고(치지) 그 양지를 통해서 일이 바로 서는(격물) 것이고, 일이 바로 섬으로써 치지 또한 넓혀진다는 변증법적 과정을 거치는 격물치지론으로 이해할 수도 있을 것이다.

『대학』을 인간 심성에 관한 것으로 볼 것이냐 아니면 단순히 덕치를 위한 수단적, 방편적 처세에 관한 글로 볼 것이냐의 이분법적 설명은 『대학』을 읽기 위한 초입부터 장벽이 된다. 『대학』에서 정치는 인간의 본성이 덕스럽게 되지 않고서는 이루어질 수 없는 것으로 본다. 정치가는 먼저 수신이 되어야만 평천하를 이룰 수 있다. 그런 면에서 볼 때, 『대학』을 놓고 덕치론이냐, 심성론이냐를 논한다는 것은 그리 반가운 시각은 아닌 듯싶다. 대인이란 흔히 큰 의를 이루기 위해서 국가의 막중대사를 논하는 것으로 일컫기가 쉽지만, 그리 되기 위해서는 먼저 자신이 본래부터 가지고 있던 밝은 덕성을 밝힐 필요가 있다[明明德]. 그런데 그 덕성을 천하에 밝히기 위해서 어찌해야 하는가? 먼저 수신해야 할 일이다. 이 수신의 방법은 어디 있는가? 격물치지, 곧 도덕적 판단 능력과 앎을 넓히고 투철하게 해서 사물의 이치를 꿰뚫어야 한다. 오늘의 상황에 비추어 보면, 상당히 이상적인 부분이 없지 않다. 그러나 예나 이제나 선현의 지혜가 어디 부족하던가[自天子以至於庶人, 壹是皆以修身爲本]. 늘 그 이상(理想)을 실현하는 것이 정치의 구현인 것을 오늘날의 정치가들이 깨달아야 할 것이다.

정치 지도자는 물론이거니와 범부도 인하는 마음이 먼저 있어야만 한다[爲人君, 止於仁]. 그가 머물 바를 안다는 것은 그의 본성의 발현과도 무관하지 않다. 그의 본성이 나타나는 그대로[良知 혹은 致良知] 인간과 인간의 관계를 풀어갈 때에 지도자의 덕성이 펼쳐질 것이다. 그 본성적인 덕성이 자연스럽게 드러날 때 인위적 제도와 제재들보다 힘과 권위가 될 수가 있다[大畏民志, 此謂知本]. 그 힘과 권위는 어디서 나오는가? 신독(愼獨)이다. 홀로 있을 때조차도 자신의 마음에서 나오는 모든 생각과 사유는 조신해야 한다. 누가 그 마음을 본다고 자신의 내면의 움직임과 생각을 제어하겠는가? 그러나 군자는 오히려 아무도 안 보는 데서도 자신의 몸과 마음을 닦는 일에 소홀함이 없어야 한다. 자신의 움직임과 생각이 곧 민초의 마음임을 깨닫는다면 말이다.

『대학』은 초지일관하여 수신(修身)을 말하고 있다. 이는 정치가가 가져야 하는 가장 근본이 되는 덕목이기 때문이다. 대부분의 정치가들이 그렇듯이 자신의 몸과 마음을 다스리지 못하고, 자신의 주변을 제대로 통제하지 못해서 덕정(德政)을 펼치지 못한 이들이 얼마나 많은가. 그러므로 과거로부터 지금까지 정치란 무릇 자신의 심신을 맑게 하고, 본성의 덕을 밝히 드러내는 일에 힘쓰는 것임을 강조하고 있는 것이 아니고 무엇이겠는가.

정치가라면 으레 민초의 마음과 민의(民意)를 읽어야 한다고 말들을 한다. 그러나 『대학』을 지은 선현은 그보다 먼저 자신의 몸가짐을 바르게 해야 할 것을 누누이 강조한다. 심지어 자신이 홀로 있을 때조차도 다른 사람[백성]이 보고 있는 것처럼 조신해야 한다고 말이다.

— 제6장 —

논어의 중심 사상과 유학의 종교관

1. 인의 개념과 사상 : '인'(仁)의 재현(再現, represent)

인(仁)이란 설문해자(說文解字)에 따르면, 사람[人]과 둘[二]로 풀이된다. 이는 인이 무릇 사람과 사람과의 관계를 나타내는 개념임을 알 수 있다. 그러니까 공자의 인 사상은 근본적으로 사람의 세계에 그 뜻을 둔다고 말할 수 있겠다. 사람이 사람으로서 어떻게 다른 사람과 관계를 맺고 살 것인가를 고민하면서, 정치·경제·사회·문화 전반에 이르는 인의 수사학을 말하고 있다. 그러므로 공자의 인(혹은 仁學)은 사람과 사람의 관계에 중심을 두는 인본주의(人本主義)다.

제일 먼저 인은 부모와 자식과의 가족 관계에서 잘 드러난다. "선생께서 말씀하셨다. 제자는 들어와서는 효도하고 나가서는 공경하며 삼가고 미덥게 하며 널리 사람들을 사랑하되 어진 사람과 친해야 한다. 행하고서 남은 힘이 있으면 글을 배운다(子曰 弟子入則孝 出則弟 謹而信 汎愛衆 而親仁 行有餘力 則以學問)." 인은 부모에게 효도하고 사람들과의 관계에서는 친하게 지내야 한다. 가정에서 부모에게 먼저 효도하는 자는 바깥에서도 그 몸가짐이 예로써 드러날 수 있다. 그래서 공자는 인에서 효를 강조하는 것이고 그것이 곧 충하는 근본이 되는 것이다. 다시 말해서 사람을 사랑하되 부모를 사랑하고 더 나아가 모든 사람을 사랑하는 것[汎愛衆], 그것이 인하는 마음이다.

또한 언행과 얼굴 표정을 조신하게 해야 인이라고 말할 수 있다. 인자(仁者)는 말에 진솔하며 얼굴빛에 있어서도 꾸밈이 없어야 한다(子曰 巧言令色 鮮矣仁). 얼굴빛은 마음을 드러내는 거울이다. 얼굴을 들여다보면 그 사람의 마음과 생각을 읽을 수 있다. 그래서 마음은 속일 수 있지만, 얼굴은 속일 수가 없는 것이다. 더욱이 이 말은 인자가 지녀야 하는 덕행이란 마음을 순수하고 바르게 하는 것인 반면에 표리부동하고 마음에도 없는 말을 타인에게 건네는 것은 인자의 예가 아니라는 사실을 짚어 준다.

인자가 얼마나 사사로운 감정에 치우치지 않고 중용을 지키는가를 보여 주는 말이 있다. "오직 인자여야 사람을 좋아하며, 사람을 미워할 수 있는 것이다(惟仁者能好人 能惡人)." 인한 사람은 도리를 알기 때문에 사사로운 감정에 치우치지 않고 사람을 좋아할 수도 또 미워할 수도 있다. 흔히 어떻게 인자가 사람을 미워할 수 있느냐고 반문할 수도 있다. 그러나 사랑의 눈으로 보면 미워할 대상이 아니라, 미워할 수밖에 없는 사람의 한(혹은 여러) 요소가 보이는 것뿐이다. 사랑을 주관적 감정이 아니라, 객관적 감정으로 사람이 가진 본래적 심성으로 보는 것도 공자의 인의 철학이 갖는 매력이다.

그렇다면 인의 바탕은 무엇인가? 이것도 역시 사람이다. 「술이편」(述而篇)에 보면, "선생께서 말씀하셨다. 인은 멀리 있는 것인가? 내가 인을 하고자 하면 인은 곧 나에게로 온다(人遠乎哉, 我欲仁, 斯仁至矣)." 인은 나에게서 비롯된다. 인이 멀리 있는 것이 아니라 자신의 내면에서 발현하여 실천으로 이어진다. 그러므로 인간이면 누구나 인하는 마음을 다 가지고 있다. 다만 그것이 외현(外現)으로 이루어지느냐 아니냐의 차이일 뿐이다. 이러한 객관적인 인 혹은 사랑은 나 자신으로부터 나온다. 이 인하는 마음은 사람과의 관계에서 타자 배려와 자비로 나타난다. 즉, 부모 사랑으로부터 해서 모든 사람을 사랑하는 마음과 실천에 이르기까지 두루 펼쳐진다. 특히 인하는 마음을 가진 사람은 자신의 언행과 외형을 잘 조화시켜서 표리부동하지 않은 사람을 일컫는다.

2. 정치·도덕사상

임금은 임금다워야 하고, 신하는 신하다워야 한다(「雍也」, 23 子曰觚不觚 觚哉觚哉). 그런데 그 '다움' 에는 각 지위에 중심된 마음 자세가 있다. 임금은 아랫사람을 부릴 때에 '예' (禮)로써 해야 하고, 아랫사람은 충성으로 섬겨야 한다(「八佾篇」, 19, 定公問 君使臣 如之何 孔子對曰 君使臣以禮 臣事君以忠). 윗사람으로서의 정치적 태도와 자세, 아랫사람으로서의 정치적 처신을 잘 설명해 주고 있는 대목이다.

「위정편」(爲政篇) 1에서는 "정치하기를 덕으로써 하는 것은 비유하면, 북극성이 제자리에 머물러 있으면 모든 별들이 그에게로 향하는 것과 같다(爲政以德 譬如北辰 居其所而衆星共之; 참고 「爲政」, 3)." 고 했다. 정치를 하는 사람들이 덕으로써 정치를 베푼다면 모든 사람들이 그를 존경하고 따를 것이다. 마치 북극성처럼 말이다. 북극성은 움직이지 않지만 다른 별을 움직이게 하는 '힘' 이다. 움직이지 않지만 움직이게 하는 힘은 덕에서 나오는 도덕 정치의 힘이다.[109] 그러므로 공자의 정치는 도덕 정치이다. 덕을 통해 임금과 백성이 서로 교감한다. 임금이 덕을 통해 나라를 다스려야 거기서 바른 정치가 나올 수 있다. 그런데 여기에 임금과 신하와의 관계가 바로 서야만 한다[政者正也; "다스리는 것은 바르게 하는 것입니다, 政=正]. 임금에게는 '예'(禮)가 필요하고, 신하에게는 오로지 '충'(忠)으로 임금을 섬겨야 한다. 이 모든 것이 덕(德)으로써 나라를 다스리는 임금의 도덕 정치의 힘에서 비롯된다. 임금은 움직이지 않는 듯해도 그가 덕이 있기 때문에 백성이 편안해 하고 백성이 임금을 우러른다.

「학이편(學而篇)」에는 다음과 같은 말이 나온다. "선생께서 말씀하셨다. 배우고 제 때에 그것을 익히니 또한 기쁘지 아니한가! 벗이 먼 곳에서도 오니 또한 즐겁지 아니한가! 남이 알아주지 않아도 화나지 아니하니 또한 군자답지 아니한가!(子曰 學而時習之 不亦說乎 有朋自遠方來 不亦樂乎 人不知而不慍 不亦君子乎)" 모름지기 여기서 군자란 '도덕적인 사람'을 말한다. 도덕적인 사람은 나아가야 할 때와 물러나야 할 때를 명확히 알아야 하며, 남이 자신을 알아주지 않더라도 오히려 근신하며 자신을 수양하면서 세상이 알아줄 때까지 때를 기다릴 줄 알아야 한다.

〈인의 개념과 사상〉에서 말한 바와 같이, 인자는 표리부동하여 마음과 얼굴빛이 달라서 타인을 혼란스럽게 하면 안 된다. 마찬가지로 도덕적인 사람, 즉 군자도 문질빈빈(文質彬彬)하여야 한다. 외관(외형)과 내면(본질)의 마음이 조화를 잘 이루어야 한다. 다시 말하면 예악[文]이 세련되어야 할 뿐만 아니라 그 문(文)이 도덕성에 근본을 두어야 도덕적인 인간으로서 손색이 없을 것이다. 도덕적인 인간은 늘 덕을 추구하기 때문에 소인처럼 현실의 이익에 매달리지 않는다. 그래서 나갈 때와 나올 때를 구분할 줄 안다.

3. 예악·학문사상

「학이편」(學而篇) 12에 "예의 사용에는 조화를 이루는 것이 가장 귀하다. 선왕의 도가 모두 아름답다 하는 것은 크고 작은 것이 다 이 조화에 기초했기 때문이다. 그러나 화만 알고 화에 치우쳐 예로써 조절하지 않으면 이 또한 해서는 안 되는 것이다(有子曰 禮之用 和爲貴 先王之道 斯爲美 小大由之 有所不行 知和而

和 不以禮節之 亦不可行也)."라고 했다. 『논어』에서 예(禮)라는 것은 자연적 성격이 아니라 인위적 형식이다. 그러나 이 예(예절, 종교적이고 도덕적인 삶의 방식 등)는 하늘의 이치를 딴 규범이다. 동시에 예는 자연의 이치인 화(和)를 지향한다. 조화를 이루는 것이다. 예의 사용에 조화가 귀중한 것이듯이, 화 또한 예에 의해 조절되고 절제되지 않으면 안 된다. 음악[樂]은 조화의 절정이다. 조화를 잃은 음악은 절제가 무너진 것이고 그것은 방탕으로 흘러갈 수가 있다. 사람들의 관계도 너무 예에 집중이 되어서 절제에 치중한다면 사람들의 관계가 원만하지 못하게 된다. 그러므로 조화를 지향하되 예로써 절제해야 하는 것이다.[110] 너무 형식에 치우친 예를 통해서 절제만 한다면 사람이 경직되기 쉽다. 악은 조화를 통해서 인간이 지닌 성정을 풀어 준다. 그러나 조화도 지나치면 방탕하게 마련이다. 그래서 예로써 견제해야 하는 것이다.

「위정편」(爲政篇)에는 "유야 너에게 안다는 것이 무엇인지 가르쳐 주겠다. 아는 것을 안다고 하고 모르는 것을 모른다고 하는 것, 이것이 아는 것이다(爲政篇」, 17; 由 誨女知之乎 知之爲知之 不知爲不知是知也)."라는 말이 등장한다. 학문은 나의 무지를 깨우치는 것이다. 어쩌면 나의 무지를 깨닫는 순간부터 배움이 시작된다고도 볼 수 있다. 사실 아는 것을 안다고 하고, 모르는 것을 모른다고 깨우친다는 것이 어디 쉬운가. 평생 배우는 자의 수양일 것이다. 우리의 모르는 것이 그칠 때 학문하는 것도 그친다. 그러니 학문은 끝이 없다. 우리의 무지가 끝이 없기 때문이다. 그래서 일까? 『논어』의 첫 머리는 항상 우리의 배움이 얼마나 즐거운가를 단적으로 표현해 주고 있다(學而時習之 不亦說乎).

"묵묵하게 기억하고, 배우고서 싫증내지 아니하며, 남에게 깨우치기를 게을리 하지 아니하니 (이 외에) 나에게 무슨 어려움이 있겠느냐?(「述而篇」, 2, 子曰?而識之 學而不厭 誨人不倦 何有於我哉)" 배움이란 무지에 대한 부끄러움이 아니라 내가 모르는 것을 깨우쳐 줄 수 있는 사람으로부터 배우는 열린 마음에서 비롯된다. 또한 배움을 통한 때때로 익힘과 그 즐거움을 통해 지속적으로 남을 계몽하는 것도 학문하는 사람의 기본적인 자세일 것이다. 그러나 어디 학문이 나만을 위한 것이겠는가. 나의 배움이 나의 무지의 깨우침의 시작이고 보면 타자를 통한 함께 배움이 더 깊어질수록 학문은 지칠 줄 모르는 수양으로 접어들게 된다.

"먼저 시를 배우고 예로써 입신하고 음악에서 완성할 것이다(「泰伯」, 8, 興於詩 立於禮 成於樂)." 학문은 수신이다. 몸과 마음을 닦기 위해서 맨 처음 시를 배워야 한다. 그리고 예를 배워서 악으로 완성해야 한다. 예는 몸과 마음을 절제하는 역할을 한다. 악은 오성(五聲)과 십이율(十二律; 황종·대려·태주·협종·고선·중려·유빈·임종·이칙·남려·무역·응종)이 조화롭게 어우러지면서 사람의 성정을 길러주며 마음의 사악함을 제거해 준다. 예의 귀결이 악이라고 했다. 절제와 조화를 통해 학문의 완성에 이르게 된다. 이것은 조화로운 악을 통해 인할 수 있는 마음, 인의 실천에 이를 수 있는 마음, 도덕적으로 원만할 수 있는 마음을 갖게 한다.[111] 학문은 곧 인의 실현을 위해 존재한다. 학문을 한다는 것은 인하는 마음을 요동치게 하며 그것이 인의 실천으로 이어질 수 있게 작용하는 원동력이다. 학문하는 자는 자신의 무지를 깨우치되 인의 자각에 힘써야 하는데 그 기반이 학문, 즉 수신이다. 이로써 학문을 통한 인은 사람의 내면에서 발현되고 외현되는 데까지 이르게 된다.

4. 유학, 종교인가? 철학인가?

유학은 조선조의 통치이념과 생활 철학으로 자리 잡으면서 우리나라에 적지 않게 정신적인 영향을 미쳤다. 그것은 반드시 국가의 통치이념과 삶을 이끌어 가는 생활원리만이 아니었음을 잘 지적하였던 초기 그리스도교 선교사의 관찰에서도 잘 나타난다.[112] 이것은 유학이 갖고 있는 보편적 핵심이 '인' 으로 드러난 것일 뿐만 아니라 '인' 의 구현, 인의 외현이 종교적 심성을 낳은 것이다. 사실 유학이 단지 철학인가 아니면 종교인가를 결정짓는 것은 그리 쉬운 일이 아니다. 얼마 전 유학을 여타의 종교들처럼 하나의 종교임을 선언하기도 했지만 여전히 유학을 종교로 보는 시각이 그리 보편화되었다고 볼 수 없기 때문이다. 또한 공자가 생전에 유학을 종교화하려는 시도가 있었다고 보기 어려운 면도 있기 때문에 유학을 단순히 종교라고 단정 짓는 것은 섣부른 해석이라고 볼 수도 있다.

유학이 종교인가 아니면 철학인가 하는 것은 먼저 '종교란 무엇인가' 라는 질문에 답을 구함으로써 보다 명료해질 수 있을 것이다. 종교(宗敎)란, 마루 종(宗)자와 가르침을 의미하는 교(敎)로 이루어져 있다. 문자상의 의미로는 '으뜸이 되는 가르침' 을 함축하고 있다. 또한 종교를 나타내는 영어의 religion은 '연결(連結, religare)' 이라는 의미를 가지고 있다. 다시 말해서 종교는 인간이 살고 있는 현세와 내세를 연결하는, 차안과 피안을 연결하는 기능을 가지고 있음을 알 수 있다.[113]

그러나 종교를 규정하고자 하는 것은 연구자 또는 관찰자가 자신의 탐구를 진행시키는 데 필요한 연구 대상의 규정이라는 사실을 감안할 때, 종교의 정의는 한갓 작업가설에 지나지 않음을 인정해야만 한다.[114] 또한 유학이 여타의 종교들처럼 초월자, 내세, 영혼불멸 등 뚜렷한 종교성을 드러내고 있지 않다고 여기는 바 필자는 종교의 정의를 통한 작업가설을 시도하기보다는 유학의 가르침, 즉 천(天)에 대한 추상적 체계를 기술하는 데에만 관심을 둘 것이다. 다만 공자가 모든 사물과 현상을 인의 관점으로 보았기 때문에 하늘을 인의 종교적 외현으로 보고자 한다. 그런 면에서 굳이 유학과 관련하여 종교의 정의를 내린다면, 종교는 인하는 마음이며 공자의 신앙 대상은 인(仁)이다. 따라서 공자의 종교관은 "인교"(仁敎)라 말할 수 있을 것이다.[115] 그러므로 방동미(方東美)가 지적하고 있는 것처럼, 종교와 철학이 추구하는 바가 다르고 또한 종교적 대상이 철학에 의해 이성적 사유의 대상으로 전락하여 신비적 존재가 "은퇴한 상제"(리쾨르의 표현을 빌려)라고 주장한 것은 원시 유가의 상제를 잘못 이해한 것이다. 왜냐하면 종교가 하향 수직적 방식의 방법론을 택한다면, 철학은 상향 수직적 방법론을 통해 신비에 도달하고자 하기 때문이다.

유교는 일상생활을 떠나지 않는다. 괴이한 것은 인간의 공허한 마음에서 일어나는 환상이라 생각한다. 어떤 신비적 사실도 윤리성을 벗어나면 확고하게 거부한다. 또한 신비성의 근원인 하늘은 결코 비윤리적 형식으로 자신을 나타내지 않는다고 믿는다. 신비성이 합리성이나 윤리성과 상반된 것이라고 보는 입장이 아니라 서로 결합되어야 한다고 보는 입장이다.[116]

이러한 시각과 더불어, 유학에서는 남상호 교수가 정당하게 해석한 것처럼, 원시 유가의 상제(上帝)는 '은퇴한 상제'가 아니라, 인을 통해 상제가 이 땅 혹은 인간의 삶 속에 관계적 존재로 구현되었다고 보아야 할 것이다. 상제의 신비적 경험이 사랑으로 구현되지 않는 한 그것은 상제를 신비로 경험했다 볼 수 없을 것이며, 그 상제는 우리와 하등의 관계가 없는 존재가 될 수 있기 때문이다. 진정한 종교는 하늘에 있는 형이상학적 존재를 섬기는 데 그치는 것이 아니라 지금 여기에서 우리의 삶 속에 구체적인 도덕과 행복으로 나타나야만 한다.[117] 따라서 유학은 도덕이라는 바탕에 종교라는 색채가 드러난 '도덕적 종교철학'이라고도 불릴 수 있을 것이다.

5. 유학의 종교적 이해

공자는 인본주의 사상가이다. 그는 신과 종교에 대해서 이야기하기를 꺼렸다. 물론 그가 종교를 자신의 학문적 담론의 대상으로 삼지 않은 것에는 정치적 담론을 통한 인의 뿌리내림에 더 관심이 깊었기 때문일 수도 있다. 그러나 공자가 마치 '말할 수 없는 것에는 침묵하라.' 는 비트겐슈타인(L. Wittgenstein)의 논리를 선취했다고 볼 수는 없다. 다만 그의 인은 인간 삶의 도덕적·윤리적 초점이 강하게 부각되고 있기 때문이다. "백성들을 의롭게 만드는 데 힘쓰고, 귀신을 공경하되 멀리하면 지혜(智)라고 할 수 있다(子曰務民之義 敬鬼神而遠之 可謂知矣)."는 말로 미루어 보아 일차적으로 중요한 것은 인간의 삶이다. 그리고 나서 종교나 신을 논함이 마땅하다. 이는 공자가 괴이한 것, 힘센 것, 어지러운 것, (귀)신에 관한 것을 말하지 않았다(「述而篇」, 20 子不語怪力亂神)는 종교적 견해를 보아도 잘 알 수가 있다.

공자가 신에 대해서 이야기하지 않았다고 보지는 않는다. 최종 편집자가 논어를 집필하면서 가감, 삭제, 수정했을 가능성, 즉 자신의 논지와 편집 방향대로 맞추다 보니 크게 강조되지 않았을 지도 모른다. 다만 공자의 철학 자체가 사람과 삶에 토대를 두고 '인' 의 실체론과 관계론을 강조했을 것이다. 진정한 종교는 하늘에 있는 형이상학적 존재를 섬기는 데 있는 것이 아니라 바로 여기 현재적 존재로 우리의 일거수일투족에 생생하게 드러나야만 한다.[118] 그런 의미에서 인은 죽은 존재 혹은 신과의 문제가 아니라 지금 여기에 살아 있는 사람과의 관계에 더 주안점을 두었다고 볼 수밖에 없다.

일찍이 공자는 하늘을 가리켜 인격을 가진 존재라고 보았다. 그래서 하늘은 인간의 사회와 자연을 다스리는 주재로 일컬어진다. "하늘에 죄를 지으면 기도할 곳도 없다."라는 말은 하늘에 대한 경외와 두려움을 나타낸다고 볼 수 있다.[119] 이를 위해 공자의 종교관 중에 귀신에 대한 그의 이해를 살펴보면 보다 명확할 것 같다. "제사를 지낼 때는 조상이 계신 듯이 하셨으며, 신을 제사지낼 때에는 신이 계신 듯이 하였다."[120] 이는 그리스도교, 특히 개신교에서는 유학(유교 혹은 유가철학)이 조상을 숭배한다하여 배척하는 민감한 부분이기도 하다. 그러나 이 부분에서는 우리가 제사를 지낼 때, 우리의 조상이나 신이 와 있다고 한 것이 아니라, '계신 듯이' 라고 한 점에 주목을 해야 한다. 아마도 공자가 귀신의 존재를 믿었다면 '와 있다' 고 했겠지만 '계신 듯이' 라고 말한 것으로 보아 반드시 공자가 귀신의 존재를 인정했다고 보기 어렵다. 오히려 여기에서 주목해야 할 것은, 자로가 귀신을 섬기는 것에 대해 여쭈었을 때에 "사람을 잘 섬기지도 못한다면 어떻게 귀신을 섬기겠는가?"[121]라는 말에서 볼 수 있듯이, 살아 있는 사람에게 잘 하는 것이 제사의 진정한 의미임을 깨우쳐 주는 것이라고 봐야 한다. 제사는 산 자와 죽은 자가 만나는 의례의 기능을 가진다. 그런데 이 제사는 일반적으로 알고 있는 것과는 사뭇 다르다. 즉, 제사 의례는 죽은 자 중심이 아니라 산 자, 살아 있는 부모 중심이라는 점이다.[122]

이런 점에서 인(仁)은 초월자에게 향하여 있는 것이 아니라 지금 여기 있는 부모와의 관계로 향해 있는 것이다. 하늘을 두려워할 줄 아는 인간은 땅에서 가시적 존재인 부모에게 잘 함으로써 인하는 것이고 하늘의 뜻[命]을 실현하는 것임을 알게 해준다. 그러므로 유학에서 신을 이야기한다고 해도 그것은 인간이 출발점이 되는 것이고, 부모에게 효도하는 인의 외양적 표현, 덕행의 표현으로 보아야 한다. 다만 신비적인 요소는 있을지라도 미신적인 요소는 없다할 것이다.[123] 첸리푸는 하늘이 갖고 있는 이러한 도덕적 의미를 잘 표현해 주고 있다.

인간을 포함한 우주 만물은 '하늘' (天)을 뿌리로 하여 태어난 자녀들이다. 천은 지금 우리의 공간상에 떠 있는 '물리적 하늘' (sky)만을 뜻하지 않는다. 그것은 모든 자연 현상을 뜻하는 물리적 개념일 뿐만 아니라, 자연과 인간이 운행하는 원리와, 이들이 따라야 하는 도덕적 원리로서 자리하는 '관념적 천' (heaven)의 개념이다. 이러한 천의 자녀인 인간과 사물은 우주의 원리가 고스란히 담겨 있는 숭고한 존재로서 자리한다. 이 숭고한 존재들은 자신 안에 담겨 있는 우주론적 원리대로 살아갈 때, 그 존재는 자신이 짊어지고 가야 할 존재 의무를 실행할 수 있다. 바로 '존재의 올바른 길'(道)을 벗어나지 않을 수 있게 된다. 그 자리를 동북아시아 유교문화는 '일상'에서의 공생·공존·공진화의 길[도]로 바라본 것이다.[124]

공자의 종교관은 한마디로 '인'의 외현, 즉 '내가 어떻게 살아야 하는가를 깨우쳐 주는 것'이다.[125] 다시 말해서 인간의 삶과 죽음, 그리고 제사와 귀신의 관계에서 하늘로부터 땅으로 관심을 환기시킨 것은 죽음 이후 인간의 삶의 중요성을 간과해서라기보다 지금 현재의 삶이 무엇보다도 중요하게 여긴 공자의 마음 때문일 것이다. 그런 의미에서 공자의 종교관은 내가 지금 여기에서 산 자와 죽은 자를 위해 어떤 관계를 맺고 살아야 하는 인을 밖으로 나타낸 인간의 도리와 행위를 말한다. 대부분의 종교들이 인간의 현실보다는 내세에 치중해 있는 경우를 종종 보게 된다. 그래서 종교인들은 현실에서 부딪치는 모든 삶을 용기 있게 맞서기보다는 오히려 회피하며 단지 내세를 위해 감내하려고만 한다. 그러나 공자는 인간 자신이 처해 있는 모든 삶에서 빚어지는 문제를 관계에서 풀어가려고 한다.

유학이 종교로 비춰지는 것은 그것이 지향하고 있는 것이 도덕적이기 때문이다. 이것은 공자가 이전의 종교 중심의 사회에서 인(仁)을 통해 탈신중심사회로 나아가려는 마치 소크라테스적 전회를 시도한 것이다. 그는 유학을 종교가 아닌 윤리적 · 도덕적 체계를 가지고 천(天)을 추상적으로 체계화하였다.[126] 그렇다면 공자의 눈으로 오늘의 삶을 직시하고 사람이 사람을 사랑하는 것[仁]을 통해 유학의 종교성을 구현해보면 어떨까. 그것이 곧 하늘을 섬기는 것 아니겠는가.

— 제7장 —

양명학에 대한 생태철학적 해석

1. 심(心)의 존재론적 정위 : 내향성과 외향성(본질과 운동)

왕수인은 양지(良知)가 인간의 마음에만 있는 것이 아니라 외물인 풀·나무·기와·돌에도 있다고 보았다.[127] 또한 인간의 양지는 천리(天理)인데, 이 양지는 사물[事事物物]에 다하면 양지를 이룬다고 말한다[致良知].[128] 그러니까 양지는 인간의 마음 그 자체의 본질일 뿐만 아니라 양지가 발현되어 사물에 미치는 것도 양지라 할 수 있다. 인간의 양지는 그런 의미에서 내향적인 성격을 지니고 있는 동시에 외향적 성질을 띠고 있다. 심즉리(心卽理)라 함은 마음(의식적이고 도덕적 원리, 선의 원천)이 곧 이치라는 말인데 이는 마음이 발동하는 것을 의미한다. 이 마음의 발동함이 지행합일이다. 마음의 움직임, 마음에서 일어남 자체가 이미 행동이고 앎의 시작이다. 생각과 마음의 움직임이 바로 행동 자체이다. 단순히 양지는 정적인 존재, 정적 본질이 아니라 행위이다.[129] 다시 말해서 앎과 지식이 발현하는 곳에 행이 있기 때문에 앎을 깨닫고 반성하며 끊임없이 심을 성찰할 수가 있다. 따라서 심이 이치가 될 수가 있고 심이 무욕(無慾)이 될 수 있는 것은 생각과 마음의 정화가 끊임없이 이루어지기 때문에 그것은 선도 악도 아닌 것이다. 그러나 엄밀한 의미에서

심은 외향성이라기보다는 내향성에 가깝다. 다만 심을 외향성이냐 아니면 내향성이냐 또는 내향성에 더 가깝다라는 이항 논의도 심을 분석적으로 보려는 또 하나의 오독(誤讀)이 아닐까 생각한다.

그렇다면 심을 반선(半善, 중도적 선)으로 볼 수 있는가? 결론부터 내린다면 심은 무선무악(無善無惡)이다. 다만 심이 선으로서의 본질을 지속적으로 견지하려면 심을 관조하고 치양지행(致良知行)해야 하는데, 왕수인은 그것을 자가체인(自家體認)한다고 말한다. 체인은 자기 경험적, 주관적 성격을 일컬음이다. 그것을 경험해 보지 않고서는 되지 않는 것이다. 그것은 끊임없는 공부와 수양을 통한 직관적 깨달음의 상태, 어쩌면 불교의 열반적정(涅槃寂靜)의 경지가 아닐까 싶다.[130] 그렇게 본다면 심 자체는 악이 들어설 수 있는 여지를 주지 않는다. 심은 거기 그대로 우리 안에 또는 만물 안에 있을 뿐이다. 있는 그대로의 심을 견지하기 위해서는 공부와 수양을 통한 자가체인이 있어야만 한다. 그 본성이 충분히 본질과 운동으로서 작용하고 인간의 삶을 진시하고 성실하게 하기 위해서 자기 노력이 필요한 법이다.

실제로 왕수인의 지행합일(知行合一)은 치지(致知) 과정의 전개이다. 치(致)는 바로 행(行)으로 볼 수 있는 바, 무엇이 옳은지를 알고 있는데 하지 않는다면 그것은 치지(致知)라고 말할 수 없다. 이것은 지극한 데까지 이를 수 없는 것이다. 지극한 데 이르기 위해서는 투박한 지[粗知]를 자각적인 지로 전화시키기는 노력을 기울여야만 한다. 그래서 습(習)에 물든 마음[惡]을 제거하고 선을 행하도록 공부해야 하는 것이다.[131]

2. 동감(同感)과 동심(同心)의 윤리

왕수인에 의하면 사물의 리(理)는 내 마음 밖에 있지 않다. 내 마음 밖에서 사물의 리를 구하면 사물의 리는 없다고 말한다. 특히 이 마음은 하늘에서 얻은 것인데 이 마음의 본체인 양지(良知)를 물(物)에 적용하면 리가 된다. 마음이 리를 따르게 되면 물로 실천되는 것이다.[132] 마음이 발현되는 것이 리이고, 리를 따르는 것이 마음이 머물러 물에 드러난다. 예컨대, 사람이나 자연 만물에게 베푸는 사랑의 실천은 하늘이 내게 주신 마음이 밖으로 나타난 것이라고 할 수 있다. 그렇기 때문에 마음 곧 양지[선을 추구하는 마음]는 보편적 도덕 원리로서 인간 개체의 특수한 삶과 생각을 통해 발현되어짐으로써 그것이 체인되어 인간의 마음 깊숙이 각인된다. 이 양지는 하늘이 인간에게 부여한 마음을 따르게 하는 힘이며 도덕적 행위의 실천력이다.

양지는 만물을 통일적으로 바라보게 하는 '동감의 윤리', '동심의 윤리'를 작용케 한다. 마음과 사물이 분리되어 있지 않고 하나가 되는 것, 내가 사물 안에 사물이 내 안에 있어 어느 것이 나고, 어느 것이 사물인지를 분간할 수 없는 원융(圓融)을 경험하게 한다.[133] 그래서 『전습록(傳習錄)』에서는 다음과 같이 말하고 있다.

> 사람의 양지는 바로 풀과 나무 그리고 기와와 돌의 양지이다. 만약 풀과 나무 그리고 기와와 돌이 사람의 양지가 없으면 풀과 나무가 될 수 없다. 어째 풀과 나무 그리고 기와와 돌만이 그렇겠는가? 천지도 사람의 양지가 없으면 천지가 될 수 없다.

근본적으로 만물은 인간의 양지가 존재하여 그 양지가 존재 가치를 부여할 때 의미를 갖는다. 만일 인간이 양지가 없으면, 또는 양지를 실천하지 않는다면 만물이 양지를 가진 존재라고 할 수 없는 것이다. 그렇다고 해서 만물이 인간의 양지에 따라 유무가 결정되는 것은 아니다. 만물은 인간의 양지 존재 유무에 따라 그대로 존재한다. 다만 인간의 양지가 만물이 있는 그대로 존재하게 하는 데 의미 부여를 하는 본체가 된다고 말할 수 있다. 따라서 인간의 양지가 만물의 양지가 되어 내가 만물 안에, 만물이 내 안에 있어서 서로 동질화를 느끼고 동화되려면 양지의 발현은 필연적이다.

이러한 양지가 발현되는 근거는 인간이 생래적으로 가진 '시비지심'(是非之心)이다. 시비지심은 '생각하지 않더라도 알고 배우지 않더라도 능한 것(是非之心, 不慮而知, 不學而能, 所謂良知也)' 이다. 좀 더 부연한다면 우리가 생명이 손상된 이들을 바라볼 때 가슴 아파하고 측은지심을 느끼고 마치 자식이나 부모, 친지가 아픔을 당한 것처럼 동감한다면 그것이 바로 양지이며 시비지심이라고 말할 수 있을 것이다.[134] 그런 의미에서 다음과 같은 김세정의 기술은 양지의 의미를 잘 간파한 것이다.

> 우주 생명의 중추로서의 인간만이 우주 생명의 전모를 자각할 수 있는 영명성(靈明性), 즉 양지를 지니고 있다. 따라서 인간의 영명한 마음인 양지를 전제로 해서만 우주 생명의 부분으로서의 동식물 또는 무생물과 같은 여타 부분들의 생명 존재와 의미가 자각될 수 있다. 자각되어지는 입장에서 바라보면, 이는 우주 생명의 한 부분으로서의 자신의 생명 본질이 파악됨과 동시에 생명 가치가 부여되는 것이다. 그러므로 식물이나 무생물 나아가 우주는 인간의 양지가 없으면 생명의 전모가 자각적으로 파악될 수 없을 뿐만 아니라, 생명 가치 또한 부여받지 못한다.[135]

그러나 여기에도 비판의 여지는 있다. 양지를 전제로 해서만이, 또는 인간의 양지의 발현만이 만물을 만물답게 만든다면 양명학의 우주관과 생명관은 '인간중심주의'(anthropocentrism)를 벗어나지 못한다. 인간의 양지가 발현되는 순간, 또는 인간의 마음을 통해 동감되는 만물은 그 자체로 존엄성을 갖지 못하기 때문이다. 물론 초석와목(草石瓦木)의 모든 우주도 양지라 하지만 그 양지는 인간의 양지가 마음에서 발현되어야 양지라 인식할 수 있는 것이다. 따라서 양명학에서 티끌을 발견한다면 만물은 인간을 떠나서는 그 자체로 독립된 존재로서의 생명적 가치를 가질 수 없다는 점이다.

3. 나와 우주의 만남 : 인(仁)과 영명(靈明)

왕수인에게 만물을 사랑하는 마음이 바로 인(仁)이다. 그것은 만물의 아픔을 나의 아픔으로 받아들이고 자각하는 감수성이다.[136] 나와 우주와의 만남은 인을 통해 이루어진다. 우주의 상처와 아픔 그리고 죽음은 곧 나의 상처와 아픔과 죽음이다. 그것을 통해 만남은 단순히 우연적인 만남이 아니라 필연성이다. 그런 의미에서 왕수인은 양지를 영명(靈明)이라고도 말한다.

> (氣의) 지극히 정미한 것은 인간이 되고, 지극히 영묘하고 지극히 밝은 것은 마음이 된다. … 이른바 마음이라는 것은 한 덩어리의 혈육으로 된 것이 아니다. 즉 그 지극히 영묘하고 지극히 밝은 것, 잘 행하고 잘 아는 것을 가리킨다. 이것이 이른바 양지이다(其氣之… 至精而爲人, 至靈至明而爲心, … 所謂心者, 非今一團血肉之其也, 及指其至靈至明能作能知, 此所謂良知也).

영명은 총체적인 의미로서 인간의 앎과 생각, 지각과 감각, 인식과 사유 같은 것을 말한다. 왕수인은 영명을 "텅비었으되 신령스럽고 밝은 마음의 능력[虛靈不昧]과 신령스럽고 밝으며 분명히 아는 마음의 능력[靈昭明覺]이라고도 말했다."[137] 그런데 이러한 영명은 양지로서 타자와 관계적이며 상호소통적으로 보았다. 인간의 양지가 우주 만물과 간격이나 분리, 구분됨이 없이 만물과 함께 존재하는 "상호 관계적 존재성", "공동 존재성" 임을 알 수가 있다. 이런 의미에서 본다면 양명학의 양지는 특별히 인간의 양지가 별개의 존재가 아니라 우주 만물과 더불어 존재할 수밖에 없고 인간이 주체가 아니라 만물이 주체임을 드러내는 것이다. "결국 본체[마음]는 원래 안과 바깥이 없는 것(本體原無內外)이다. 그래서 나와 남, 안과 바깥을 일체 함께 깨달아 버리는 것(人己內外, 一體俱透了)을 왕양명은 양지 실현[致良知]의 궁극 목표로 삼는다."[138]

4. 보편철학의 주제로서의 심(心)과 대인을 지향하며 한 틀 어우러짐

양명학의 심(心)은 모든 철학의 가교적 개념이 될 수 있는가? 통용 가능한 언어가 되기 위해 그 타당성을 검증해야만 하겠지만 지금까지의 논의로 봐서는 심은 철학적 언어이자 종교적 언어의 근간이 될 수 있으며 그것은 서양철학과 동양철학의 공통적 언어로서 보편적 언어로 자리매김할 수 있을 것이다. 달리 해석해서 심(心)을 종교에서는 신(神), 최고선이요, 형이상학에서는 존재(esse), 현상학에서는 사태 그 자체(zu den Sachen selbst), 윤리·도덕적 언표는 양심, 유학에서는 인(仁)으로 말한다면 지나친 억측일까.

우리는 양명학에서 생태철학적 실마리를 찾는다면 사구교(四句敎, 혹은 四句訣; 네 가지 구절의 가르침)[139]로 정리할 수도 있을 것이다. 그중에서 "선을 알고 악을 아는 것은 양지이다(知善知惡是良知)."와 "선을 행하고 악을 없애는 것은 격물이다(爲善去惡是格物)."[140]는 오늘날 우리가 처해 있는 환경문제[생명문제]를 어떻게 대처하며 해결해 나가야 하는가에 대한 단초를 마련해 준다. 그것이 대인이 걸어가야 할 길임을 우리가 자각한다는 점에서 모두가 성인을 지향해야겠지만 그 대인의 길은 멀고 험난하다. 어느 때에 우리가 왕수인과 같은 성인[仁人, 大人]으로 살아 갈 수 있겠는가. 우리는 끊임없는 공부와 수양을 통해 노력해야만 하는 과제를 끌어안고 살아갈 수밖에 없으며 성인으로서 만물과 일체가 되어 자연 만물과 생명을 소홀히 여김이 없이 살아야 하는 이중 과제를 안고 살아가야 한다. 더불어 소인이 아닌 대인이 되어 우주 만물이 다 우리와 함께 하나의 생명[한 틀]으로 어우러지는 그 날까지 우리의 공부는 계속되어야 할 것이다.

— 제8장 —

이슬람 이해

1. 이슬람의 분파, 수니파와 시아파

오늘날 전 세계에 무슬림이 차지하고 있는 인구(약 15억)에 비해 이슬람[141] 종교 연구가 소홀히 되어 온 것은 사실이다.[142] 1,400여 년간 그리스도교와 첨예하게 대립되어 왔으면서도 독자적인 종교적 전통들을 가지고 신을 향한 신심을 꾸란이라는 경전과 일치시키며 애써 왔던 사람들을 우리는 잊고 살아 왔다. 그러나 최근들어서 종교 간의 갈등, 민족 간의 갈등이 심화되는 현상을 목도하고 있다. 그것은 다름 아닌 비이슬람 국가들에 대한 일부 무슬림들의 테러 행위에서 비롯된 것이다. 구구한 설을 뒤로하더라도 표면상으로 드러난 모습은 분명 이슬람과 그리스도교의 종교적 대립으로 비화될 만큼 심각한 것이다. 그러나 정확한 정보와 문헌들을 가지고 이슬람을 대하고 있었던 것일까. 그들의 테러 행위가 마치 종교적 신념에서 나온 것처럼 알려지기가 일쑤였지만, 한편 정치적으로 경제적으로 고립되어 있는 이슬람 국가들의 정당한 방어 전쟁으로 생각할 수도 있지 않은가.

이러한 현상을 잘 이해하기 위해서 이슬람 속으로 들어가 보자.

예언자 무함마드(570~632)가 사망한 직후 가장 현안으로 대두되었던 것은 할리파(후계자) 계승에 관련된 문제였다. 그 결과 무슬림들은 수니파와 시아파로 분열되었다. 이슬람에서 수니파는 정통파로 알려져 있다. 이 파는 예언자 사후 할리파가 예언자 부족인 꾸라이쉬(Quraysh) 출신이어야 한다고 주장했다. 이슬람 공동체는 슈라(최초의 의회제도)와 공동체의 의견·합의(이즈마)를 통해 후계자를 선출했다. 꾸란과 하디스(Hadith, 무슬림 첫 세대로부터 무함마드와 그의 동료들의 언행을 통해서 전해 내려온 전승집)에 의하면, 이렇게 선출된 지도자가 바로 이슬람 공동체를 운영할 책임을 지는 할리파였다. 무함마드가 사망한 후, 이슬람 공동체는 4명의 정통 할리파에 의해 운영되었다. 1대 할리파는 아부 바크르, 2대는 오마르, 3대는 오스만, 4대는 알리였다. 이들은 순나(sunnah; 말과 행동, 즉 관행 혹은 많은 사람들이 가는 길)를 바탕으로 공동체를 운영하였다. 할리파 제도는 1924년 터키의 아타튀르크에 의해 폐지되었다. 이는 곧 오스만 터키 제국의 종말을 의미하였다.[143]

수니파에는 4개의 법학파[144]가 있으며 정치적으로 보아도 세 사람의 할리파(압바시야조가 바그다드에서 할리파로, 10세기에 들어와서는 스페인의 우마이야조 아미르 압둘 라만 3세가 스페인에서 할리파로 자처했고, 북아프리카에서 이스마일파–시아파의 한 분파–의 파티마조도 할리파로 자처했다)가 동시에 존재하였던 때도 있었다. 수니파는 현재 전 세계의 약 80%를 차지하고 있으며 나머지가 그 외 군소 종파라 볼 수 있는데 그중에서도 시아파가 가장 많이 차지하고 있다.[145]

수니파는 무함마드의 순나를 추종하는 사람들이다. 순나란 꾸란, 하디스 및 예언자와 정통 할리파들의 선례에 바탕을 두고 있다. 그들 자신만이 정통 무슬림으로 자처하면서 그들의 꾸란과 순나 해설 또 그들의 종교적 입장과 행위가 이슬람의 주류가 되어 왔다고 주장한다.[146] 그래서 순나를 따랐던 수니파는 이슬람 공동체의 총괄적인 법체계를 확립했으며, 이를 '샤리아'(이슬람 성법 또는 이슬람법)로 발전시켰다.

'시아'는 '쉬아트 알리'(알리의 추종자들)에서 유래되었으며, 이 명칭의 기원은 예언자 사후 후계자 선임 문제로 거슬러 올라가야 한다. 여기에서 시아란 '도당, 파벌, 분파'를 의미한다. 통상적으로 시아파란 무함마드가 이슬람 공동체의 초대 할리파 또는 이맘으로 알리를 지명했다고 믿는 사람들을 일컫는다. 따라서 이들은 알리 이전의 세 할리파들을 찬탈자로 부르고 있다. 그러므로 시아파는 할리파를 알리의 가문에 돌려주려는 운동으로 시작되었다고 볼 수 있다. 이 운동은 알리의 자손을 제거하려는 우마이야조(661-750)와 압바시야조(750-1258)의 조직적인 움직임을 불러왔다. 시아파는 우마이야조의 창시자 무아위야가 알리와 파티마의 장남인 하산을 독살시켰다고 믿는 반면에 수니파들은 그가 자연사하였다고 주장한다.

하산의 동생 후세인이 680년경에 이라크의 쿠파 근처의 도시 카리발라에서 반란을 일으켰으나 참혹하게 살해되었다. 그의 부상은 치명적이었고 갈증에 목말랐으나 수니파들은 그에게 물 한 모금 주지 않고 고문하다가 결국 그의 목을 잘랐다는 것이다. 따라서 그의 제삿날인 이슬람력의 정월(Muharram) 10일은 시아파의 중요한 종교적 공휴일이다. 이날은 단식종료제와 희생제 때의 평화로운 행사와는 달리 신자들은 길거리에 나와 행렬을 지어서 후세인의 고통을 몸소 체험하려고 자해 행위를 하기가 예사라고 한다. 시아파 전승에 따르면 후세인의 아들과 손자도 독살당했으며 그 후 몇 세대나 이 박해가 계속되었다고 보는 것이다.[147]

시아파는 이슬람 신앙의 가장 중요한 원칙인 '샤하다'(Shahada: 알라 이외에는 신이 없고, 무함마드는 신의 사자이다)에 "알리는 신의 사랑을 받은 자이며, 신자들의 사령관이고, 신의 친구이다."라는 말을 덧붙인다. 따라서 시아파는 비록 알리가 이슬람 공동체의 네 번째 할리파로 선출되었지만, 사실은 그가 아부 바크르, 오마르, 오스만보다 선행되어야 한다고 믿고 있다.

예언자 무함마드에 관해 수니파와 시아파는 견해를 달리 한다. 수니파는 그가 무지한 인물이었으며 신의 계시를 인간에게 전달하는 단순한 임무만을 부여받은 보통 인간이었다고 주장한 반면, 시아파는 예언자가 높은 학식을 소유했던 완전무결한 존재였으며, 신의 모든 예언자들과 마찬가지로 신의 빛을 부여받았기 때문에 신적 속성들을 소유하고 있는 인간이었다고 주장했다. 더욱이 시아파는 신의 빛과 신적 속성들이 예언자 무함마드의 딸 파티마, 파티마의 남편 알리, 그리고 이들의 자손들에게도 부여되었다고 주장했다.[148]

시아파의 핵심은 이러한 정치적 책략의 희생자들을 순교자로 만들어 그들을 반신격화(半神格化)시키는 데 있다. 이러한 변신은 중근동의 전통 종교로 자리 잡아 온 영지주의적 또는 이원론적 가르침의 영향 아래 일어난 것은 명백하다. 이 영지주의는 서기 2,3세기경에 알렉산드리아에서 활약한 신플라톤주의를 플라톤의 관념철학에 영지주의적 색깔로 칠해 놓았다. 또한 영지주의는 인간에게 신구약성서나 꾸란과 같은 위대한 예언서의 구절에서 문자 그대로의 의미를 넘어 깊숙이 파고들어 그 속의 비밀스러운 의미를 파악하는 능력을 가르쳐 주었다. 이슬람이 아닌 다른 종교에서 여러 가시 교의와 관행을 도입함으로써 시아파는 통합적 신앙이 되었다. 즉 이슬람이 아닌 외적 요소에서 빌린 것을 새롭게 종합함으로써 나타난 인물이 알리, 하산, 후세인 및 그들의 자손들이라는 믿음이다. 그들은 '이맘'이라고 불려졌는데 그 의미는 수니파의 집단 예배인도자를 지칭하는 이맘보다 훨씬 격이 높은 의미로 사용되었다.[149]

2. 수니파와 시아파의 차이점

수니파와 시아파의 첫 번째 중요한 차이점은 이슬람 법학인 피끄의 영역이었다. 수니파는 하나피파, 말리크파, 샤피파, 한발리파 등 전통 4대 법학파를 인정한 반면, 시아파는 6대 이맘 자으파르 알-싸디끄가 편집하고 성문화한 『자으파르 법전』만을 인정하고 있다. 시아파는 경험이 많고 학식이 풍부한 무즈타히드(학식과 덕망을 갖춘 신학자 또는 울라마)들의 이즈티하드(개인의 독자적 판단이나 이성적 판단)를 최우선으로 인정하였으며, 수니파의 4가지 법적 근원인 꾸란, 순나, 이즈마(합의), 끼야스(유추)도 인정하였다. 수니파와 시아파는 결혼·이혼·상속에 관련된 법적 판단에서도 견해 차이를 드러냈다. 예를 들면, 12대 이맘파는 일시적 결혼인 '무트아'를 인정하였던 반면에, 수니파는 결혼의 기간을 정해 놓는 계약 결혼을 죄악으로 간주하였다.

종교적 관행에 대해서도 큰 차이점을 가지고 있는데, 시아파는 정치적, 종교적 적대 세력의 탄압과 억압을 피하기 위해 자신이 정치적·종교적·이념적 믿음을 숨길 수 있도록 하였다. 또한 종교적 의식에 있어서도 시아파는 수니파보다 훨씬 많은 종교 의식을 실행하고 있는데, 19, 20세기 수니파 원리주의자들은 시아파의 성인 숭배 사상과 성인 숭배 의식을 강도 높게 비난하였다.

두 파는 예배 의식에서도 약간의 차이를 드러내고 있다. 수니파는 하루 5번의 예배를 행하고 있으나, 시아파는 하루 5번의 예배를 세 차례(새벽과 일출 사이, 정오와 일몰 사이, 일몰과 한밤중 사이)로 나누어 실행할 수 있도록 허용하고 있다. 두 파의 예배 방식에서는, 수니파는 예배 시 두 팔을 앞으로 포개는 반면, 시아파는 두 팔을 포개지 않고 밑으로 내려뜨린다. 종교 축제에서도 큰 차이를 보이고 있다. 수니파는 680년 카르발라에서 우마이야조 할리파 야지드에 의해 알리의 아들 후세인이 순교 당한 달인 무하르람을 이슬람력의 첫 번째 달로 기념하고 있는 반면, 시아 12이맘파는 그 당시 후세인의 도움 요청을 거부하고 그를 구출하지 못한 것을 참회하기 위해 가슴을 후려치는 의식(마아탐)과 자기 채찍 의식을 통해 무하르람 10일을 최고의 애도일(아슈라)로 간주하고 있다.[150]

3. 수피즘의 신비주의

아랍어의 양털(suf)에서 유래한 수피주의(8세기에 출현)는 중근동 전통의 영지주의적 사상과 밀접한 관계를 가지고 있다. 일례로 "당신을 가리고 있는 베일이 벗겨져도 내가 당신을 계속 바라보리라." 라는 구절은 수피주의가 언어로서는 본질적으로 전달 불가능한 체험을 가장 근사하게 표현한 것으로 보인다. 수피들은 영생을 누리는 등 자신의 운명에 관심을 기울이기보다 베일을 뚫고 들어가 신을 알고 싶어 하는 영지(靈知, gnosis)를 달성하려고 하는 데서도 영지주의와의 관계를 볼 수 있다.[151]

수피사상과 시아사상은 수니파의 기성체제의 대해서 다 같이 적개심을 품고 있으며 또 그리스도교, 유대교 및 중동의 전통적 신앙에서 그 언행을 받아들여 통합된 경향이 뚜렷하다. 그러나 수피는 종파가 아니어서 그 속에는 아무런 교의 체계도 없다. 그들이 '신을 찾고 있는 길', 즉 '타리카'(tariqah)에는 비록 가족 구성원처럼 그 생김새가 서로 닮았나 하더라도 가족 수만큼 많은 길이 있으며 무한히 다양한 것이다.[152]

신에게 가는 길, 즉 타리카는 개인의 깨달음에서 시작된다. 수피들은 이것을 지나간 헛된 삶에 대한 참회(inaba)라 부른다. 수도의 길을 따라 가면 참회, 절제, 단념, 궁핍, 인내, 신에의 신뢰 및 신의 뜻에 순응 등의 단계가 있다. 이렇게 타리카의 여러 단계와 조건을 거치는 것은 곧 신과의 결합을 준비하는 것이다. 영웅적 수피들에 관한 이야기와 전설담에는 '마캄'(maqamat, 위치; 경건이라는 뜻으로 '수피들 고유의 규율 잡힌 노력')과 '할'(hal, 상태, 즉 정신적 상태의 상승을 의미하는 것으로 '알라의 은총')의 추상성을 인간 경험의 구체성으로 바꾸어 놓고 있다. 즉 참회해야 되겠다는 깨달음은 '마캄'이다. 이것은 개인의 노력으로 이루어지지만 참회에서 절제로 발전하는 과정인 '할'의 달성은 신의 은총으로만 가능하다고 본다.[153]

수피 순례자는 보통 가난 속에서 자신을 갈고 닦았으므로 파키르(faqir, 아랍어로 가난뱅이) 또는 흔히들 데르위쉬(dervish, 페르시아어로 걸인)라 불렸다. 꾸란의 가르침에 따라 알라를 언제든지 머리 속에 기억하려고 알라라는 말이나 또는 알라 외에 다른 신은 없다는 칼리마(kalimah, 말 즉 신앙의 증언)를 눈 뜨고 있는 동안 쉴 새 없이 되풀이했다. 이러한 되풀이는 일종의 의례로 발전하여 디크르(dhikr, 아랍어로 신에 대한 회상 또는 상기, 명상적 반복 기도, 즉 念神)라는 수피들의 연기도문을 생성했다.

각 종단(길, 道; taripah)에는 그 전형적인 디크르가 있으며 그것을 습득하기 위해서 데르위쉬는 세이흐(아랍어로 성자) 또는 피르(페르시아어로 성자)와 자신을 결속시켜야 한다. 타리카라는 용어는 스승과 제자의 뗄 수 없는 결속일 뿐만 아니라 수피의 길과도 결속되어 있다. 그 핵심은 종사와 그의 제자들이 똘똘 뭉쳐서 금욕적 생활을 엄격히 준수하면서 오직 디크르에만 몰두하는 것이다. 그들의 생계는 수도종단의 세속적 추종자들의 헌금으로 지탱되며 이들은 타리카의 일부 활동에 참여하는 일 외에는 일반인과 같이 생계를 꾸려 가는 것이다(출가 제자와 재가 제자). 그 외에도 온건종단은 카디리야(디크르는, 알라는 찬송하며 잘못에 대한 용서를 빌며 또 예언자 무함마드에게 알라의 은총이 내리기를 기원하는데, 매 구절을 100번 되풀이한 후 "알라 외에 다른 신은 없다"는 샤하다-shahadah 즉 kalimah 신앙의 증언-를 500번 낭송하는 것이다)와 보편적인 종단인 낙위반디야(디크르는 제자들에게 그들의 마음가짐을 깨끗이 해야 한다고 강조하여 그 방법으로 각자의 마음을 그림으로 그리게 했다. 그래서 그 이름이 낙쉬반디야-그림쟁이-가 된 것이다)가 있다.[154]

또한 메브레비야 종단(발가락 끝으로 춤추면서 머리를 뒤로 제치고 한 손은 하늘을 또 한 손은 땅을 가리키는 춤과 연관된 디크르)과 리파이야라는 파격적인 종단(양손을 올려 서로 어깨동무하고 원형으로 둘러서서 몸통을 흔들면서 신명을 내어 노래한다해서 '울부짖는 데르위쉬' 라는 별명을 얻었다. 그러나 디크르가 절정에 이르게 되면 칼이나 뱀 위에 풀썩 주저앉거나 불 속으로 걸어 들어가 나오거나 또는 유리를 씹어 먹기도 한다), 아흐마디야 종단, 벡타쉬 종단도 있

다.[155]

우리는 수피즘과 관련하여 알-가잘리(al-Ghazali, 1058-1111)라는 중요한 인물을 지나칠 수가 없을 것 같다. 가잘리는 당시 철학과 신학의 개혁적인 성향을 지닌 학자이자 교수였으며 정신적인 고민을 많이 가지고 있었다. 그는 우선 수피들의 저서를 접하고 거기서 결론 내린 수행 방법들을 활용하였다. 그는 교수직을 사임하고 나서 수피의 길로 접어들게 되는데, 후에 샤리아(이슬람의 성법)의 엄격한 준수와 수피의 길을 닦는 일을 함께 하는 것이 구원의 가장 기본적인 조건임을 확신했다. 그에게 이성과 신앙은 대립되는 것이 아니라 조화를 이루어야 하는 것이며, 또한 신학적인 측면과 신비적인 측면이 조화를 이루어야 하는 것이다.[156]

알-가잘리가 가졌던 생각은 종교 체험이 없는 종교는 죽은 종교에 불과하다는 사실이다. 다시 말해서 신이 없으면 모든 인간의 사고와 삶이 따분하고 무익한 것이 된다. 알-가잘리는 아리스토텔레스의 영향을 받은 무슬림 사상사들의 철학을 세밀히 분석하고, 그들의 사상은 자기 보순석이며 근본적으로 비종교적인 논리 체계라고 비난했다. 또한 알-가잘리에게 우주는 영원한 게 아니라 알라의 창조적인 의지를 통해 무로부터 창조된 것이었다. 인간과 창조주, 그리고 인간이 살고 있는 세상의 관계는 근본적으로 도덕적이고, 체험적이어야 한다는 것을 강조한 것이다.[157]

4. 이슬람의 자연신학

휴스턴 스미스(H. Smith)가 말한 것처럼 이슬람의 꾸란에는 자연에 대한 서정적 묘사가 많이 나타나는 바, 특히 알라가 직접 자연 만물을 지었다고 하는 사상이 지배적으로 등장한다. 16장 3절에 보면 "그 분이 하늘과 땅을 창조하셨다."고 말하고 있다. 잘 아는 바와 같이 중세 유럽에서 유독 이슬람이 과학적, 수학적으로 탁월한 지식을 드러낸 데에는 물질을 긍정하고 물질의 실재를 인식한 신학적인 배경이 깔려 있다. 이는 알라가 창조한 세상은 선하고 완전하다는 꾸란의 내용(67,4)에서도 엿볼 수 있다.[158]

꾸란에 의하면, 모든 인간은 절대신 알라와 특별한 관계가 있다. 알라가 그를 흙으로 빚었고 또한 피조물들 가운데 가장 아름다운 존재로 만들었기 때문이다(15,29; 95,4). 더욱이 이러한 인간은 지상에서 절대신을 대리(khalifah)한다는 점에서 특별하다. 신은 인간에게 지구를 위탁하였으며(33,72) 인간은 신을 대리하므로(2,30; 35,39) 모든 피조물은 인간에게 순종하는 것이 신의 섭리인 것이다(16,12-14). 절대신인 알라는 인간에게 자신의 뜻을 성취하도록 정했기 때문에 인간의 책임과 사명은 우주의 조화를 성취하는 데 있는 것이다.[159] 따라서 이슬람에게도 그리스도교와 마찬가지로 인간에게 부여된 땅에 대한 책임은 신이 인간에게 맡겨 주고 선사한 땅을 잘 관리해야 하는 청지기적 사명이 있음을 말해 준다고 볼 수 있다.[160] 그것은 땅과 하늘에 있는 모든 것들이 경이로운 것이며, 그 모든 것에 알라의 흔적이 묻어 있기 때문이다.[161]

또한 이슬람은 자연을 통하여 더 깊은 종교적 이해로 나아갈 수 있음을 말해 주고 있고 아울러 역사와 자연이 주는 경고가 올바른 길을 찾는 데 도움을 준다고 본다(surah 41,53).[162] 이러한 통찰이 인간의 내면과 외형적인 삶을 변화시켜 나가고 교정시킨다는 것은 말할 것도 없겠다. 자연이 황폐화되어감에 따라, 우리는 미래의 불안한 삶을 예측하고 그에 따른 종교적 삶이 어떻게 우리를 지배하고 개선시켜 줄 것인가를 기대하게 된다. 종교적 귀의라고 해야 할까.

한편 저명한 의사이자 철학자였던 이란의 걸출한 인물 무함마드 이븐 자카리야 라지(Mohammad ibn Zakariya Razi 혹은 라제스 Rhazes)는 시간과 보편적인 영혼

등을 말했는데, 그에 따르면 시간은 하늘의 운동에 의해 측정되는 시간과, 보편적인 영혼과는 관계가 없는 측정할 수 없는 시간이 존재한다고 보았다. 다시 말하면 절대적 시간과 상대적 시간(한정된 시간)을 나누어 말했던 것이다. 그뿐만 아니라 자연은 보편적 영혼이 질료에게 기울이는 응시에 의하여 질료 가운데서 발생하며, 동시에 보편적 영혼은 예지체('aql)가 자기 자신에게 향하는 응시에 의하여 존재하게 된다. 보편적 영혼은 이와 같은 의미에서 예지체의 아들이며, 자연은 또한 이러한 의미에서 보편적 영혼의 아들이고 그 학생이며 제자이다. 그렇기 때문에 자연은 운동이 가능하며 보편적 영혼의 행위를 모방할 수 있는 것이다. 또한 자연은 보편적 영혼의 거울이다. 그러므로 자연의 미는 그 자체로 정신적인 미이며 사물의 자연적 특성에 관한 학이 보편적 영혼의 학으로 영위될 수 있는 것이다.[163] 따라서 라제스에 따르면 자연은 심미적 가치를 지니고 있는 대상이고 보편적 영혼을 드러내 주는 장인 것이다.

5. 이웃 사랑의 실천으로서의 소유분배(자비)

이슬람에서는 아브라함과 예수 그리고 무함마드를 선지자로 보는데, 특히 예수의 이웃 사랑에 대한 언표는 자신의 종교인 이슬람의 꾸란에서 구체적으로 명시하고 있다고 자부심을 가지고 있다. 이슬람이 다른 인종들에게 설득력을 갖는 이유는 종교적 편견이 없다거나 인종 차별이 없다는 데에서도 그 근거를 찾을 수 있지만 무엇보다도 빈자에 대한 배려의 일환으로 부자의 소유(매년 소유의) 40분의 1을 가난한 자와 나누어야 한다는 구체적 규정 때문일 것이다.[164] 이를 통해 빈자를 위해 자비를 베풀고 경제적인 불균형을 해소하려는 의지를 엿볼 수 있다. 오늘날 자본주의의 횡포에서 비롯된 가진 자와 못 가진 자와의 격차가 날로 심각해져 가는 시기에 경제적 균형을 위해서 노력하고자 했던 이슬람의 지혜가 자못 아쉽다는 생각이 든다. 예수의 말씀에서 무소유를 암시하는 구절들(마르 10,17-31=마태 19,13-15=루가 18,15-17)이 있지만 그 말씀이 구체적으로 사유재산의 인정인지 아니면 부정인지를 가늠하기가 그리 쉽지 않다(분배 정의라는 시각도 있다). 사도행전을 보면 원시 그리스도교 공동체가 나름대로 예수의 말씀에 충실히 따라서 살아 보려고 애쓴 흔적이 있긴 하지만 자세히 보면 루가가 원시 그리스도교 공동체의 이상적인 모습을 그린 것에 지나지 않다는 것을 엿볼 수 있다(사도 2,43-47; 4,32-37; 6,1-7). 그런 의미에서 볼 때 이웃 사랑의 개념을 구체화하고 소유의 개념을 명확히 한 이슬람의 경제 제도는 그리스도교보다 더 현실성을 띤다.

6. 고난을 통한 자기 겸허 : 라마단의 준수와 수피즘의 가난

라마단의 준수는 1년 중 한 달간을 거룩한 날로 지키는데, 그 이유는 무함마드가 이 기간 동안 첫 번째 계시를 받았고, 그 후 10년 뒤에는 메카로부터 메디나로 이주한 헤지라 사건이 있었던 절기이기 때문이다. 이 중대한 두 사건을 기리기 위해서, 모든 무슬림들은 병들었거나, 긴급한 전쟁 중이거나 여행 중인 경우를 제외하고는 모두가 라마단 기간 동안 금식을 해야 한다. 이때는 해 뜰 녘부터 해 질 녘까지, 누구도 먹거나 마시거나 담배를 피우지 못한다. 그러나 무슬림의 달력은 음력이기 때문에 해마다 라마단을 준수하는 시기도 바뀌게 마련이다. 겨울에는 라마단이 그리 어렵지 않지만, 태양이 내리쬐는 한 여름에 라마단이 있게 되면, 물 한 모금 마시지 못하고 하루 온종일 견뎌야 하는 고통이 뒤따른다. 이 라마단의 준수를 그리스도교의 사순절이나 유대교의 욤 키푸르(yom kippur: 속죄의 날)로 생각하면 이해가 빠를 것 같다. 아무튼 이렇게 하는 이유는 자기 수양의 방법이 되며 무엇보다도 자기 욕구를 절제하는 훈련이 되기 때문이다. 그러면서 단기간의 금식을 통해 배고픈 사람의 심정을 헤아리며 사랑과 동정을 배우게 되는 것이다.[165]

수피즘의 'sufi'라는 어원이 양털에서 왔다는 것은 앞에서도 언급을 하였다. 그들의 양모 옷은 마치 가톨릭의 탁발승이나 불교에서의 스님의 가난을 연상케 하는 의상이다. 버나드 루이스(Bernard Lewis)는 "모직으로 된 옷은 보통 참회의 의미를 지니고 있으며, 가톨릭 수도승을 포함하여 경건하고 빈곤한 생활을 선택한 사람들이 입던 것"이라고 주장한다. 이 주장에 대해 무슬림들은 '예수의 모방'이라고 비난을 하기도 했다.[166] 하지만 이들은 신에 대한 갈구와 앎을 추구하는 정신에는 자기 고행적 수양이 뒤따라야 함을 알고 있었던 것 같다. 그것은 어쩌면 자기를 비우고 철저히 하느님으로 채우려는 경건의 모습이 아니었을까. 더불어 마음의 가난을 위해서 외형적인 거추상스러움을 벗어 내버리는 소탈함이었을 것이다. 그런 면에서 가톨릭의 수도승, 불교의 스님, 이슬람의 수피는 일맥상통한다.

소비로 만연해 버린 우리들에게, 오늘날 외형적인 모습에서 아름다움을 추구하고 그 아름다움이 곧 내면의 인격과 심미성을 드러내 주는 것으로 착각하게 만드는 광고성 문구나 매스컴의 전략 등 문제가 아닐 수 없다. 이에 대해 이슬람의 수피들이 내면의 것을 정확히 바라보기 위해서 그들의 궁핍과 절제를 마다하지 않은 '데르위쉬'가 대안이 될 수 있을까.

예수의 신성과 십자가의 죽음, 그리고 삼위일체 신론에서 그리스도교와 갈등을 일으키면서도 종교적 관용과 국가 간 평화가 근본적으로 가능한 것은 이슬람이 타종교의 독특한 진리를 인정하고 있기 때문이었을 것이다. 또한 이미 앞에서 언급하였듯이 인종 차별의 철폐, 남녀의 평등, 부자와 빈자의 경제적 불균형 해소, 자기 금욕과 절제를 통한 신을 향한 수피즘의 신비주의가 이슬람의 강점으로 작용한 것은 분명하다. 무엇보다도 이슬람은 유일신을 이야기하지만 또 한편으로는 종교적 관용을 통하여 자신과 타자를 구별하고 포용하는 정책은 오늘날 이슬람 사회가 전세계로 확장되어 가는 힘이며, 나아가 구체적인 이웃 사랑은 모든 이들에게 귀감이 되었을 법하다.

그리스도교는 지금 '역사의 예수' 탐구로 분주하다(M. Borg, John D. Crossan, E. S. Fiorenza, G. Theissen, Robert W. Funk, J. P. Meier 등). 그것은 다시 말해서 이 지상에서 태어나서 30평생을 살다 간 진짜 인간 예수를 발굴해 보자는 것이다. 우리가 신앙적으로 망각하고 잊어버린 예수를 살리겠다는 의지인 것이다. 어쩌면 역사의 예수에 대한 이야기가 예언자 무함마드와 더 가까울 수도 있겠다. 그렇다고 해서 단순히 예수를 예언자 정도로 보자는 얘기는 아니다. 다만 종교 간 대화에서 화두 내지는 접촉점을 무엇으로 잡을 것이냐 하는 것이다. 사실 예수의 사랑이라는 것이 하느님 사랑, 이웃 사랑으로 집약된다고 해서 구체성을 띠지 못했다는 것은 섣부른 판단이 될 수도 있다. 먹보에 술꾼이었던 그가, 당시 민중들의 삶의 애환을 속속들이 들여다보면서 떠돌아 다녔던 그가, 인간의 삶의 구체성과 현실성을 망각하며 한갓 추상적인 사랑을 외쳤을 법하지 않기 때문이다.

종교는 다양하다. 인간의 삶만큼이나 다양한 면을 지니고 있다. 종교학은 그 다양한 스펙트럼이 존재하는 것이 오히려 지구를 더 풍요롭고 건강하게 만들 수 있다는 것을 알려 주는 게 목적이다. 이슬람이 갖고 있는 사람을 생각한 종교, 그리스도교가 갖고 있는 그리스도인의 삶의 역사성은 '인간'이라는 구체적이고 이성적 존재와 만난다. 따라서 인간이 없는 종교, 인간이 없는 신은 사람들에게 외면당할 것이고, 오늘날 인간을 생각하며 인간을 지향하는 종교가 다양한 사람들의 주목을 받게 될 것이라는 것을 명심해야 한다.

— 제9장 —

칼 바르트 신학에 대한 종교·생태신학적 비판

1. 칼 바르트의 생애와 사상

칼 바르트는 1886년 스위스의 바젤에서 프리츠 바르트(Fritz Barth)의 맏아들로 태어났다(아버지는 나중에 베른대학의 신약성서와 초대교회사 교수가 된다). 바르트는 김나지움을 베른에서 다녔지만, 대학 공부는 독일(베를린, 튀빙겐과 말부르크)에서 했다. 베를린에서는 아돌프 하르낙(Adolf von Harnack)을 만났으며, 말부르크에서는 슐라이어마허(F. Schleiermacher)의 제자가 되어 학문적 방법에 깊이 관심을 가지게 되었다.[167] 1909년 바르트는 베른으로 돌아와 23세의 나이로 목사 안수를 받는다. 그리고 1911년 아르가우주에 있는 자펜빌(Safenwil) 장로교회의 목사가 된다. 이렇게 시작된 그의 사목은 1921년까지 지속된다. 사목 기간 중 그는 바이올린 연주자 넬리 호프만(N. Hoffmann)과 결혼한다. 말부르크 동창생이자 친구인 투르나이젠(E. Thurneysen)을 통해 쿠터(H.Kutter)와 라가츠(L.Ragaz)가 이끄는 종교사회주의 운동에 동참하게 되지만 자유주의 신학을 거부하고 그들에 의해서 주도되는 "하느님 나라 운동"과 결별하면서 유명한 『로마서 강해』(*Der Römerbrief*) 집필을 시작하게 된다. 『로마서 강해』 제 1판은 그로 하여금 괴팅엔 대학 개신교 신학부의 명예교수로 부름을 받는 영광을 가져다준다. 바르트는 본(Bonn)대학으로 옮겨간 후 『교회 교의학』(*Kirchliche Dogmatik*)을 출판하기 시작한다. 그러나 그때부터 그는 나찌 정권에 대항하는 '바르멘 신학 선언' 을 발표하고 그 선언에 기초한 '고백교회 운동' [168]을 전개해 나간다. 1962년 겨울 학기를 마지막으로 바르트는 바젤대학의 교단에서 은퇴를 했다. 그는 세상을 떠나기 전 스위스의 '음악 초대전' 이란 방송 프로그램에 출연하여, "나의 긴 생애 동안에 내가 관심을 가졌던 것은 예수 그리스도를 강조해 나가는 것이었고, 이외의 다른 이름에는 구원이 없다는 것을 말하는 것이었다." 고 술회하였다.[169]

바르트의 신학은 시종일관 성서를 기초로 삼위일체론적으로 전개한 그리스도 중심의 계약신학이었다. 특히 그의 신학 형성 배경에는 자유주의 신학(슐라이어마허, 헤르만)이 있었다. 역사를 계시의 원천으로 본 바르트는 우리 신앙은 역사적인 기초 위에서 형성되어야 한다고 주장하고 예수의 인격성에 의해 우리의 사회적 사실들이 해석된다고 생각하였다(하느님은 역사로부터 이해되어져야 한다). 또한 바르드에게서는 하느님과 세싱의 명확한 이원론이 발견되는 듯한데, 즉 신학은, "하느님은 하느님이시라는 것을 인식하는 것" 이라고 말한다. 그는 종교와 사회의 결합에서 사회 속에 있는 죄된 인간성과 인간 생명의 연약한 육체성을 발견하게 된다. 그래서 종교는 인간을 구원하지 못한다는 배타성을 띠고 말았다. 바르트에 의하면 부활은 저세상의 피안에 있는 것이 이 세상으로 뚫고 들어오는 것이다. 이 사건은 개별적인 것이 아니라, 보편적인 것으로, 인간성을 변화시키는 "신적인 세계 종교" 의 사건이다. 예수 그리스도는 인간과는 전혀 다른 전적 타자(totaliter aliter / Wholly other)이다. 왜냐하면 예수의 육화 사건은 "하늘로부터 수직선적으로 내려오는 운동이기 때문이다." 위에서 언급했듯이 바르트의 신학은 그리스도 중심이다. 그래서 그는 그의 교의학적 신학에서 그리스도론에 집중하는 신학적 특징을 "계약신학" 이라고 명명한 것이다. 그의 신학은 켄터베리의 안셀름의 신존재증명 연구를 통해 독특한 신학 방법론(유비론, analogia: 관계의 유비와 신앙의 유비)이 나왔다고 해도 과언은 아니다. 그럼에도 그의 신학적 영향에 반기를 든 신학자들이 있었으니 개신교의 고가르텐(F. Gogarten) · 불트만(R. Bultmann) · 푹스(E. Fuchs) 등이었고, 가톨릭에서는 송엔(G. Sohngen) · 불라드(H. Bouillard) · 발타자르(Hans Urs Balthasar) · 큉(H. Küng) 등에 의해 활발한 신학적 토론이 전개되었다.[170]

2. 칼 바르트의 주요 신학적 테마들

1) 계시

계시는 하느님과 인간 사이의 현실적인 관계를 포함하고, 그것의 기초는 하느님 안에 놓여 있다. 계시는 그로부터 그것의 힘과 영구성이 나오고 하느님과 인간 사이의 한없는 차이를 가로질러 도달하며 세상 가운데 있는 그의 실존의 현실들을 침투하는 것이다. 바르트는 계시가 하느님 자신과 다름없는 방식으로 예언자들과 사도들에게 이르렀던 것이라고 생각했기 때문에, 그리고 그가 하느님의 언어를 행동으로서 생각했기 때문에, 그는 하느님의 말씀과 성서 사이의 관계를 "임의적인 동시대성"이라는 말로 자주 묘사하였다. 바르트는 자신의 『교회 교의학』에서 인도의 베다, 페르시아의 아베스타, 불교의 트리피타타, 그리고 한국의 여러 경전들이 신구약의 성서와 전혀 다르다고 보고,[171] 예수 그리스도 안에서의 하느님의 계시는 우리의 의와 거룩함, 우리의 회심과 구원을 예수 그리스도 안에서 단번에 성취하시고 일으키셨다고 한다. 여기서 우리는 그의 그리스도 중심의 구원관을 읽을 수가 있다. 다시 말해서 예수 그리스도를 믿는다는 것은 실제로 예수 그리스도 안에서 모든 것이 단 한 번에 이루어졌다고 하는 것을 긍정하며 받아들이는 것이라고 주장한다. 따라서 그 자신만이 우리에게 말씀하시는 하느님의 말씀이라는 것이다. 그리스도와 우리 사이의 신분적 변화에 따라 그의 의가 우리의 의가 되었으며 그의 거룩함이 우리의 거룩함이 되었다. 그뿐만 아니라 우리의 죄가 그의 죄가 되었으며 그는 우리에게 구원을 주시려고 우리를 위해서 잃어버린 바 되었다. 반면에 인간의 종교에서 말하는 하느님이나 신들이라고 하는 궁극적인 실재들은 인간의 경험이나 역사적이고 자연적이며 영원한 필연성에 의해 결정되어진다고 말한다. 따라서 종교는 불신앙이라는 것이다.[172] 종교는 여전히 자기 모순적이며 대답을 추구하는 문제들에 궁극적이며 명백한 답을 줄 수 없다. 종교는 자기중심적이고 우상 숭배적이며 자기 의를 추구한다. 특별히 인간의 종교는 신비적이기도 하고 무신론의 형태를 띠기도 한 운동 성향을 가졌다.[173] 신비주의는 외부적으로 추구하는 종교적 욕구 충족으로부터 인간을 해방한다는 것을 의미한다. 하지만 보수적이어서 공공연하게 또 직접적으로 종교를 공격하지도 못한다. 무신론은 도나 인도의 종교, 헤겔의 절대정신처럼 실체가 없이 공허함을 목적으로 한다. 그러나 무신론은 신비주의와는 달리 세상에 외치기도 하고 성상을 파괴하고 도그마를 논박하고 도덕해방을 부르짖는다. 그뿐만 아니라 신의 존재나 신의 율법도 부인한다.[174]

그렇다면 바르트가 주장하는 진정한 종교란 무엇인가? 바르트에 의하면, 하느님의 계시는 어떤 종교도 진정하다고 용인하지 않는다. 진정한 종교란 없다. 단지 진실하게 될 수가(become) 있을 뿐이다. 의롭다고 인정받은 사람처럼 종교도 은총의 피조물일 뿐이다. 은총은 하느님의 계시이다. 우리는 그리스도교만이 진정한 종교라고 말할 수 없다. 단지 그리스도교가 진정한 종교일 수 있는 것은 신앙의 진술인 하느님의 계시를 들을 수 있을 때 감히 그렇게 말할 수 있는 것이다. 그 신앙의 진술이란 계시에 의한 신앙으로부터 또는 신앙 안에서 사고하고 표현된 필연적인 진술을 말하는 것이다.[175] 신앙은 종교적 자의식을 넘어서서 사고하게 하고 계속적으로 신의 계시에 의해 그리스도교 종교를 상대화하도록 한다. 진정한 종교는 예수 그리스도 안에서 하느님의 은총으로 말미암은 행위의 사건이 발생하는 바로 그것이다. 다시 말해서 성령의 부으심의 사건이다. 더 정확하게 말해서 하느님의 실존 속에 있는 하느님의 백성 안에 있는 사건이다. 따라서 교회는 하느님의 백성이고 하느님의 은총으로 말미암아 사는 진정한 종교의 배태자인 것이다. 하느님의 은총으로 말미암아 사는 하느님의 백성과 교회가 은총이다. 진정한 종교의 배태자의 신분에 도달하는 것이 은총이다. 모든 인간들의 종교를 평가하고자 할 때 어떤 종교가 종교의 고등 원리들을 가지고 있는가를 보려면 이 구체적인 의미를 통해서 알 수가 있다. '하느님의 은총으로 말미암아'라는 의미는 달리 말하면 '예수 그리스도를 통하여'라는 말과 같다.[176]

2) 은총과 자연신학의 거부

바르트에게 은총은 하느님 자신이다. 하느님 자신이 그의 계시의 내용이듯이 하느님 자신은 그의 구원하는 은총의 내용이다. 은총은 주어진 선물이 여전히 증여자인 하느님과 동일하게 있는 신적인 행동으로서 간주되어야 한다. 또한 은총은 죄인을 위한 그의 사랑에서 하느님의 뜻밖의 무조건적인 자기 증여이며 성령을 통해 소유할 수 있는 것이다.[177]

하지만 바르트의 오직 은총만으로(sola gratia)의 결과는 자연신학을 파기하고 예수 그리스도 안에 있는 하느님의 은총만을 강조하려 했다. 그러니까 예수가 아니고서는 어느 누구도 아버지께로 가는 방법이 없는 길·진리·생명이신 예수 그리스도의 유일성과 그로 인한 배타성을 띤 논증인 것이다. 오직 예수 그리스도의 죽음과 부활을 통해서만이 하느님과 화해할 수 있다는 대리적인 희생이 낳은 결과이기도 하다. 더구나 그리스도 안에서 하느님의 구원하는 행동의 완전성과 포괄성은 신적인 은총이 우리를 일시적으로 치유하거나 우리에게 부족한 자연적인 재능들을 더해 주는 것으로 작용하지 않고, 오히려 우리의 삶을 전적으로 새로운 기반 위에 올려놓는 것으로 작용한다는 것을 의미한다. 그것은 바르트가 그리스도의 십자가와 마주 대하고 우리는 오직 한 분 하느님에 대한 지식이 예수 그리스도 앞에서 그리고 성령 안에서의 인간 존재들의 갱신에 의해서 획득되는 바로 그 지점에서 모든 자연신학은 사라진다.[178]

바르트는 브루너(E. Brunner)와의 논쟁에서 자연신학에 대한 주제는 반박할 가치도 없을 뿐만 아니라 진정한 신학자라면 아무런 관련을 맺지 말고 배척해야 한다고까지 말한다. 또한 일반계시를 주장하는 모든 시도는 거부되어야 하며 거기에는 '구원의 행위에 대한 접촉점도 없다.' 고 강력하게 주장한다.[179] 그러면서 인간은 자신의 구원을 위해서 아무것도 할 수 없으며 오지 은총으로만 된다고 했다.[180] 그러나 브루너에 따르면 세상은 하느님의 피조물이다. 따라서 이 세상의 창조는 하느님의 계시이며 자기 현현이기도 하다. 하느님께서는 어떤 일을 하실 때, 그 본성의 흔적을 자신의 일에 남기시기 때문이다. 우리는 하느님의 피조물을 통해서 하느님을 찬양하는 것이 초대로부터 수세기 동안 지속된 그리스도교 예배의 중요한 일부분이었다는 사실을 기억해야만 한다.[181] 또한 이러한 자연신학의 거부는 개신교의 생태신학[환경신학]이라는 학문적 발전을 더디게 만들었다. 가톨릭도 마찬가지의 입장이겠지만 개신교는 범(재)신론(pan(en)theism)적 입장의 신학을 용인할 수 없었다. 그것은 유일하신 하느님관과도 위배된다고 생각했다. 바르트는 예수 그리스도 안에 나타난 하느님 계시 외에는 어떠한 것도 인정하지 않았던 것이다. 그의 모든 신학적 기초는 예수 그리스도였기 때문이다.

3) 예정과 선택, 그리고 예수 그리스도

칼뱅(J. Calvin)은 예정론에서 인간은 이미 자신이 지음 받기도 전에 하느님께서 영원히 구원받을 자와 영원히 유기될 자(구원받지 못할 자)를 미리 정하셨다고 하는 하느님의 구원의 절대성(불가항력적 은총론)을 주장했었다. 그러나 이것은 여러 신학적인 문제와 신앙적인 문제(그렇다면 구원에 대한 강론이나 전교를 할 필요가 없다?)를 양산한다 하여서 감리교의 창시자인 존 웨슬리는 '복음적 신인 협동설'(evangelical synergism 또는 Arminianism)이라는 신학적 교리로 맞서게 되었다. 즉, 인간은 자유의지가 있어서 하느님께서 은총으로 인간에게 다가오시면 그 은총을 수락하는 사람은 구원에 이르지만 반대로 거부하는 사람에게는 죄인이 될 수밖에 없다는 것이다(자유의지는 날 때부터 주어진 것이 아니라 선재적 은총-prevenient grace-에 의해 회복되어진다).[182] 전자는 자유의지를 배제한 전적인 하느님의 구원에 대한 주권을 강조한 것이고, 후자는 인간의 자유의지를 허용한 인간 구원의 적극성을 반영한 것이다. 이에 대한 고민을 하면서도 바르트는 칼뱅의 예정론을 전면에 들고 나와 자신의 신학을 전개했다.

"은총의 선택은 전복음이고 복음의 요약이다." 예수 그리스도는 선택하시는 하느님이시다. 동시에 선택받으신 인간이시다. 또한 예수 그리스도의 선택은 하느님의 영원한 의지로서, 하느님께서는 그 선택 안에서 인간에게는 선택과 축복과 생명을 허락하셨고, 자신에게는 저버림과 형벌과 죽음을 돌리시었다. 교회는 잠정적으로 구원받은 표지이다. 하느님께로부터 유기되어 있는 개인은 불경한 자에 불과하다. 하느님께서 원하시는 바는 그 저버림 받은 자가 믿고서 신자로서 택함 받은 저버림 받은 자가 되는 것이다. 신자도 잠정적으로 저버림 받은 자이다. 단지 그리스도 안에서는 저버림 받은 자가 아니다. 그래서 신자도 불경한 자와 연대적으로 자신이 관계되어 있음을 알고 고백할 근거가 있다. 이렇게 놓고 볼 때 바르트가 주장하는 것도 만인구원론이라기보다는 은총의 자유를 설명하고 있는 것이다.[183] 그럼에도 불구하고 하느님의 사죄가 미치는 대상에서 예수 그리스도만이 진정으로 배척받은 유일한 사람이며 모든 인간들은 그 안에서 선민이라는 사실을 분명히 했다. 한스 우어스 폰 발타자르(Hans Urs von Balthasar)는 이를 두고 바르트가 보편적인 구원을 말하고 있는 증거라고 보았다.[184]

거듭 말하지만 바르트신학의 중심은 '예수 그리스도'다. 이는 다시 말하면 신론으로부터 그의 신학을 전개한 것이 아니라 하강 그리스도론으로부터 전개했다는 것이다. 그에 따르면 예수 그리스도는 하느님 아버지를 아는 장소이다.[185]따라서 하느님의 계시는 하느님 자신이다. 하느님은 그가 계시하는 그 어떠한 분인 것이다. 결과적으로, 예수 그리스도는 하느님의 독특하고 탁월한 자기 계시로서, 하느님과 동일시하고 그러므로 진정(참된) 인간이며 동시에 진정(참된) 신인 것이다. 예수 그리스도의 실재는 인격 안에 거하시는 하느님이 육체 안에서도 능동적으로 임재하신다는 것이다. 인격 안에 거하시는 하느님이야말로 진정한 인간 존재와 활동의 주체이시다.[186] 이로써 신의 임재는 예수 그리스도의 인격 안에만 머무시고 그를 통해서만 계시하신다는 논지가 강력하게 드러난다.

3. 칼 바르트의 신학을 넘어서 관계적 진리를 향하여

바르트에게서 두드러지게 나타나는 신학적 특성은 '계시의 배타성'이다. 그에 따르면 한 인간으로서 단지 한 아버지만을 가진다는 '하나의 계시만'을 철두철미하게 전개하고 있다는 인상을 받는다. 그는 다른 종교들 안에 있는 계시의 다양성을 인정하지 않는다. 오직 그리스도교의 계시만 유일회적인 계시일 뿐이다. 이러한 계시의 주장도 역시 성서 곧 하느님의 말씀 그 자체가 자신을 드러내는 온전한 지식이며 그 내용은 다름 아닌 예수 그리스도라는 지식이라는 것이다.[187] 이러한 주장 때문에 자연계시 혹은 자연신학을 인정하려 들지 않는 편협한 신학의 한계성을 드러내고 만다. 그러나 예수에게서 우리가 볼 수 있는 면은 인류를 구원하기 위해 복음을 선포하는 내용에 자연의 사물들이 단골로 등장한다는 것이다. 예컨대 씨뿌리는 비유(마르 4,3~9), 겨자씨 비유(마태 13,31=마르 4,30~32), 공중나는 새, 들에 핀 백합화(마태 6,26~29), 가라지의 비유(마태 13,24~30), 열매 없는 무화과 나무의 비유(루가 10,30b~37) 등 그가 백성들을 구원의 길로 인도하기 위해 사용한 이야기의 소재는 자연이었다.

또한 우리가 잘 알고 있는 프란치스코 성인도 자연 만물 속에 깃들어 있는 하느님의 섭리와 내재된 하느님의 영을 찬미하지 않았던가. 요한복음서를 기록한 복음사가도 하느님께서 세상을 사랑하셔서 예수를 이 땅에 보내셨다고 증언한다(요한 3,16). 세상은 구원의 대상이며 그분이 머무시는 장소이다.[188] 그리스도의 은총, 하느님의 은총은 이 땅에서 발을 딛고 30평생을 사신 예수에게서, 바로 땅에서 시작이 되었다. 그러나 그 분은 정작 이방인의 종교가 자신의 종교와 다르다고 배거하고 오직 예루살렘에서 제사를 드려야 한다고 하지 않으셨다. 오히려 관대하셨다(cf. 요한 4,19~24). 우리가 알고 있는 땅 끝 선교(선교지상명령, 마태 28장)나 루가행전 1,8절도 원시 그리스도교 공동체가 재림지연이라는 신앙적 문제에 골몰하다가 내놓은 궁여지책의 신앙적 장치가 아니었던가.

그렇다면 이러한 바르트의 그리스도 중심의 신학을 통한 종교 간의 대화는 타당한 것일까? 우리가 종교 간의 보편성을 찾기보다는 특수성을 내세워 그것을 가지고 논하고자 한다면 서로 간의 벽은 높아지게 마련이다. 그래서 나오는 얘기가 '신중심주의(theocentrism)' 종교다원주의이다. 그러니까 모든 종교가 가진 '신'이라는 공통분모를 내세워 종교 간의 대화를 시도해 보자는 것이다. 이에 대해 폴 니터(Paul Knitter)는 "신 중심주의는, 언제나 위대하신 보편적 하느님은 제한된 특수 형식 안에 갇힐 수 없음을 인정할 뿐만 아니라, 우리는 이 보편적 하느님을 하나의 특수한 형식 속에서만 실제로 만날 수 있다는 사실도 인정한다." 고 말한다.

오늘날 우리에게 예수는 누구인가? 그는 2천 년 전에 광야의 흙먼지를 일으키시며 이스라엘 회복 운동에 앞장 선 역사적인 인물인 동시에 우리의 구원자이다. 그의 말씀과 행업은 남달랐다. 공생애 3년 동안 사람들에게 그리고 제자들에게 설파하셨던 복음의 핵심은 하느님 나라 혹은 하느님의 의지[뜻]였다. 유대인들이 아브라함이니 모세니 엘리야니 하면서 신앙의 선조나 선지자들을 진리를 논하는 담론의 근거로 제시한 것에 비해 예수는 하느님을 신앙[진리]의 담론으로 삼은 것이다. 그것을 위해 먼저 타자의 필요에 부합하는 진리를 전달하셨다.[189] 그러니까 예수의 언행은 '관계적(relational)' 이었으며 신중심주의(theocentrism)였다. 오늘날 세상은 절대적인 것을 원하지 않는다. 그것은 종교에도 마찬가지다. 다양성을 추구한다. 그것은 상대적 진리 체계 또는 관계적 진리를 요구한다.[190] 그 관계적 진리는 타자에게 열려 있는 것이다. 타자의 신앙을 용납하고 진리의 담론을 '배타' 가 아닌 '관계' 로 살어가는 종교적 담론을 요구하고 있는 것이다.[191]

인간은 자신의 세계를 좁은 시야로 바라보고 경험해서인지 그 세계가 전부 인양 착각하고 사는 경우가 참으로 많다. 종교라는 것도 마찬가지다. 저마다 종교를 바라보는 입장이나 관점들이 각기 다르다. 그것을 '종교관' 이라고 하던가. 이 종교관은 사람의 생래적 상황이나 선험 또는 경험에 의해 전부 다를 수밖에 없다. 그러한 토대에서 생긴 관점은 자신이 볼 때 다 옳은 듯이 보이지만 정작 똑같은 종교라 하더라도 그 속을 들여다보는 견해 차이가 여럿임을 알게 된다. 우리는 그것을 신 체험의 다양성이라고 말할 수 있을지 모른다. 사이버 세상에서는 이 다양성을 더 요구할 것이다. 초국가적 정보가 순식간에 오고가는 세상에서 내 것만이 전부라는 발상 혹은 내 것만이 옳다라는 이미 세상에서 도태한 것이나 다름없다. 종교라는 시장 속에서 얼마 전까지만 해도 몇 안 되는 종교들만이 서로 각축전을 벌였었다. 그러나 이제는 서로 자신들의 종교도 있어 왔노라고 목소리를 드높이고 있다. 이에 대해 그리스도교는 한편으로는 더 보수적인 신앙적 태도를 견지하고, 또 한편으로는 개방적인 행동을 취하는 모습을 보면서 문화와 역사 안에서 종교적 경험과 표현이 다를 수 있다(조오지 린드벡의 문화-언어적 종교론: 체험이 있은 뒤 종교가 형성되는 것이 아니라 문화나 언어가 있기에 종교적 체험도 가능하다는 주장)는 것을 인정하고 있다.

루터의 전통과 칼뱅의 전통을 고스란히 이어받아 자신의 신학을 만들어 갔던 신정통주의(Neo-Orthodoxy) 신학자인 칼 바르트도 이 세상의 여러 종교시장을 둘러보고 함께 이야기하기에는 한계가 있다는 생각을 하게 된다. 그런 의미에서 본다면 역시 신학은 그 때의 시대적 산물인가보다. 영원한 학문이 존속할 수 없듯이 그 시대에 영향을 미쳤던 학문은 오늘을 읽어 내기 위해서 비판과 재해석이 필요한 것이다. 그러한 차원에서 보면 자유주의 신학(슐라이어마허, 리츨, 하르낙 등)을 거부하고 새롭게 자신의 신학을 주창한 바르트는 지나치게 하느님의 초월성(또는 위로부터의 신학)을 강조하며 예수 그리스도 중심의 신학을 전개한다. 그에 대한 반동이 바로 신중심의 신학, 혹은 다시 내재(immanence, 內在)로 향하는 것이 아닐까?[192]

우리는 지금도 바르트의 신학에 기초해서 "신의 은혜의 해는 우리에게만 비추고 진리는 우리만 갖고 있다."고 말해야 할 것인가?[193] 이같이 우쭐대는 듯한 발언은 타종교를 폄하하고 있는 느낌을 줄 수밖에 없다. 금세기 지구의 모든 문제(민족주의, 인종주의, 종교 간의 갈등, 정치적 불안, 핵전쟁의 위협, 경제적 불균형, 기아, 환경오염, 신식민주의, 빈부간의 격차 심화 등)들을 풀어 가려면 종교 간의 대화가 선행되지 않으면 안 된다. 참으로 지구의 평화는 종교 간의 평화가 없이는 불가능하기 때문이다(한스 큉).

필자는 바르트가 자신의 신학을 전개시켜 나가면서 종교 개혁적 혹은 종교 쇄신적 전통에 서 있을 수밖에 없었던 이유들을 앞에서 언급하였다. 그러나 우리 시대가 요구하는 해석, 우리 시대의 언어로 표현하여 오늘의 갈등을 풀어내는 새로운 바르트의 신학이 필요하다. 그것은 신앙의 힘으로 '획일적인 바르트주의'를 극복하고 '하느님의 은총을 공유하는 참다운 그리스도교'를 지향하면서 타자에게 열려 있는 신학을 형성하는 것이다. 나아가 우리는 수많은 문화적·역사적 시공간 안에서 함께 공존하고 진리의 다양한 경험과 신적 체험들을 공유하고 나눔으로써 상호 참종교다움이 발현될 가능성들을 발견해야 할 것이다.

주석

제1부 함석헌과 인간 존재의 선험적 · 보편적 프로네시스 해명

1 함석헌, 『함석헌저작집』14, 「새 시대의 종교」, 한길사, 2009, 16-19쪽.
2 위의 책, 74쪽.
3 위의 책, 50쪽.
4 위의 책, 62쪽.
5 박완서, 『그 여자네 집』, 문학동네, 2006, 95쪽.
6 함석헌, 앞의 책, 33쪽.
7 위의 책, 39-40쪽.
8 F. W. Nietzsche, 두행숙 옮김, 『차라투스트라는 이렇게 말했다』, 부북스, 2011, 219쪽.
9 함석헌, 앞의 책, 38-40쪽.
10 유동식, 『한국무교의 역사와 구조』, 연세대학교출판부, 1992, 296쪽.
11 함석헌, 앞의 책, 51쪽.
12 임어당, 김학주 옮김, 『동서양의 사상과 종교를 찾아서』, 명문당, 1998, 6쪽.
13 함석헌, 앞의 책, 48-49쪽.
14 유동식, 앞의 책, 352-353쪽.
15 Roger Scruton, 류점석 옮김, 『철학자, 와인에 빠져들다』, 아우라, 2011, 56쪽.
16 A. Badiou, 이종영 옮김, 윤리학, 동문선, 7쪽, 17쪽.
17 위의 책, 7쪽, 15쪽.
18 함석헌, 『함석헌전집』9, 「씨올에게 보내는 편지2」, 한길사, 2009, 19쪽.
19 아우구스티누스, 성염 옮김, 『참된 종교』, 분도출판사, 2011, 29쪽.
20 함석헌, 『함석헌저작집』14, 「새 시대의 종교」, 한길사, 2009, 47쪽.
21 위의 책, 47-48쪽.
22 아우구스티누스, 앞의 책, 33-37쪽.
23 함석헌, 『함석헌저작집』14, 「새 시대의 종교」, 한길사, 2009, 40쪽.
24 아우구스티누스, 앞의 책, 33-37쪽.
25 함석헌, 『함석헌저작집』14, 「새 시대의 종교」, 한길사, 2009, 40, 62-63쪽.
26 아우구스티누스, 앞의 책, 153-163쪽.
27 함석헌, 『함석헌저작집』14, 「새 시대의 종교」, 한길사, 2009, 40쪽.
28 위의 책, 47-48쪽.
29 아우구스티누스, 앞의 책, 195쪽.
30 위의 책, 167쪽.
31 함석헌, 『함석헌전집』9, 「씨올에게 보내는 편지2」, 한길사, 2009, 21-23쪽.
32 함석헌, 『함석헌저작집』, 「새 시대의 종교」14, 한길사, 2009, 51쪽.

33 버트런드 러셀, 이순희 옮김, 『왜 사람들은 싸우는가?』, 비아북, 2010, 118-119쪽.
34 함석헌, 『함석헌저작집』14, 「새 시대의 종교」, 한길사, 2009, 52쪽.
35 함석헌, 『함석헌전집』5, 「서풍의 노래」, 한길사, 1984, 59쪽.
36 위의 책, 57쪽.
37 위의 책, 60쪽.
38 위의 책, 62쪽.
39 위의 책, 62쪽.
40 위의 책, 63쪽.
41 Otto F. Bollnow, 한국철학회 편, 이규호 옮김, 『현대철학의 전망』, 법문사, 1967, 23-24쪽.
42 함석헌, 『함석헌전집』5, 「서풍의 노래」, 한길사, 1984, 63-66쪽.
43 위의 책, 68-69쪽.
44 Michaël de Saint-Cheron, 김웅권 옮김, 『엠마누엘 레비나스와의 대담. 1992-1994』, 동문선, 2008, 34쪽.
45 위의 책, 43쪽.
46 위의 책, 39쪽.
47 J. Derrida, 남수인 옮김, 『환대에 대하여』, 동문선, 2004, 68-71, 134-135쪽.
48 A. Schopenhauer, 友田葉子 엮음, 이혁재 옮김, 『쇼펜하우어의 행복콘서트』, 도서출판 예인, 2011, 22-25쪽.
49 함석헌, 『함석헌저작집』9, 「씨울에게 보내는 편지2」, 한길사, 2009, 147쪽.
50 함석헌, 『함석헌전집』, 「인간혁명의 철학2」, 한길사, 1983, 80쪽.
51 위의 책, 80쪽.
52 위의 책, 80쪽.
53 위의 책, 219-220쪽.
54 위의 책, 220쪽.
55 위의 책, 220-221쪽.
56 W. Kasper, 박상래 옮김, 『예수 그리스도』, 분도출판사, 1991, 79쪽.
57 함석헌, 『함석헌전집』, 「인간혁명의 철학2」, 한길사, 1983, 223-224쪽.
58 정진홍, 『종교문화의 이해』, 서당, 1992, 147-148쪽.
59 J. Bach, 김승혜 편저, "루돌프 옷토와 「성스러움의 의미」", 『종교학의 이해』, 분도출판사, 1989, 110쪽.
60 함석헌, 『함석헌전집』, 「인간혁명의 철학2」, 한길사, 1983, 229쪽.
61 위의 책, 229쪽.
62 위의 책, 229-230쪽.
63 위의 책, 245쪽.
64 위의 책, 260쪽.
65 J. Bach, 앞의 책, 106쪽.

66 J. Bach, 김승혜 편저, "종교의 보편적 요소들", 『종교학의 이해』, 분도출판사, 1989, 136쪽.

67 함석헌, 『함석헌전집』, 「인간혁명의 철학2」, 한길사, 1983, 307쪽.

68 위의 책, 312쪽.

69 위의 책, 322쪽.

70 앙리 베르그손, 황수영 옮김, 『창조적 진화』, 아카넷, 2005, 242-243쪽.

71 함석헌, 『함석헌전집』 「영원의 뱃길 19」, 한길사, 1985, 8-9쪽.

72 함석헌, 『함석헌저작집』 2, 「인간혁명」, 한길사, 2009, 167-168쪽.

73 필자는 본 논문에서 글의 흐름을 위해 '유토피아'(utopia)를 '이상(理想)', '이상세계'(理想世界)로, 혹은 '아니-있는 곳'(u-topia), '아니-있는 세계', '없이-있는 세계' 등으로 풀어 사용할 것이다.

74 Paul Ricoeur, *Lectures on Ideology and Utopia*, ed. George H. Taylor, New York: Columbia University Press, 1986, 16쪽.

75 Paul Ricoeur, 위의 책, 1쪽, 17쪽.

76 E. Bloch, 박성호 옮김, 『희망의 원리』2, 열린책들, 2004, 973쪽.

77 함석헌, 『함석헌전집』11, 「두려워말고 외치라」, 한길사, 1984, 179쪽.

78 위의 책, 179쪽.

79 Paul Ricoeur, 앞의 책, 16쪽.

80 Henry D. Aiken, 이선일 옮김, 『이데올로기의 시대』, 서광사, 1986, 35쪽; 함석헌도 이성만능주의는 곧 비이성적인 것이며, 따라서 인간은 이성의 자기 한계성을 인정해야 한다고 말한 바 있다. 이는 칸트의 비판철학과도 일맥상통한다; 에른스트 블로흐도 칸트의 비판철학에 대해서 물리적으로 주어진 대상 이외의 것들을 그는 사악한 내용으로 간주하였다고 말한다. E. Bloch, 박성호 옮김, 『희망의 원리』4, 열린책들, 2004, 2340쪽; 함석헌, 『함석헌저작집』14, 「새 시대의 종교」, 한길사, 2009, 42쪽 참조.

81 남경희, 『이성과 정치존재론』, 문학과지성사, 1997, 42쪽.

82 위의 책, 40쪽.

83 G. W. F. Hegel, 최신한 옮김, 『종교철학』, 지식산업사, 1999, 43쪽.

84 위의 책, 52-53쪽.

85 J. Hessen, 허재윤 옮김, 『종교철학의 체계적 이해』, 서광사, 1995, 76쪽.

86 위의 책, 78쪽.

87 M. Eliade, 박규태 옮김, 『종교의 의미와 답변』, 서광사, 1990, 106쪽.

88 위의 책, 107-108쪽.

89 위의 책, 161-167쪽.

90 J. Hessen, 앞의 책, 81쪽.

91 함석헌, 『함석헌저작집』9, 「씨올에게 보내는 편지2」, 한길사, 2009, 236쪽.

92 J. Habermas, 윤형식 옮김, 『아, 유럽, 정치저작집』 제11권, 나남, 2011, 22쪽.

93 N. Berdyaev, 이신 옮김, 『노예냐 자유냐』, 도서출판 인간, 1979, 155쪽.

94 위의 책, 241쪽.

95 위의 책, 241-242쪽.

96 Jean-Paul Sartre, 박정자 옮김, 『지식인이란 무엇인가』, 도서출판 인간, 1978, 18쪽.

97 위의 책, 35쪽, 55쪽.

98 E. Bloch, 박성호 옮김, 『희망의 원리』2, 열린책들, 2004, 972-974쪽; 이인호, "현대정치의 비인간화", 차인석, 『현대사상을 찾아서』, 문학과지성사, 1976, 217쪽.

99 함석헌, 『함석헌저작집』2, 「인간혁명」, 한길사, 2009, 49-99쪽 참조.

100 위의 책, 125쪽.

101 E. Bloch, 박성호 옮김, 『희망의 원리』1, 열린책들, 2004, 295쪽.

102 위의 책, 307쪽.

103 위의 책, 276-297쪽.

104 함석헌, 『함석헌저작집』2, 「인간혁명」, 한길사, 2009, 42쪽.

105 E. Bloch, 박성호 옮김, 『희망의 원리』1, 열린책들, 2004, 333쪽, 361쪽.

106 함석헌, 『함석헌저작집』1, 「들사람 얼」, 한길사, 2009, 299쪽.

107 함석헌, 『함석헌전집』11, 「두려워말고 외치라」, 한길사, 1984, 341-349쪽.

108 사실 인문학이라는 개념은 그 역사가 그리스로 거슬러 올라간다. 키케로(BCE 106-43)에 의해서 인문학(문법, 논리학, 수사학, 변증론, 산수, 기하학, 음악, 천문학이라는 자유학예, studia humanitas)이라는 말이 생겨났는데, 그보다 훨씬 이전에 소피스트들은 그리스 청년들에게 그러한 것을 '기초교양'으로 가르쳤다. 우리는 그들이 교양 있는 시민이 될 수 있도록 교육하였다는 점을 높이 사야 할 것이다. 박영식, 『인문학 강의』, 철학과 현실사, 2011, 15-17쪽.

109 함석헌, 『함석헌저작집』1, 「들사람 얼」, 한길사, 2009, 33-36쪽.

110 김성보 외, 『사회인문학이란 무엇인가』, 한길사, 2011, 9-10쪽.

111 박명림, "왜, 그리고 무엇이 사회인문학인가", 김성보 외, 『사회인문학이란 무엇인가』, 한길사, 2011, 71쪽.

112 함석헌, 『함석헌저작집 』14, 「새 시대의 종교」, 한길사, 2009, 67쪽.

113 위의 책, 73-76쪽.

114 위의 책, 287-289쪽.

115 함석헌, 『함석헌전집』11, 「두려워말고 외치라」, 한길사, 1984, 336쪽.

116 E. Fink, "현상학에서 인간학으로", 차인석, 『현대사상을 찾아서』, 문학과지성사, 1976, 190-191쪽.

117 함석헌, 『함석헌전집』11, 「두려워말고 외치라」, 한길사, 1984, 338-339쪽.

118 함석헌, 『함석헌저작집』14, 「새 시대의 종교」, 한길사, 2009, 306-310쪽; 『함석헌, 함석헌저작집』11, 「두려워말고 외치라」, 한길사, 1984, 368쪽.

119 Walter Nigg, 윤선아 옮김, 『빈센트 반 고흐』, 분도출판사, 2011, 14쪽.

120 함석헌, 『함석헌전집』11, 「두려워말고 외치라」, 한길사, 1984, 382-384쪽.

121 함석헌, 『함석헌저작집』1, 「들사람 얼」, 한길사, 2009, 119-129쪽.

122 M. Heidegger, 오병남, 민형원 공역, 『예술작품의 근원』, 예전사, 1996, 92-94쪽.
123 함석헌, 『함석헌저작집』 11, 「두려워말고 외치라」, 한길사, 1984, 354-356쪽.
124 함석헌, 『함석헌저작집』 2, 「인간혁명」, 한길사, 2009, 168쪽.
125 함석헌, 『함석헌저작집』 2, 「인간혁명」, 한길사, 2009, 163쪽과 193쪽.
126 R. Nozick, 남경희 옮김, 『아나키에서 유토피아로』, 문학과지성사, 1983, 368쪽.
127 위의 책, 377-378쪽, 384쪽.
128 위의 책, 407-409쪽.
129 함석헌, 『함석헌전집』 11, 「두려워말고 외치라」, 한길사, 1984, 350-351쪽.
130 함석헌, 『함석헌저작집』 9, 「씨알에게 보내는 편지」 2, 한길사, 2009, 260-262쪽.
131 E. Bloch, 박성호 옮김, 『희망의 원리』 2, 열린책들, 2004, 973-974쪽.
132 Steven Lukes, 황경식 · 강대진 옮김, 『마르크스주의와 도덕』, 서광사, 1995, 132-133쪽.
133 Georg Lichtheim, 김대웅 · 정현철 옮김, 『마르크스에서 헤겔로』, 문학과지성사, 1987, 185쪽.
134 A. Schaff, 김영숙 옮김, 『마르크스주의와 개인』, 중원문화, 1988, 6쪽(E. Fromm의 서문).
135 A. Schaff, 위의 책, 59, 83-168쪽; "자연은 노동의 생활 수단을 제공한다. 이것은 노동이 그 대상들 없이는 생존할 수 없다는 것을 의미한다… 인간이 자연을 생존의 근거로 삼는다는 것은 자연이 인간의 몸이며, 인간은 사멸하지 않기 위하여 항구적인 과정을 통해 이 몸과 더불어 존속할 수밖에 없다는 것을 뜻한다… 인간은 자연의 일부분이기 때문이다." K. Marx, 김태경 옮김, 『경제학-철학 수고』, 이론과실천, 1987, 56-61쪽.
136 K. Marx · F. Engels, 김대웅 옮김, 『독일이데올로기 I』, 두레, 1989, 38쪽.
137 위의 책, 41쪽.
138 코프닌, 김현근 옮김, 『마르크스주의 인식론』, 이성과 현실사, 1988, 38쪽.
139 김창호, 『마르크스의 역사적 유물론과 인간론』, 도서출판 죽산, 1991, 51쪽.
140 A. Schaff, 앞의 책, 193, 262-271쪽.
141 아이자즈 아마드, "제3장 데리다를 화해시키기. '마르크스의 유령들'과 해체적인 정치", 자크 데리다 외, 진태원 · 한형식 옮김, 『마르크스주의와 해체, 불가능한 만남』, 도서출판 길, 2009, 85-86쪽.
142 가라타니 고진, 김경원 옮김, 『마르크스 그 가능성의 중심』, 이산, 1999, 86-87쪽.
143 루이 알튀세르, "철학의 전화", 루이 알튀세르 외, 서관모 엮음, 『역사적 맑스주의』, 중원문화, 2010, 92쪽.
144 Gajo Petrovic, 박찬표 옮김, "마르크스의 인간관", 최장집 편, 『마르크스』, 고려대학교 출판부, 1990, 49-52쪽.
145 K. Marx, 강유원 옮김, 『헤겔법철학비판』, 이론과실천, 2011, 29-30쪽.
146 K. Marx/F. Engels, 강유원 옮김, 『공산당선언』, 이론과실천, 2008, 62-63쪽.
147 함석헌, 『함석헌전집』, 「인간혁명의 철학2」, 한길사, 1983, 14-15쪽.
148 위의 책, 11-12쪽; 164쪽.

149 함석헌, 『함석헌전집』, 「서풍의 노래5」, 한길사, 1984, 37쪽.

150 H. Bergson, 황수영 옮김, 『창조적 진화』, 아카넷, 2005, 311-312쪽.

151 함석헌, 『함석헌전집』, 「역사와 민족9」, 한길사, 1983, 283쪽.

152 함석헌, 『함석헌전집』, 「서풍의 노래5」, 한길사, 1984, 242-247쪽.

153 함석헌, 『함석헌전집』, 「서풍의 노래5」, 한길사, 1984, 246쪽; 함석헌, 『함석헌전집』, 「역사와 민족9」, 한길사, 1983, 294-302쪽.

154 함석헌, 『함석헌전집』, 「인간혁명의 철학2」, 한길사, 1983, 25쪽.

155 위의 책, 66, 100, 109쪽.

156 위의 책, 26-30쪽; 124-125쪽.

157 K. Marx, Letter to Kugelman, 6/3/1868. 재인용., "관념이란 물질 세계가 인간 정신에 반영돼 사고의 형태로 표현된 것일 뿐이다." R. S. Baghavan, 정광현 옮김, 『마르크스주의 철학 입문』, 책갈피, 2001, 26-27쪽.

158 김성기, 『포스트모더니즘과 비판사회과학』, 문학과지성사, 1991, 34-35쪽.

159 김성수, 『함석헌평전』, 삼인, 2001, 194쪽.

160 H. Bergson, 앞의 책, 410쪽.

161 함석헌, 『함석헌전집』, 「인간혁명의 철학2」, 한길사, 1983, 94, 114-115, 178쪽.

162 위의 책, 138-139쪽.

163 위의 책, 34-49쪽 참조.

164 Klaus Hornung, 안정수 옮김, 『매혹적인 오류, 칼 마르크스의 사상과 그것이 가져온 것』, 문우사, 1982, 108-119쪽.

165 위의 책, 106쪽.

166 함석헌, 『함석헌전집』, 「인간혁명의 철학2」, 한길사, 1983, 173쪽.

167 가라타니 고진(柄谷行人), 조영일 옮김, 『근대문학의 종언』, 도서출판 b, 2006, 98쪽.

168 Thomas Hobbes, 진석용 옮김, 『리바이어던』1, 나남, 2008, 161-162쪽.

169 함석헌, 『함석헌전집』1, 「뜻으로 본 한국역사」, 한길사, 1984, 30쪽.

170 위의 책, 30쪽.

171 위의 책, 30쪽.

172 함석헌, 『함석헌전집』, 「인간혁명의 철학2」, 한길사, 1983, 165쪽

173 위의 책, 165쪽.

174 함석헌, 『함석헌전집』, 「두려워말고 외치라」, 한길사, 1984, 375쪽.

175 위의 책, 380쪽.

176 Joe Bousquet, 김관오 옮김, 『달몰이』, 아르테, 2007, 192쪽.

177 함석헌, 『함석헌전집』, 「인간혁명의 철학2」, 한길사, 1983, 237-238쪽.

178 장 폴 주아리, 이보경 옮김, 『나는 투표한다, 그러므로 사고한다』, 함께읽는책, 2012, 151쪽.

179 함석헌, 『함석헌전집』, 「서풍의 노래5」, 한길사, 1984, 193쪽.

180 위의 책, 186쪽.

181 위의 책, 172쪽.

제2부 함석헌과의 융합적 진리의 모색과 여러 주체들의 거리·차이의 진리 지평

1 Wilfred Cantwell Smith, 길희성 옮김, 『종교의 의미와 목적』, 분도출판사, 1991, 28쪽.
2 위의 책, 33쪽.
3 위의 책, 34쪽.
4 위의 책, 36-37쪽.
5 위의 책, 176쪽.
6 위의 책, 176-177쪽.
7 위의 책, 177-179쪽.
8 위의 책, 179-181쪽.
9 위의 책, 1991, 178쪽.
10 위의 책, 186쪽
11 위의 책, 187쪽.
12 위의 책, 212쪽.
13 Wilfred Cantwell Smith, 김승혜 편역, "성사적 상징으로서의 종교", 『종교학의 이해』, 분도출판사, 1989, 346쪽.
14 Wilfred Cantwell Smith, 길희성 옮김, 『종교의 의미와 목적』, 분도출판사, 1991, 248쪽.
15 위의 책, 254쪽.
16 정진홍, 『정직한 인식과 열린 상상력』, 청년사, 2010, 147쪽.
17 함석헌, 『함석헌전집』, 「서풍의 노래5」, 한길사, 1984, 216쪽.
18 함석헌, 『함석헌전집』, 「인간혁명의 철학2」, 한길사, 1983, 13쪽.
19 정진홍, 『하늘과 순수와 상상』, 강, 1997, 237-238쪽.
20 위의 책, 242쪽.
21 위의 책, 244쪽.
22 위의 책, 255쪽.
23 정진홍, 『정직한 인식과 열린 상상력』, 청년사, 2010, 147쪽.
24 정진홍, 『하늘과 순수와 상상』, 강, 1997, 263-266쪽.
25 위의 책, 263쪽.
26 위의 책, 265쪽.
27 위의 책, 267-268쪽.
28 위의 책, 269-270쪽.
29 위의 책, 269-270쪽.
30 위의 책, 134쪽.
31 위의 책, 134쪽.
32 위의 책, 332-333쪽.

33 정진홍, 『정직한 인식과 열린 상상력』, 청년사, 2010, 107쪽.
34 John H. Hick, 김희수 옮김, 『종교철학』, 동문선, 2000, 207쪽.
35 위의 책, 209쪽.
36 위의 책, 209-210쪽
37 위의 책, 214쪽.
38 위의 책, 222-223쪽.
39 함석헌, 『함석헌전집』, 「영원의 뱃길 19」, 한길사, 1985, 294-295쪽.
40 정진홍, 『하늘과 순수와 상상』, 도서출판 강, 1997, 395쪽.
41 위의 책, 396-400쪽.
42 Roger Scruton, 류점석 옮김, 『철학자, 와인에 빠져들다』, 아우라, 2011, 191-192쪽.
43 위의 책, 226, 263-265쪽
44 김복래, "혀끝에 감기는 신의 축복", 고봉만 · 이규식 외, 『프랑스 문화예술, 악의 꽃에서 샤넬 No. 5까지』, 한길사, 2001, 399쪽.
45 정양모 역주, 『마르코 복음서』, 「한국천주교회 200주년 신약성서 2」, 분도출판사, 1981, 113쪽.
46 정양모 역주, 위의 책, 115쪽; R. Schackenburg, *The Gospel according to St. Mark for Spiritual Reading*, 황종렬 역, 『신약성서 영적독서를 위한 마르코 복음』, 성요셉 출판사, 1991, 207쪽; R.E. Brown et al. ed., *The New Jerome Biblical Commentary*, Geoffrey Chapman, 1990, 618쪽; E. Best, Following Jesus. Discipleship in the Gospel of Mark, *JSNTS* 4; Sheffied: Sheffield Academic Press, 1981, 110쪽.
47 서중석, 『복음서 해석』, 대한기독교서회, 1991, 85-87쪽; Werner H. Kelber, *The Kingdom in Mark. A New Place and a New Time*, Philadelphia: Fortress Press, 1974, 89쪽.
48 박수암, 『마가복음』, 「대한기독교서회 창립 100주년 기념 성서주석」, 대한기독교서회, 1993, 458쪽.
49 William L. Lane, *The Gospel According to Mark*, Grand Rapids, Michigan: William B. Eerdmans Publishing Company, 1994, 364쪽; 박수암과 윌리엄 래인은 겸손과 존경의 표현이라고 한다. 정양모 역주, 위의 책, 114쪽.
50 Vincent Taylor, *The Gospel According to ST. Mark*, The Macmillan Press LTD, 1966, 425쪽; 박수암, 위의 책, 459쪽.
51 박수암, 위의 책, 459쪽.
52 라이너 딜만, 『그리스도인의 행위와 예수 추종. 마르코 복음서를 중심으로』, 안명옥 옮김, 생활성서사, 1994, 45쪽; R. Schackenburg, 위의 책, 208쪽.
53 박수암, 『마가복음』, 「대한기독교서회 창립 100주년 기념 성서주석」, 대한기독교서회, 1993, 458-459쪽.
54 Ralph Martin, *Mark: Evangelist and Theologian*, The Paternoster Press, 1972, 이상원 옮김, 『마가신학』, 엠마오, 1993, 227-228쪽; Ezra P. Gould, *The Gospel According to St.*

Mark, ICC, T. &T. CLARK: Edinburgh, 1982, 190쪽.

55 라이너 딜만, 앞의 책, 47쪽; 정양모, 앞의 책, 114쪽.

56 유태엽, 『마가복음 해석과 적용』, 진흥, 2002, 322쪽.

57 Ben WitheringtonIII, *The Gospel of Mark. A Socio-Rhetorical Commentary*, Grand Rapids: William B. Eerdmans, 2001, 282쪽.

58 박수암, 앞의 책, 460쪽.

59 Leslie J. Hoppe, O.F.M., *Being Poor. A Biblical Study*, Michael Glazier, Inc., 1987, 나요섭 옮김, 『성서에 나타난 가난』, 나눔사, 1992, 179-180쪽; 박수암, 위의 책, 같은 쪽. Josef Weismayer, *LEBEN IN FÜLLE. zur Geschichte und Theologie Christlicher Spiritualit ät*, Innsbruck: Tyrolia Verlag, 1983, 전헌호 옮김, 『넉넉한 가운데서의 삶. 그리스도교 영성의 역사와 신학』, 분도출판사, 1996, 276-279쪽.

60 라이너 딜만, 앞의 책, 46쪽.

61 정양모, 앞의 책, 116쪽.

62 *ABD*, vol. 5, New York: Doubleday, 1992, 406-416쪽.

63 G. Kittel and G. Friedrich, eds. *TDNT*, trans. G. W. Bromiley, 10 vols., Grand Rapids: Eerdmans, 1964-1976; 김명수, 『원시 그리스도교 예수 연구』, 한국신학연구소, 1999, 221쪽.

64 한순희, "제6장 예수의 제자들", 가톨릭대학교 종교교육연구소, 『예수 그리스도와 함께 걷는 길. 그리스도론 입문』, 가톨릭대학교 출판부, 1994, 154쪽.

65 Vincent Taylor, 앞의 책, 430쪽.

66 D.E. Nineham, *Saint Mark. The Pelican Gospel Commentaries*, Baltimore: Penguin, 1963, 334쪽.

67 박수암, 앞의 책, 461쪽.

68 정양모, 앞의 책, 116쪽.

69 Vincent Taylor, 앞의 책, 431쪽.

70 박수암, 앞의 책, 460쪽; William, L. Lane, 앞의 책, 369쪽.

71 D.E. Nineham, 앞의 책, 275쪽; 유태엽, 『마가복음 해석과 적용』, 서울: 진흥, 2002, 326쪽.

72 Martin Hengel, *Property and Riches in the Early Church. Aspects of a Social History of Early Christianity*, 이정희 옮김, 『초대교회의 사회경제사상』, 대한기독교서회, 1981, 48쪽; Vincent Taylor, 앞의 책, 431쪽; Ezra P. Gould, 앞의 책, 193-94쪽; Wolfganfg Schrage, *The Ethics of the New Testament*, trans. David E. Green, Edinburgh: T.&T. CLARK, 1988, 102쪽.

73 Vincent Taylor, 앞의 책, 432쪽.

74 정양모, 앞의 책, 116쪽.

75 박수암, 앞의 책, 462쪽.

76 박수암, 앞의 책.

77 Martin Hengel, 앞의 책, 48쪽.

78 H. C. Kee, *Community of the New Age. Studies in Mark's Gospel*, The Westminster Press, 1977, 서중석 옮김, 『새시대의 공동체. 마가복음 연구』, 대한기독교출판사, 1983, 130쪽; 정양모, 앞의 책, 117쪽; 이영헌, 『마르코가 전하는 하느님의 아들 예수 그리스도』, 생활성서사, 1992, 200쪽.

79 정양모, 위의 책, 117쪽.

80 박수암, 앞의 책, 463쪽; 정양모, 위의 책, 116-117쪽; Willi Marxsen, *Mark the Evangelist. Studies on the Redaction History of the Gospel*, New York: Abingdon Press, 1969, 127-128쪽.

81 Ralph Martin, 앞의 책, 37-38쪽.

82 Robert H. Gundry, *Mark. A Commentary on His Apology for the Cross*, Grand Rapids, Michigan, William B. Eerdmans Publishing Company, 1993, 559쪽.

83 박수암, 앞의 책, 464쪽; Robert H. Gundry, 위의 책, 559쪽.

84 J. Moltmann, *Wer ist Christus für uns heute?*, 이신건 옮김, 『오늘 우리에게 그리스도는 누구인가?』, 대한기독교서회, 1997, 64쪽.

85 방상만, "성서에 나타난 가난", 「이성과 신앙」19, 2000, 53쪽.

86 Martin Hengel, 앞의 책, 49-51쪽; R. Schanckenburg, *The Moral Teaching of the New Testament*, Burns & Oates, 1965, 122-126쪽.

87 Martin Hengel, 앞의 책, 54-55쪽.

88 안병무, 『공관복음서의 주제』, 한국신학연구소, 1996, 268-269쪽.

89 Howard C. Kee, *Understanding The New Testament*, 서중석 옮김, 『신약성서이해』, 한국신학연구소, 1990, 166쪽; 김영봉, 『예수의 영성』, 은성, 1997, 115, 168쪽.

90 Ulrich Duchrow, *Alternativen zur Kapitalsitichen Weltwirtshaft. Biblishe Erinnerung und Politische Ansätze zur überwindung einer lebensbedrohenden ökonomie*, Gütersloher Verlagshaus, 1994, 손규태 옮김, 『성서의 정치경제학. 자본주의 세계 경제의 대안』, 한울, 1997, 216-217쪽; 김명수, 『원시 그리스도교 예수 연구』, 한국신학연구소, 1999, 290-291쪽; 한기채, "가난에 대한 예수의 말씀", 「신학과 선교」25, 2000, 623-25쪽; Dietrich Bongoeffer, *Nachfolge*, 허혁 옮김, 『나를 따르라』, 대한기독교서회, 1991, 59쪽.

91 이제민, 『교회는 누구인가』, 분도출판사, 2001, 281, 401-402쪽.

92 F. Nietzsche, 홍성광 옮김, 『도덕의 계보학』, 연암서가, 2011, 73쪽.

93 Henry J. M. Nouwen, 이봉우 옮김, 『마음의 길』, 분도출판사, 1989, 32-33쪽.

94 이제민, 『교회는 누구인가』, 분도출판사, 2001, 281, 286쪽.

95 공자에게 있어서 공동선의 윤리 원칙 5가지는 인(어짊; 뿌리), 의(정의; 줄기), 예(종교, 도덕; 나뭇가지), 지(지혜; 꽃), 신(믿음; 열매)이라고 보았다.

96 유가철학에서 충과 효가 전도되었다고 보는 학자도 있다. 충이라는 이데올로기 속에 효의 윤리 잠식당했다는 것을 지적하면서 오히려 효가 우선으로 되어야 할 것(충효가 아니라 효충이다)을 강조하는 김충열 교수의 비판은 새롭게 충효사상을 조명해야 할 과제

를 안겨 준다.

97 김동기, "삶의 지혜로서의 유가사상", 문헌병 외, 『상생의 철학』, 동녘, 2001, 356쪽; 武內義雄(다케우치 요시오), 『中國思想史』, 이동희 역, 여강출판사, 1987, 23쪽.

98 김동기, 위의 책, 357쪽.

99 F.W. Mote, *Intellectual Foundations of China*, New York: Alfred A. Knopf, Inc, 1971, 김용헌 옮김, 『중국의 철학적 기초』, 서광사, 1994, 66쪽.

100 武內義雄, 앞의 책, 24-25쪽.

101 유학주임교수실 편저, 『N세대를 위한 유교철학 에세이』, 성균관대학교 출판부, 2001, 64쪽.

102 방동미, 『原始儒家道家哲學』, 黎明文化事業公司, 1985, 남상호 옮김, 『원시유가도가철학』, 서광사, 1999, 52쪽.

103 馮友蘭, *A Short History of Chines Philosophy*, 쌍엽서점 간행, 1948, 정인재 역, 『중국철학사』, 형설출판사, 1983, 66쪽 재인용.

104 김충열, 『김충열 교수의 유가윤리 강의』, 예문서원, 1995, 50쪽.

105 대학은 원래 예기(禮記) 39章이었으나, 주희 시대 이후에 별도로 독립된 책으로 분류되었다. 또한 대학은 군자 교육, 귀족 자제의 교육을 위한 책이었으며 고대 중국 교육 제도에서 학생들이 제일 먼저 배우던 책이었다.

106 大學之道: 在明明德, 在親民, 在止於至善, 知止而後有定, 定而後能靜, 靜而後能安, 安而後能慮, 慮而後能得, 物有本末, 事有終始, 知所先後, 則近道矣, 古之欲明明德於天下者, 先治其國; 欲治其國者, 先濟其家; 欲濟其家者, 先修其身; 欲修其身者, 先正其心; 欲正其心者, 先誠其意; 欲誠其意者, 先致其知; 致知在格物, 物格而後知至, 知至而後意誠 意誠而後心正 心正而後身修 身修而後家齊, 家齊而後國治 國治而後天下平. 『大學』

107 大學所以說格物, 却不說窮理, 蓋說窮理, 則似懸空無捉摸處. 只說格物, 則只就那形而下之器上, 便尋那形而上之道. 『語類: 卷 62』

108 心之所發便是意, 意之所在便是物. 如意在於事親, 卽事親便是一物. 意在於人民愛物卽, 人民愛物便是一物. 『傳習錄: 上』

109 이수태, 『논어의 발견』, 생각의 나무, 1999, 243-246쪽.

110 송복, 『동양적 가치란 무엇인가』, 생각의 나무, 1999, 187-189쪽.

111 동양고전연구회, 『논어』, 지식산업사, 2002, 108-109쪽.

112 우리나라 사람들은 평상시 생활을 할 때는 유교인 같고, 철학에 있어서는 불교인이고, 어려운 일을 당했을 때는 무속을 찾는다고 어느 선교사가 지적한 바 있다. 이것은 우리가 여러 종교의 영향을 받으면서 지내왔고, 그 중에 일상적인 생활에서는 우리의 정서가 유교(유학)적이라는 사실만 보아도, 유학이 우리 생활과 가장 밀접한 정신적 기반임을 말해주고 있다.

113 박이문, 『종교란 무엇인가-종교철학-』, 일조각, 1991, 64쪽.

114 岸本英夫, 임인재 옮김, 『종교학』, 김영사, 1986, 24-25쪽.

115 남상호, 『육경과 공자인학』, 예문서원, 2003년 미출판 저작, 246-251쪽.

116 금장태, 『유학사상의 이해』, 집문당, 1996, 81쪽.

117 方東美, 앞의 책, 176-179쪽.

118 方東美, 위의 책, 176-179쪽.

119 獲罪於天, 無所禱也.(『論語』, 「八佾篇」); 주칠성 외, 『동아시아의 전통철학』, 예문서원, 1998), 77쪽.

120 祭如在, 祭神如神在.(『論語』, 「八佾篇」)

121 季路, 問事鬼神, 子曰, 未能事人, 焉能事鬼, 敢問死. 曰, 未知生, 焉知死.(『論語』, 「先篇」)

122 유학주임교수실, 『유학사상』, 성균관대학교출판부, 2000, 252-253쪽.

123 陳立夫, 정인재 옮김, 『중국철학의 인간학적 이해』, 민지사, 1986, 46-47쪽.

124 陳立夫, 서명석 · 이우진 옮김, 『동양의 인간과 세계-물리에서 인리로-』, 철학과 현실사, 2000, 36쪽.

125 유학주임교수실, 앞의 책, 248쪽.

126 남상호, 앞의 책, 246쪽; 유학주임교수실, 앞의 책, 258-59쪽.

127 『傳習錄』下, 人的良知, 就是草木瓦石的良知.

128 致吾心之其良知於事事物物也, 吾心之良知卽所謂天理也

129 양지는 곧 변화하는 것(易)이다. 그(양지) 본래의 모습은 자주 옮기고 변동하여 머물러 있지 않고 온 사방에 두루 유행하여 위 아래로 항상 됨이 없고, 강하고 부드러움이 서로 뒤바뀌어 일정한 잣대를 찾을 수 없다. 오직 변화가 행해짐이 있을 뿐이다. 이 지(양지)를 어떻게 붙들어 낼 수 있을까? 『傳習錄』下, 良知卽是易, 其爲道也屢遷, 變動不居, 周流六虛, 上下無常, 剛柔相易, 不可爲典要, 惟變所適, 此知如何捉摸得.

130 최재목, 『동아시아의 양명학』, 예문서원, 1996, 79-83쪽.

131 楊國榮, 김형찬 외 옮김, 『양명학. 왕양명에서 웅십력까지』, 예문서원, 1994, 128쪽.

132 『傳習錄』中, 天物理不外吾心, 外吾心而求物理 無物理矣, 心也者, 吾所得于天之理也., 楊國榮, 위의 책, 62-63쪽.

133 楊國榮, 위의 책, 70-73쪽.

134 김세정, "제1장 인간 중추의 유기체적 우주관", 『양명학. 인간과 자연의 한몸 짜기』, 문경출판사, 2001, 66-67쪽.

135 김세정, 위의 책, 70쪽.

136 최재목, "제3장 共生의 원리로서의 心", 『양명학과 共生 · 童心 · 敎育의 이념』, 영남대출판부, 1999, 95-96쪽.

137 최재목, 위의 책, 83-85쪽.

138 최재목, 위의 책, 83-85쪽.

139 "선도 없고 악도 없는 것은 마음의 본체요"(無善無惡是心之體), "선이 있고 악이 있는 것은 의지의 움직임이다"(有善有惡是意之動), "선을 알고 악을 아는 것은 양지이다"(知善知惡是良知), "선을 행하고 악을 없애는 것은 격물이다"(爲善去惡是格物)

140 진래, 안재호 옮김, 『송명 성리학』, 예문서원, 1997, 394쪽.

141 이슬람은 "신에 복종한다"는 뜻을 담고 있으며, 무슬림(Muslim)은 "복종하는 자", "이

슬람에 자신을 봉헌하는 자"라는 의미이다. 이들은 5柱6信, 즉 다섯 가지의 기둥이 되는 종교적 의무와 여섯 가지의 신조를 지켜야 한다. 5주는 1) 신앙고백(샤하다: 알라 이외에 다른 신은 없다), 2) 예배(살라트: 메카를 향한 다섯 번의 기도), 3) 자선 혹은 희사(자카트: 빈민, 고아 구제를 위한 세금), 4) 라마단 단식(샤움), 5) 순례(하주: 메카 순례)이다. 여기에 무슬림 사회를 위협하는 세력에 대해 자신을 보호하기 위해서 신앙적 성전을 행하는 '지하드'가 포함될 수도 있다. 6신은 1) 유일신 알라, 2) 천사 3) 경전 4) 사도와 예언자들 5) 정명(定命, 인간에게 정한 원칙과 사명), 6) 최후의 심판을 말한다.

142 Charles J. Adams, "The History of Religions and the Study of Islam", *The History of Religions. Essays on the Problem of Understanding*, Chicago and London: The University of Chicago, 1967, 179-180쪽.

143 이희수 외, 『이슬람』, 청하출판사, 2001, 344-345쪽; 할리파 제도에 대해서는 손주영의 『이슬람 칼리파 制史-이슬람의 정치사상과 역사』, 민음사, 1997를 참조하라.

144 하나피파(the Hanafite)는 가장 융통성이 많다고 알려져 있다. 즉 법규라는 것은 불변이 아니다라는 명제아래 그것이 제정된 여건의 변화와 더불어 변화될 수 있다고 본다. 이 학파는 아부 하니파가 이라크에서 창립했으며 후에 중근동을 석권한 오스만 터키 제국이 이 교의를 공인하였으므로 오늘날에도 아라비아반도와 이란을 제외한 대부분의 중근동국가와 아프카니스탄, 파키스탄 및 인도의 무슬림 공동체에 지배적이다.

말리크파(the Malikite)는 넷 가운데 가장 오래된 것으로 메디나 출신의 말리크 이븐 아나스가 창건했다. 이 파는 예언자의 10년 통치와 그의 직계 후계자가 약 25년간 통치한 시기의 이슬람 제국 수도였던 메딘의 법적 관례를 중시했다. 오늘날 말리크파는 북부와 서부아프리카의 무슬림 지역에서 지배적인 법체계로 남아 있다.

샤피파(the Shafite)는 샤피라는 가장 영향력이 있는 법학자에 의해서 창건되었으며 법적인 선례나 상황보다는 하디스의 지침에 중점을 두고 있다. 샤피파는 압바시야조의 공인학파였다. 오늘날에는 이집트의 나일강 하류, 동부 아프리카와 동남 아시아의 무슬림 사회 및 인도네시아에서 우위를 점하고 있다.

한발리파(the Hanbalite)는 아흐마드 이븐 한발이 세웠으며 네 파 가운데서 가장 엄격하다. 위의 세 파에 변혁적 해석이 스며든 부분에 강력하게 반발하여 무함마드의 통치 아래 있었던 순수한 이슬람으로 돌아가야 한다고 주장했다. 심지어 이 파의 창건자는 무함마드가 수박을 먹었다는 증거가 없기 때문에 먹기를 거부했을 정도이다. 현재 사우디 아라비아를 점하고 있다.

김정위, 『이슬람입문』, 한국외국어대학교 출판부, 1993, 123-124쪽 참조; John B. Noss, *Man's Religions*, New York: Macmillan, 1979, 윤이흠 옮김, 『세계종교사』上, 현음사, 1986, 495-496쪽 참조.

145 김정위, 위의 책, 80-81쪽.

146 김정위, 위의 책, 80-81쪽.

147 김정위, 위의 책, 83쪽.

148 이희수 외, 앞의 책, 346-347쪽.

149 김정위, 앞의 책, 83-84; H.A.R. Gibb, 이희수/최준식 공역, 『이슬람-그 역사적 고찰』, 주류성, 1997, 119쪽; 김정위,『이슬람문화사』, 탐구당, 1989, 126-132쪽 참조; John B. Noss, 앞의 책, 511-519 참조; 시아 이맘의 계보: 1. 알리: 2. 알 하산, 3. 알 후세인, 4. 알리 자인 알 아비딘, 5. 무함마드 알 바키르(자이드), 6. 자파를 알 사디크, 7. 무사 알 카짐(이스마일), 8. 알리 알 리다, 9. 무함다드 알 자와드, 10. 알리 알 하디, 11. 알 하산 알 아르카리, 12. 무함다드 알 문타자르-이슬람력 3,4세기경에 이맘이 지닌 영지주의적인 요소는 오직 예언자의 후손,즉 알리와 예언자의 딸 파티마의 자손에게만 계승된다는 교리가 확립되었다. 그러나 그 자손 가운데 누구를 이맘으로 보느냐에 따라 여러 분파가 나타나게 되었는데, 그 중에는 "다섯 이맘파", "일곱 이맘파" 및 "열두 이맘파"가 두드러진 세 분파이다. "다섯 이맘파"는 후세인의 손자 자이드를 다섯 번째 이맘으로 믿는 까닭에 자이드파로 더 알려져 있다. "일곱 이맘파"는 여섯 번째 이맘인 자파르의 아들 이스마일을 자기의 후계자로 지명했으나 그가 폭음을 한다는 것을 알고 둘째 아들 무사로 바꾸었다. 대다수의 추종자들은 이 결정을 따랐으나 일부는 이스마일에 충실하였다. 일곱 이맘파는 이스마일파로 널리 알려졌다. 시아파이 주류인 "열두 이맘파"는 12번째 이맘인 무함마드가 자손도 남기지 않고 어려서 사마라시의 커다란 성전 속에서 사라지자(878), 그가 숨은 이맘 혹은 돌아올 것이 예상되는 이맘이 되었다고 믿게 되었다.

150 이희수 외, 앞의 책, 347-349쪽; 김정위, 『이슬람사상사』, 민음사, 1991, 88-95쪽.

151 김정위, 『이슬람입문』, 98-100쪽; 수피즘이 그리스어 'Sophos'나 'Sophia'에 유래되었다는 근거는 없다. H.A.R. Gibb, 앞의 책, 139쪽 참조; Henry Corbin, *Histoire de la philosophie islamique*, Paris: Gallimard, 1964, 김정위 옮김, 『이슬람 철학사』, 서광사, 1997, 251-252쪽; Annemarie Schimmel, *ISLAM. An Introduction*, State University of New York, 1992, 김영경 옮김, 『이슬람의 이해』, 분도출판사, 1999, 147쪽.

152 김정위, 『이슬람입문』, 98-100쪽.

153 김정위, 『이슬람입문』, 100쪽; John B. Noss, 앞의 책, 502-503쪽.

154 H.A.R. Gibb, 앞의 책, 156-166쪽 참조; 김정위, 『이슬람입문』, 102-105쪽.

155 김정위, 『이슬람입문』, 106-108쪽; Annemarie Schimmel, 앞의 책, 164-168쪽.

156 김정위, 『이슬람입문』, 111-113쪽; 더 자세한 내용은 김정위의 『이슬람사상사』, 129-140쪽을 참조하라; Annemarie Schimmel(1992), 앞의 책, 159-161쪽.

157 John B. Noss, 앞의 책, 510쪽.

158 H. Smith, *The World's Religions*, Harper San Francisco. A Division of Harper Collins Publishers, 1991, 이종찬 옮김, 『세계의 종교』, 은성, 1993, 318-319쪽.

159 김정위, 『이슬람입문』, 57-58쪽.

160 최영길, 『이슬람문화의 이해』, 신지평, 1997, 137쪽.

161 Denise L. Carmody and John T. Carmody, *In the Path of the Masters. Understanding the Spirituality of Buddha, Confucius, Jesus, and Muhammad*, New York: M.E. Sharpe, 1996, 147-149쪽.

162 Annemarie Schimmel, 앞의 책, 50-51쪽.

163 Henry Corbin, 앞의 책, 188-189쪽.

164 H. Smith, 앞의 책, 329쪽. 복지정책을 위한 부자들의 세금은 긴급 구호가 필요한 곳과 자유를 얻어야 하는 노예들, 부채를 감당할 수 없는 이들, 이방인들과 여행자들에게나 또한 구호금을 모아 나누어주는 이들에게 주어진다. 그러나 이것은 정확히 세금은 아닌 것이다. 돈이든 아니면 다른 종류의 것이든 일년 수입의 1/40을 이슬람의 형제가 되는 어느 사람에게든지 거두어 들여야 하는 것이지만 그 성격은 후에 신이 몇 배로 쳐서 갚아줄 대여금으로 간주되어야 한다. 그래서 이것은 희사(zakah)라 하는 것이다; 윤승용, "이슬람교의 역사", 한국종교연구회,『세계종교사입문』, 청년사, 1991, 651쪽; H.A.R. Gibb, 앞의 책, 77쪽; John B. Noss, 앞의 책, 480쪽; Annemarie Schimmel, 앞의 책, 53-52쪽.

165 H. Smith, 위의 책, 329-330쪽; 윤승용, 위의 책, 651쪽; John B. Noss, 위의 책, 480-481쪽.

166 H.A.R. Gibb, 앞의 책, 139쪽; Fritz Meier, "신비주의", Bernard Lewis, ed. *The World of Islam: Faith, People, Culture*, London, Thames and Hudson, 1980, 김호동 옮김,『이슬람문명사』, 이론과 실천, 1994, 117-118쪽.

167 T. F. Torance, 최영 옮김,『칼 바르트. 성서적 복음주의적인 신학자』, 한들출판사, 1997, 14-15쪽.

168 〈바르멘 선언〉은 봉사를 교회의 삶의 형태로 천명했다. 또한 바르트는 교회가 예수 그리스도의 교회, 형제들의 교회여야 하며, 참된 교회와 거짓 교회 사이에서 투쟁하는 교회, 시대사 속에서 교회의 증언의 책임을 다하는 교회, 증언봉사의 주체로서의 교회여야 한다고 '고백교회' 의 입장을 밝혔다. 1933년, 바르트는 교회가 신학적 실존을 상실했으며 교회가 하느님의 말씀이 아닌 인간의 정치적인 판단의 소리를 들으려고 하다가 교회됨을 망각했다고 보고 성서가 주인이 될 때 신학적 실존이 있고 교회 개혁이 가능하다고 주장했다.「신학일상」, 88/8, 5호 참조.

169 김재진,『칼바르트 신학 해부』, 한들출판사, 1998, 12-15쪽.

170 김재진, 위의 책, 16-27쪽.

171 K. Barth, *Church Dogmatics I /2*, Edinburgh: T. & T. CLARK, 1956, 282쪽.

172 K. Barth, 위의 책, 308쪽; 바르트는 학생과의 대화에서 종교라는 말을 미워해야 한다고 대답했다. 아예 그런 말을 사용하지 말라고까지 얘기하고 있다. John D. Godsey, 윤성범 옮김,『칼 바르트와의 대화』, 대한기독교서회, 1977, 186쪽 참조.

173 K. Barth, 위의 책, 314-315쪽.

174 K. Barth, 위의 책, 318-325쪽.

175 K. Barth, 위의 책, 325-326쪽.

176 K. Barth, 위의 책, 344-345쪽.

177 T. F. Torance, 앞의 책, 212쪽.

178 T. F. Torance, 위의 책, 176-177쪽.

179 K. Barth & E. Brunner, 김동건 옮김, 『자연신학』, 한국장로교출판사, 1997, 84-85쪽.

180 위의 책, 99쪽.

181 위의 책, 31쪽.

182 John D. Godsey, 앞의 책, 192쪽. 바르트에 따르면 자유의지는 자유가 아니라고 말하면서 우리가 하느님에게 동의하면 우리는 자유하지만, 그렇지 않으면 우리는 죄수들에 불과하다고 한다.

183 O. Weber, 김광식 옮김, 『칼바르트의 교회 교의학』, 대한기독교서회, 1976, 98-109쪽.

184 Stanley J. Grentz & Roger E. Olson, 신재구 옮김, 『20세기 신학』, 한국기독학생회출판부, 1997, 114쪽.

185 T. F. Torance, 앞의 책, 35쪽.

186 K. Barth, *Church Dogmatics I /2*, Edinburgh: T. & T. CLARK, 1956, 151쪽.

187 T. F. Torance, 앞의 책, 118-119쪽.

188 W. Pannenberg, *Toward a Theology of Nature. Essays on Science and Faith*, Louisville, Kentucky: Westminster/John Knox Press, 1993, 11쪽 참조.

189 William R. Yount, *Created to Learn*, Nashville, Tennessee: Broadman & Holman Pub., 1996, 7-14쪽.

190 Pamela D. Young, *Christ a Post-Christian World*, Minneapolis: Fortress Press, 1995, 65쪽.

191 W. Pannenberg, 앞의 책, 6쪽. "인간 경험의 모든 영역의 진리 문제를 탐구하지 않고서는 그리스도교에 대한 진리를 탐구할 수 없다."; S. Mark Heim, *Salvations, Truth and Difference in Religion*, Maryknoll, New York: Orbis, 1995, 53쪽. "진리는 인격적 실재이다. 진리는 모든 종교 전통들을 통하여 추구되어진다."; "종교적 경험은 우리 경험의 존재론적 특성(145쪽)"; 계시종교(예수 그리스도는 계시 자체이다)는 남을 인정한다. 이제민, "하느님의 어디의 누구에게 계시하실까.", 「성서와 함께」, 2000/4, 44쪽.

192 Stanley J. Grentz & Roger E. Olson, 앞의 책, 20세기의 신학의 흐름들이 정반합으로 가고 있다고 생각하도록 만든다.

193 Paul F. Knitter, 변선환 옮김, 『오직 예수 이름으로만?』, 한국신학연구소, 1987, 162쪽.

찾아보기

[ㅇ]

[ㅈ]

[ㅊ]

함석헌과 종교문화

등 록 1994.7.1 제1-1071
1쇄 발행 2013년 3월 15일

지은이 김대식
펴낸이 박길수
편집인 소경희
편 집 김문선
관 리 위현정
디자인 이주향
펴낸곳 도서출판 모시는사람들
110-775 서울시 종로구 경운동 88번지 수운회관 1207호
전 화 02-735-7173, 02-737-7173 / 팩스 02-730-7173

인 쇄 (주)상지사P&B(031-955-3636)
배 본 문화유통북스(031-937-6100)
홈페이지 http://blog.daum.net/donghak21

값은 뒤표지에 있습니다.
ISBN 978-89-97472-30-7 93100

이 도서의 국립중앙도서관 출판시도서목록(CIP)은 e-CIP 홈페이지(http://www.nl.go.kr/ecip)에서 이용하실 수 있습니다.
(CIP제어번호: 2013001033)